中山大学出版社30周年社庆丛书

书里书外

中山大学出版社社庆图书编委会 ◎ 编

·广州·

版权所有　翻印必究

图书在版编目（CIP）数据

书里书外／中山大学出版社社庆图书编委会编. —广州：中山大学出版社，2014.10

（中山大学出版社30周年社庆丛书）

ISBN 978－7－306－05060－1

Ⅰ. ①书…　Ⅱ. ①中…　Ⅲ. ①出版工作—中国—文集　Ⅳ. ①G239.2－53

中国版本图书馆 CIP 数据核字（2014）第 237674 号

出 版 人：徐　劲
策划编辑：刘学谦
责任编辑：刘学谦
封面设计：林绵华
责任校对：王　璞
责任技编：何雅涛
出版发行：中山大学出版社
电　　话：编辑部 020－84111996，84111997，84113349，84110779
　　　　　发行部 020－84111998，84111981，84111160
地　　址：广州市新港西路135号
邮　　编：510275　传　真：020－84036565
网　　址：http://www.zsup.com.cn　E-mail：zdcbs@mail.sysu.edu.cn
印 刷 者：广州中大印刷有限公司
规　　格：787mm×1092mm　1/16　18印张　280千字
版次印次：2014年10月第1版　2014年10月第1次印刷
定　　价：58.00元

如发现本书因印装质量影响阅读，请与出版社发行部联系调换

社庆图书编委会

主　任　徐　劲
副主任　周建华
编　委（按姓氏笔画排序）
　　　　王尔新　李　文　刘学谦　邹岚萍
　　　　张学勤　曹巩华　嵇春霞

序

序

徐　劲

　　30年流光岁月，掩隐多少往事。俗话说：一树一菩提，一人一世界。编撰和出版《中山大学出版社30周年社庆丛书》（共3本，即《那些年，那些事》《书里书外》《书缘书镜》）的初衷，是希望将个人的故事变成集体的记忆，将碎片的印象变为时空的胶片；同时，更是希望能藉此传承出版社自身的优良文化，并激励出版社的后来人。

　　三书成稿后，同事们嘱我写序，并要我谈谈对出版业和出版社的感受与想法，算是命题作文。众意难违，作为出版"新兵"，我既然不能拂了诸君的心意，只能姑且谈点粗浅的看法，权充序言。

　　"出版业是极具创新、创意、创造等鲜明特点的文化产业，同时还肩负文化传播和文化传承的使命。"这是我对出版产业的基本判断。经过30多年的改革开放，我国已进入全盛时期，综合国力全面增强，国际地位显著提升。在这种大环境下，中华文化的国际传播、中华文化走出去的总体战略被提到了重要的议事日程。而与改革开放同步的是30多年的出版产业格局的变化、产业链的变革，也同样面临着如何整合、创新发展和参与国际竞争的新问题。很显然，未来出版人的国际视野将成为出版社发展的关键所在。

　　近期经过调研，中山大学出版社提出了"服务大学"、"服务社会"和"大学出版社应该是大学学科建设窗口"的建社理念；提出了"一流大学应该有一流的出版社"的建社目标，包括管理一流、产品一流、效益一流；提出"专业化战略"与建立"战略合作伙伴"的发展思路。围绕可持续发展、产业拓展、精品项目、转型升级、数字出版等问题和思路，

书里书外

目前,我们出版社还在积极调研和探索中。当然,国内许多高校出版社已经积累了不少成功经验,值得我们学习或借鉴;国际上剑桥大学和东京大学出版社的模式也都有可参照的地方。

中山大学出版社目前的核心工作之一,就是制定本社5年发展规划,这同时也是一个提炼发展方向和凝聚人心的过程。此外,将学校的资源转变为产业资源、着力编辑队伍和发行队伍的人才建设、实现现代企业治理等也成为我社进一步发展的重要举措。

两大"并存"是我近期的最大感受:一是文化性和商业性并存。大学出版社有其特殊性,这也是为什么我社提出建社理念会包括"服务大学"和"大学出版社应该是大学学科建设窗口"的原因所在,这是大学出版社存在的意义之一;同时,出版社又是企业,生存与发展是内在的需求,社会效益与经济效益理当结合,但目前这两者的脱节甚至矛盾现象仍相当严重。二是机遇与挑战并存。中小型出版社都面临缺资金、缺规模、缺人才的窘境,在书业市场竞争中受多重挤压,作者流失、图书市场占有率低的问题十分突出。在与出版集团、民营文化公司的竞争中,不少出版社沦落为书号的提供者,这些现象是令人心痛的。能否走"专业化"、"战略合作伙伴"的道路,我认为这是值得思索和探寻的问题。总体而言,有恰当的定位、有合适的发展模式、有优质的人才队伍,大学出版社才可能拥有良好的发展空间。

当然,建设一流的大学出版社还需要良好的企业文化作为支撑。我近日在学校拜访专家教授,在某著名学者办公室见到一幅集句对联:立乎其大;和而不同。上、下联分别出自《孟子》和《论语》,上联可解读为对人大度、做人大方、做事大气,下联可解读为各美其美、美人之美、美美与共、世界大同。我深以为然!愿与出版社同仁和读者诸君共勉。

藉此机会,感谢在过去30年来为中大出版社呕心沥血、作出卓越贡献的前辈们,感谢正在为中大出版社再造辉煌而一起努力前行、不懈耕耘的同仁们,更要感谢为编撰和出版这套丛书付出艰辛劳动的同事们!

2014年11月13日于红楼343号

目 录

上篇　书里：做书人的用心

我与中大社的三部大书 …………………………………… 杨　权（3）
美丽工作美丽书 …………………………………………… 谭广洪（13）
话说获全国优秀科普奖的《海洋小百科全书》的出版 …… 蔡浩然（26）
编辑应重视书评写作 ……………………………………… 周建华（32）
综合性大学出版社出版特色定位思考 …………………… 杨　权（38）
大学出版社图书定位问题之我见 ………………………… 谭广洪（45）
树品牌意识　创出版品牌 ………………………………… 蔡浩然（51）
优秀学术著作出版的困境与对策 ………………………… 周建华（57）
激烈的市场竞争与科学系统的精品战略
　　——综合性大学出版社选题策划管理目标刍议 …… 章　伟（68）
外语图书市场及选题策划 ………………………………… 夏　华（74）
高校本土教材出版的编辑创新 …………………………… 杨　捷（79）
如何维系编辑与作者良好的互动关系 …………………… 李　文（87）
图书策划与定位是"双赢"之本 ………………………… 孙新章（93）
从"国学出版热"看选题策划新亮点 …………………… 王　睿（97）
博雅教育理念与英语专业教材建设 ……………… 熊锡源　范　颖（101）
从选题策划到项目谋划
　　——国家出版基金图书项目的过程管理 …………… 葛　洪（109）

怎样做好编辑工作 …………………………………… 张礼凤（116）
畅销书与产品创新 …………………………………… 熊锡源（119）

下篇　书外：读书人的回眸

评《中国文化概论》………………………… 方克立　曹耀明（129）
文化研究的综合性成果
　　——李宗桂著《中国文化概论》评介 ………… 冯达文（134）
《中国方术大辞典》评介 ……………………………… 冯丽容（139）
蔗糖在明末清中期中外贸易中的地位
　　——读《东印度公司对华贸易编年史》札记 … 季羡林（144）
简评《中国早期方术与文献丛考》…………………… 李家浩（157）
广谷大川异制　民生其间者异俗
　　——评《岭南历史人文地理——广府、客家、福佬民系比较研究》
　　　　　　　　　　　　　　　　　　　　　　… 李海东（159）
西学话语与中国立场
　　——评王岳川教授主编《中国后现代话语》 … 嵇春霞（163）
学术在争鸣中臻于至善
　　——评《历有争议的陈炯明》 ………………… 审读员（168）
从哲学、宗教学及人类学角度看地域社会与信仰习俗
　　——评《地域社会与信仰习俗》 ……………… 休　桑（171）
岭南学学科的初步建构 ……………………………… 嵇春霞（173）
历史的感性记忆和生命经历 ………………………… 邓启耀（176）
《影响人类健康的常见人兽共患病》序言 …………… 钟南山（181）
神秘的猿猴社会 ……………………………………… 杨　捷（183）
薛肥林瘦辨红楼 ……………………………………… 叔　仍（186）
古本《尚书》研究的重大进展
　　——读《古本〈尚书〉文字研究》 …………… 叶玉英（188）
追踪峥嵘岁月，书写辉煌篇章 ……………………… 嵇春霞（194）

目录

言之有物的人，言之有物的书
　　——简评《报纸突围》 ………………………… 梁　玮（200）
功夫不负有心人
　　——《艽野东南的民族丛书》入选国家重点图书出版
　　规划项目始末 …………………………………… 何国强（202）
我看这套丛书的精妙处 ……………………………… 蔡红华（207）
原生态画卷：青藏高原东南部的民族文化
　　——评国家出版基金规划项目与"十二五"国家重点
　　图书出版规划项目《艽野东南的民族丛书》
　　…………………………………… 徐诗荣　嵇春霞（214）
汉字源流与汉字研究的新视角 ……………………… 毛远明（219）

附录　历届获奖图书与重点项目

附录Ⅰ　1986—2013 年获奖图书一览 …………………………（233）
　一　国家优秀教材（读物）获奖图书 …………………（233）
　二　全国高校（大学）出版社获奖图书 ………………（239）
　三　中南地区获奖图书 …………………………………（245）
　四　广东省（粤版）获奖图书 …………………………（264）
　五　其他项目获奖图书 …………………………………（271）

附录Ⅱ　国家级规划教材及国家出版基金项目 ………………（273）
　一　"十一五"期间（2006—2010 年）普通高等教育本科
　　　国家级规划教材 ……………………………………（273）
　二　"十一五"期间（2006—2010 年）国家重点图书出版规划
　　　…………………………………………………………（273）
　三　2012 年度国家出版基金项目 ………………………（275）
　四　2013 年度国家出版基金项目 ………………………（276）

　　五　"十二五"期间（2011—2015年）国家重点图书出版规划
…………………………………………………………………（276）

编后记……………………………………………………………（277）

上篇

书里：做书人的用心

我与中大社的三部大书

杨 权*

1987年至2001年，我在中山大学出版社（以下简称"中大出版社"）总共工作了14年。在此期间，我曾策划、组织过多种专著教材与社会读物，其中规模较大和影响较广者当数"三大"：《中国方术大辞典》、《周易大辞典》与《中国共产党历史大博览》。在此，我把相关情况回忆于下，其经验教训对后来者或有裨益。

一、《中国方术大辞典》

方术是神秘文化的统称，也是传统文化的组成部分，它不仅在古代留下了深刻印记，在当代仍有影响。离开了对它的研究，对中国古代社会的认识了解，是很难做得到准确全面的。很久以来，学术界对这种智慧与愚昧并陈的事物不闻不问，总是任其自生自灭。直到20世纪80年代，广东有四位中年学者踏入了此研究领域，成为最早的"吃螃蟹者"。他们是中山大学的陈永正、华南师范大学的张桂光、广州市中医中药研究所的古健青和顺德市档案馆的张解民。陈永正后来成为中山大学（以下简称"中大"）古文献研究所的教授、博士生导师，并任中国书法家协会副主席及广东省书法家协会主席，如今已是"广东当代文化名人"；张桂光现在则是华南师范大学中文系的教授、博士生导师，兼任广东省书法家协会主席。但那时他们都没有多大的名气。他们的研究理路，是通过梳理文献来

---

*作者曾任中山大学出版社总编辑，现为中山大学中文系教授、博士研究生导师。

编撰一部《中国方术大辞典》。他们这项工作大约开始于1988年，其时我刚到中大出版社工作不久。因为主编陈永正是中大的，我近水楼台，获悉了这个信息。当时社领导对此选题虽感兴趣，但对是否出版拿捏不准——题材毕竟敏感。社里有人明确反对出版此书，说这是"宣扬封建迷信"。但我认为以研究对象来判断选题好坏是荒唐的，曾质问反对者，法西斯是坏的，《辞海》里是否就不能有"法西斯"这个辞条？1989年8月，从河南中州书社调入本社的庄昭先生出任第一副社长，他坚定地要出版此书，并要我作为责任编辑与作者们保持紧密联系。作者们还在撰写辞条，我就已经介入了书稿的处理工作。

在当时的图书市场，方术类书籍还是空白，因此可以预见到，此书若投放市场，必有不俗反应。问题是，怎样才能让管理机关批准这个选题呢？当时的大学出版社有两个"婆婆"管着，一个是教育部条装司（后改为社政司），一个是省新闻出版局，两家机关只要有一家不批准选题，书便不能出版。我和社领导与作者们分析，要让管理机关对选题开绿灯，除了必须与上级做好沟通工作之外，还必须有权威学者撑腰。因此，我当时特意请中大的张荣芳、曾宪通、张振林三位教授写了推荐材料，说明作者所进行的是严肃的研究，出版此书对学术界具有意义，等等。最终选题获得了批准。不过，该书出版后，依旧有人诟病，甚至有人上书告状。为了澄清事实，广东省电视台曾特意采访了学术名家王起先生，王先生明确表态，说《中国方术大辞典》是一部不可多得的好书。采访时我和陈永正先生都在场，那时王先生年事已高，说话已不怎么清楚了，说了些什么，都需要他的助手林建加以复述。《中国方术大辞典》出版前，我曾找一位知名度很高的先生作序，满以为他会答应，没有想到他不仅不同意，还狠狠地教育了我一番，说这样的作品哪分得清"科学研究"与"宣称迷信"的界线！可见那时人们的认识分歧有多大。最后，作序者是报界闻人刘逸生先生。

《中国方术大辞典》共收入条目6393条，包括方术一般、甲骨卜、易占、象占、梦占、星占、太乙、六壬、奇门遁甲、杂占、相术、堪舆、择吉、星命、外丹、内丹、气功养生、服食、辟谷、房中术、符咒、巫术、杂术、人物、著作等25个门类，囊括了古代"神秘文化"的各个方面。

它于1991年7月在首届"南国书香节"揭幕前夕出版，引起了读者的强烈反响，购买者甚众，成为这届"书香节"的第一畅销书。当时首印1.5万册，在展会上全部售罄，旋即又要厂家加印了2万册。对一部近800页、定价28元的大书来说，这算是奇迹了，需知那时工薪阶层的月工资只有两三百元！1992年1月，此书被共青团广东省委与广东省新闻出版局评为"广东青年最喜爱的书"。《中国方术大辞典》的出版，还引致了另一个后果，这就是打破了方术研究禁忌，引爆了"神秘文化"读物市场，此后同题材的读物便如雨后春笋般涌现了。

就我个人而言，编辑这部大辞典，有两个收获：一是在过去的知识盲区做了一次漫游，并从此开始了向学术型编辑的转变。因编辑此书的缘故，我对"神秘文化"的研究也产生了兴趣。后来我翻译荷兰高罗佩的《秘戏图考》、研究《周易》，都与这次的经历有关。1995年8月，胡孚琛先生主编的《中国道教大辞典》由中国社会科学出版社出版，书中方术部分的辞条，主要便是由上述四位作者，以及北京大学的李零先生和我撰写的。二是与陈永正先生结下了学术缘，后来他的多种著述，如《屈大均诗词编年笺校》、《王国维诗全编校注》、《粤东诗海》、《国朝诗人征略》等，都是因我约稿而在中大出版社出版的，有些书的责任编辑还是我。2001年，我从中大出版社调到中大古文献所工作，引荐人便是陈永正先生。

二、《周易大辞典》

《周易大辞典》，是当时中大中文系与古文献所的一批年轻学者合作编撰的一部多功能大型易学工具书，由伍华先生任主编，李铭建、林建先生任副主编，1993年12月由中大出版社出版，大32开，精装，1650页，定价68元。与他们约稿的，原本是本省的某兄弟出版社，由于作者们并不是抱着急功近利的态度来编撰这部大辞典的，因此动手虽早，成书却晚。书稿完成时，约稿出版社因对市场前景把握不定，已失去了出版的兴趣。在这种背景下，作者们便找到了我，与我商讨此书在中大出版社出版的可能性，当时大约是1992年我担任副总编前夕。

我对是否出版这部辞典颇伤脑筋，因为书稿送到我面前时，市场上已

有几部同类辞典,有一本甚至连书名都一样。这部辞典有200万字,篇幅比上文所说的《中国方术大辞典》还大,需要投入很多资源。而书稿的作者,当时只是一群名不见经传的年轻学者,他们的作品能获得学术界认可吗?后来,我翻看了书稿,发现与已面世的同类出版物相比,本辞典还是有其特点的。首先,它重视考订名物与辨析词语,遵循中国传统的笺注方式,旁征博引,订异纠谬;其次,选条立目兼顾义理与象数,且覆盖经传,释义详备,引例精当;再次,正文采用以字系复词、短语的方式编排,释义博采诸家,通贯古今,反映了历代易学研究的成果;最后,正文后附有经标点和校勘的《周易》原文、经传字句索引和易学书目。这些是当时的应景之作所没有的。从学术角度来看,此书显然具有出版价值。为了印证我的看法,我走访了此书的审订人卢叔度先生,卢先生当时已70多岁,他对参与撰写这部辞典的那群年轻人赞不绝口,称大辞典是"十年磨一剑"的产物。卢老的鼎力推荐,使我的心踏实了很多,我遂对当时主持工作的第一副社长陈必胜先生提出了出版建议。因投入较大,陈必胜先生比较谨慎,他分别在编辑部与社委会开了几次会。在会上大家意见分歧较大,说什么的都有。结果,陈必胜先生自己拍了板,他说:"建社已将近10年,我社出版的文史类图书拿得出手的不多,对有分量、有影响的高质量作品,看准了,哪怕赔一点钱,也应出版,因为这有利于提高本社的品牌形象。这部大辞典,我看未必赔,赔也不会多。"就这样,选题上马了,经营责任说好由社里来承担,责任编辑是刘翰飞、陈必胜、杨权和章伟。

顺便一提,此书是由广东省第二新华印刷厂排版印刷的。制作此书时,中国的印刷业正处于由铅字排版向照相排版过渡的时期,本书使用了当时至为先进的日本森泽照排系统来排版,是我社第一本非铅排图书。森泽系统的工作原理是在相纸上一个字一个字地曝光,然后拿显影后的相纸去制版,录入如有错误,需在相纸上挖改,现在看来仍比较落后,不能与现在的电脑激光胶片相比。

《周易大辞典》首印5000册,市场反应可以用"不温不火"四字来形容,属于长销书。它虽未能让社里赚大钱,却也没有让社里亏老本。现在如果能再取得作者的授权,我想它依旧还会有市场。至于社会效益,它在中大社历年出版的文史类图书中,是学术含量较高的一部,1994年该书获得了中南地区高校出版社第四届优秀学术专著一等奖。

编辑了《周易大辞典》之后,我和伍华、李铭建、林建都成了朋友,对《周易》也有了兴趣。现在我和伍华先生同在中文系执教,我在本科生中开设有一门核心通识课程——《周易》基础。

三、《中国共产党历史大博览》

较之前面所说的两部大辞典,《中国共产党历史大博览》是一部篇幅更大的书。它无论是体例还是内容,都与上述两部大辞典有很大的不同。它是一部图文混合的大型编年体史书,大16开,分上、下两册,用铜版纸全彩色印刷,精装,共2070页,600万字,有图片8000幅。该书在吸收党史界研究成果的基础上,通过对原始档案材料的取舍剪裁,以时间为经、地点为纬,对中国共产党从诞生到发展到壮大的历史做了系统介绍,全景式地展示了党领导中国革命与建设的历程。时间跨度从1915年1月始至1999年6月止,共85年,内容覆盖政治、军事、经济、文化、教育、科技等方面,包括事件、运动、人物、会议、战争、文献、实物、生活等。编排方式每月占两对面页,中心的位置记述该月党的活动,左边的"党内大事记"是对正文的补充,右边的"国内大事记"则为党的活动提供背景材料。

这是我在出版社就任总编后亲自策划、组织的重大选题,项目从设计到组稿、筹资、编辑、制作、报批、宣传、发行,各个环节都是在我的直接协调或指挥下进行的,在操作的过程中曾遇到过很多困难与障碍。

当时所以要搞这部大书,是出于两方面考虑:第一,1999年是中华人民共和国成立50周年,也是中国共产党建党78周年,出版一部全面真实记录党领导中国革命与建设的大型作品,对进行爱党、爱国教育具有现实意义。第二,本社建社以来,由于多种原因,码洋一直增长不快,我就想,可否借鉴兄弟出版社的经验,通过经营一部大书把码洋冲上去?我和广东旅游出版社的副总编胡开祥先生关系比较密切,他曾多次对我说,上码洋并不难,他们社就因为几年前搞了一部《新中国大博览》,码洋一下

子就增加了 3000 万。省局开会，他们社长常常春风得意地介绍经验。胡开祥建议我在中大出版社也搞一部类似的大书，并把北京的程栋、刘树勇和霍用灵介绍给了我，他们正是《新中国大博览》的主创，《新中国大博览》创制完成后，三人合伙注册了一个"北京人天文化艺术有限公司"，以企业运作的方式来做稿。我接受胡先生的建议，利用出差北京的机会，于 1998 年秋走访了该公司，并与他们达成了合作意向，打算在建国 50 周年国庆之际出版《中国共产党历史大博览》。对此项目，他们已有良好的资料准备。

但要上此项目，首先要解决资金的问题，需知经营这样一个超大规模项目，光稿酬与制作费就要数十万元，整个项目没一二百万元根本推不动；当时的中大出版社完全没有出资经营此书的可能，哪怕只是出总额的几分之一。所以我只有利用联外的方式解决资金问题。正巧，我通过某种途径获悉，时任广州市委宣传部部长的朱小丹先生（现在的广东省省长）有在建国 50 周年期间搞一个大型文化项目的意图，正在找切入点，我便与该部负责此事的潘主任进行了接触，结果对方同意出资 150 万元与我社合作经营这个项目。这样，资金问题便迎刃而解了。在我们支付了预付款之后，北京人天文化艺术有限公司就开始了对书稿的创制，而社内的审稿与编辑工作亦同步展开。因为这个项目很强调出版的时间节点，为解决本社人手不足的问题，我特地从社会招聘了几名人员来助编书稿，从而保证了工作进度。

经营这个项目，最大的难题还在选题报批。按照当时实行的重大选题专项报批制度，凡涉及宗教、外交、军事、党史、民族、"文革"、"六四"、党和国家领导人等事宜的选题，都必须专项报批，经中央有关部门审查通过才能出版。本书是编年史，几乎避不开上述的所有敏感方面。这也就意味着，《中国共产党历史大博览》必须分别取得广东省新闻出版局、教育部社政司、当时的国家新闻出版署以及负责审查的中央机关（后确定为中共中央党史研究室）同意，才有面世的可能。这种要求使我在事实上陷入了一个悖论圈：上级审查必须看到书稿，没有书稿，项目就不能上马；而书稿制作出来，便已发生了费用，等于已上马。上了马要是不能获批，如何向投资方交代？我当时是有进无退。说实话，从事出版工作这么些年，我从未遇到过如此棘手的事。在这个重大问题上，社里没有谁能帮我的忙，唯有我自己想办法解决。在前后大半年的时间里，我六次赴京，在管理机关上窜下跳，进行密度很大的公关。对我来说，选题要获得广东省新闻出版局、教育部与出版署的批准，难度都不算很大。因为省局本来就支持我上此项目——它毕竟是有广州市委宣传部做后盾的；教育部主管官员与我的关系一向亲密，我平时到京有事无事都会到部里走一走，他们见到我总是说："呦，杨权又来了！"因此，只要选题不出格，他们不会为难我；至于新闻出版署，新任的图书出版管理司司长阎晓宏（后任副署长）及该司的工作人员王然（后任副司长）都与我相识，搞这个项目前，我曾口头知会过他们，他们也不反对。心里最没底的，是负责审稿的中共中央党史研究室！这个机构听起来不怎么样，却是一个正部级的衙门！阎晓宏明确地对我说，署里对你的选题批与不批，将取决于党史研究室的意见。因此，我将该机构作为重点公关目标。谢天谢地，我在中国人民大学读书时的同系师姐覃毅女士就在该处任职！经她穿针引线，我与一位姓陈的常务副主任（大家都称他为"部长"）及审稿人员见上了面。由于做了必要的公关铺垫，他们对我态度相当友好，一个多月后，完成了审稿任务的党史研究室便给新闻出版署出具了同意意见。1999年7月2日，新闻出版署图书出版管理司向广东省新闻出版局发出了《关于中山大学出版社安排〈中国共产党历史大博览〉一书选题的批复》（图管字［99］第463号），同意我社安排《中国共产党历史大博览》选题。看到批复，压在我心上的大石头才落了地。之后，制作工作更紧锣密鼓地进行，图书终于在国庆节前出版，由我联系的新华书店首都发行所主发。国内的报刊以《波澜壮阔历史的宏大画卷，迂回曲折道路的真实纪录》为题，报道了此书出版的消息。一些党政机构，把它作为党建参考资料。此书于2001年10月被中共广东省委宣传部评为广东省精神文明建设第四届"五个一工程"入选作品，基本达到了最初设定的政治目标。

还有一事值得一提：在《中国共产党历史大博览》付印前，我给时已92岁高龄的中共元老薄一波同志写了一封信，请他为本书题词；该信经北京的朋友送达了他手中，结果老人家欣然允诺，于1999年8月15日用软笔写下了"继承党的传统，迈向新的世纪"12字，我把它印在了书前。

我原本还想请一位无产阶级革命家为本书作序，因时间仓促联系不及，只好自己操刀，以"艾党"为笔名，写了一篇冒充"大人物"语气的序。

《中国共产党历史大博览》没有花社里的钱，开了我社利用社外资金经营大项目的先河，图书出版后在社会上也产生了较大的影响，有一定的社会效益与经济效益。不过，此书的经营也有一些经验教训值得总结和吸取。首先，它的市场反应远比不上广东旅游出版社的《新中国大博览》。原因大概有三：一是此书由投资方主经营，而他们并无图书发行经验与渠道；二是此书推出时，图书市场上"大书热"已消退；三是该书的内容与《新中国大博览》有重叠。其次，2004年——其时我已不在出版社工作——有一位解放军画报社的退休记者曾因书中使用了他在20世纪50至70年代拍摄的二十来幅照片而向北京中级人民法院提起诉讼，结果出版社不得不依判决赔了他两万来块钱，这件事，在著作权保护方面给我们上了一课。

链接

波澜壮阔历史的宏大画卷
迂回曲折道路的真实纪录

杨 权

在中国共产党七十八华诞和中华人民共和国五十华诞之际，中山大学出版社在中共广州市委宣传部的直接支持下，推出了一部规模宏大、图文并茂的读物——《中国共产党历史大博览》，这是一件令人瞩目的事情。

中国共产党是一个拥有7000多万党员的执政党。她从诞生到成长、发展的历史，是一段迂回曲折而波澜壮阔的历史。在长达78年的艰苦卓绝的斗争岁月里，中国共产党由小到大，从幼稚走向成熟。由于有了伟大的中国共产党，华夏大地发生了翻天覆地的变化。是中国共产党领导中国人民推翻了帝国主义、封建主义、官僚资本主义"三座大山"，取得了新民主主义革命的胜利,建立了中华人民共和国;是中国共产党,领导中国人民走上了社会主义的康庄大道,把一个积贫积弱的旧中国,建成了一个欣欣向荣的新中国;也是中国共产党,在邓小平建设有中国特色社会主义理论指导下,打开了改革开放的新局面,使中国在现代化建设的道路上取得了举世瞩目的成就。

波澜壮阔的历史,需要的正是立体的、全景式的展示,所以中山大学版《中国共产党历史大博览》这部总页码超过2000页的大16开本彩印精装的大书,图文结合,以时间为经、史实为纬,形象立体地、多角度地记述了中国共产党为谋求国家独立、军事富强、人民幸福富裕所走过的道路,内容覆盖政治、军事、经济、文化、教育、科技等领域,包括事件、人物、会议、战争、文件、生活等方面,时间断上起1915年,下至1999年6月,共计85年。这部印制精美的图书,最大的特色在于提供了一般党史读物所没有的宏大规模与新颖形式。撰者在吸收党史界的大量研究成果的基础上,对已有材料进行了认真的分析、剪裁,以接近600万字的宏大篇幅,对党的历史作了全面系统而条理清晰的介绍,这样大的文字规模,在以往的党史读物中是不多见的;更难能可贵的是,为了使读者对历史的面貌有更具体直观的感受,本书根据内容的需要,配置了8000多幅珍贵的黑白或彩色图片。这种图文混排的"博览型"图书,既弥补了文字类图书形式单调、内容枯燥的缺陷,也矫正了画册类图书与文字脱节、信息量有限的毛病,有很强的可读性,又包容了很大的信息量。虽然在深层次的意义上来说,本书不属于所谓的"原创性"作品,但它的意义和价值并不在一般原创性作品之下。这是因为要对时间跨度长达七八十年而过程又相当复杂曲折的大量历史材料作正确的、恰如其分的筛选剪裁,并非易事,我们高兴地看到本书作者在这方面付出了相当的努力,本书无论是内容质量还是文字质量,都是值得嘉许的。

历史是客观的,但历史如何写,却体现着作者的政治和历史眼光。本书从选材到编写,都十分注意舆论导向的正确性,它通过铁一般的史实,讴歌了中国共产党的伟大、光荣,展示了党的光辉形象:共产党在历史上所走过的弯路、所碰到的困难,也有实事求是的反映,本书的编撰口径,与党中央关于党的若干历史问题的决议精神是相一致的,符合江泽民同志

书里书外

"以科学的理论武装人,以正确的舆论引导人,以高尚的精神塑造人,以优秀的作品鼓舞人"的指示精神。《中国共产党历史大博览》的出版,对全体党员和全国各族人民更深入地了解党的奋斗史,深刻地理解只有社会主义才能求中国、只有中国共产党才能把中国引向繁荣富强的道理,将大有裨益。

美丽工作美丽书

谭广洪*

调到中山大学出版社工作时，我刚过24岁，有两年半的编龄。

不知道是什么缘故，我天生就想做编辑。其实，我对这工作并不甚了了，却情有独钟。天随人愿，1982年初大学毕业，我被分配到湖南人民出版社，做了编辑。

时值刚刚改革开放，"右派"平反，湖南人民出版社人才济济，我所在的政治理论编辑室，当时7位编辑里有3位是平反的"右派"，个个都是"武林高手"，让我"高山仰止"。从他们身上，我学到了很多，奠定了我编辑人生的坚实基础。1984年8月，没有花一分钱，没有走丁点儿关系，我回到母校中山大学，落脚出版社。我从助理编辑做起，一直做到总编辑；2001年6月，调离出版社，创办、主编一本亲子杂志，从事另一种形态的编辑工作，同时参与筹办家庭出版社。

弹指一挥间，30多年过去，如今早已过了"知天命"之年。尽管如此，心态上还努力保持年轻，很少去回望、总结过去的日子。适逢中山大学建校90周年和中大出版社建社30周年，出版社组织《那些年，那些人》和《书里书外》书稿，才让我静下心来，回看来路，惊觉在中山大学出版社工作的17年，是我职业生涯里，成长最迅速、工作最享受的17年。"工作着是美丽的"，是那个时期工作状态的真实写照。

"美丽的"工作状态，才能创造出"美丽的"图书。但这并非一篇文章所能尽诉，且让我以责编的几本书的故事，以一窥全豹吧。

---

*作者曾任中山大学出版社总编辑，现为家庭杂志社执行主编。

书里书外

一、《中国文化概论》——桃花潭水深千尺

大学出版社,作为大学向外的重要窗口,当以学术著作和大学教材的出版为立社之本。在中国社会步入市场经济轨道之前,这一点是共识。这个共识使得上世纪整个80年代和90年代前半期,大学社的图书出版几乎都围绕大学教材和学术专著的出版来进行。《中国文化概述》,以及当时中大社的一系列拳头产品,如《行政管理学》、《公共关系学简明教程》、《计算机基础教程》等,都是这一出版宗旨的出色体现。

《中国文化概论》出版于1988年。作者李宗桂,如今的著名学者,当时籍籍无名,只是中大哲学系的年轻讲师。这位年轻的讲师,不仅具备年轻人的热情、创新精神,还具有学者的认真和严谨,从他身上我获益良多。那时我刚做母亲不久,住在中大东北区一间旧一房一厅的平房里,房子逼仄,孩子又小,工作忙,家务也忙;那时通讯落后,不要说没有手机、BP机,就连座机,也不是家家都有,编辑与作者之间只能当面沟通;那时的编辑看稿都很认真,引文必查对,一有不明白不清楚之处,必记录下来,待看完全稿后,再与作者约好时间,作者到办公室来谈稿子。但这次跟李老师的合作不一样。李老师体谅我孩子小,事情多,他做事又特别认真,还是个急性子,等不到事后慢慢沟通,他几乎天天到我家里来。开始时多是聊书稿,后来逐渐熟络起来,聊的话题就宽泛了。加上我先生与李老师是同事,每每我们聊完书稿问题或书的宣传营销工作后,先生就加入进来,三人天南地北地闲扯,不聊它个昏天黑地不罢休。

几个月的编辑时间过去,我记下了几十页的审稿记录,跟李老师有过无数次的沟通和讨论,也相当于上了一学期的中国文化课;我跟李老师之间,由不太熟悉,变成了很好的朋友,友情延续数十年,至今未变;更巧的是,我与李老师的夫人,一位美丽、善良、大度、经验丰富的出版人,也成为好朋友,现在我跟她的交往较之李老师来得更为密切。在《中国文化概论》的后记里,李老师对我的工作表达了他的谢意:"谭广洪同志付出了艰苦的劳动,并提出了不少中肯的修改意见。……致以由衷的谢意!"此书出版后,反响热烈,数次重印、修订再版,还出版了韩文版和台湾繁体字版,远销海外;1989 年,该书获得国家级图书大奖——中国图书奖。这是中大社第一次获得国家级图书大奖(仅指国家三大图书奖),也是迄今为止唯一的一次。

"桃花潭水深千尺,不及汪伦送我情。"李老师这本大作获奖无数,而编辑方面所获得的奖项,成为我编辑生涯获奖的最高峰,个人还主要因此忝列"广东省首届中青年优秀出版工作者"(简称"十佳")行列。对李老师给予我的帮助,我由衷感恩,一直铭记于心。

二、《公共关系学简明教程》——赠人玫瑰手有余香

《公共关系学简明教程》的作者廖为建,是一位儒雅、谦和、低调的学者,与廖老师的结识就靠这本书。书稿只有十来万字,印出来是正 32 开薄薄的一本。但任谁也始料未及,就是这本毫不起眼的册子,竟然创造了巨大的经济效益和社会效益,从 1989 年 1 月初版,到 1993 年再版,再到 2001 年 6 月我离开出版社,年年都是社里无可争议的创利"大户"。它也获得了从省级到中南地区到国家教委到全国教育类图书的各种奖励。俗话说,赠人玫瑰手有余香。此话对廖老师是如此,对我来说也是如此。廖老师所赠之玫瑰,是一部成熟的书稿和一位良好的合作者;我所赠之玫瑰,是尽心尽力的服务和一位君子之交的朋友;而我们,都收获了社会效益和经济效益之丰硕的浓香的果实。

我在中大出版社工作时间挺长,服务过许多中大的牛作者,与不少"牛人"结下了友谊,包括现在一些闻名于全国的专家教授,有的作者从过去到现在,都调侃地称我为"谭老爷"。但其实,这个"老爷"是服务型老爷,就像发行工作服务于读者一样,编辑的重要工作,就是服务于作者,这是做好图书出版工作的制胜法宝之一。

具体到《公共关系学简明教程》这本教材,服务之一,也是最重要的,是修订。此书出版大约两年后,根据市场反应和学科发展需要,我跟廖老师提出了修订建议。但廖老师当时是中山大学政治与行政学系的系主任,还兼任广东省公共关系协会的副会长和副秘书长,工作繁忙,加上生性低调,此事便一拖再拖。我是锲而不舍,时不时跟他提此事,还依据市

书里书外

场反馈和编辑经验，积极给他出主意，比如框架、风格保持现有特色：系统性与简明性的结合，但增加公共关系研究和实践领域的最新内容；比如在每章前面加上"本章要点"，书末增加"练习与答案"；比如可以请研究生帮忙收集、整理最新资料，甚至写修订初稿。前两个建议体现了编辑的专业性，且符合实际教学需求，后一个建议完全是鉴于廖老师工作忙无暇收集、整理资料的实际情况，预计难被接受。果真，廖老师采纳了我前两个建议，否弃了后一个。他亲力亲为，严肃认真地做修订工作。尽管用时比较长，但效果出奇地好，1993年4月出了第2版后，销量节节上升，修订时销售数是20万，到2001年6月底，发行量已达近70万册。

服务之二，是设身处地、时时处处为作者考虑。这本书初版时，作者拿的是稿费（那时国内还没有版税一说），修订时，已开始有版税但不像现在这样普遍，作者也从未提过改变付酬方式问题，但我还是主动向社领导建议跟作者以版税结算。那时，出版社已经实行经营目标责任制，个人收入是与责编图书的收益挂钩的。明知作者拿版税会增加不少稿酬收入，也就意味着出版社和我个人的收益会有所降低，但我觉得作者的劳动价值应该得到更好的体现，即使是"亏"，也得吃；况且，从长远看，这"亏"焉知不是"福"呢？此举让作者发自内心地认同我这个人。书出版后，销售势头一年年看涨，年年都重印好几次，每一次重印，一定事先跟作者打招呼，以示对其著作权的尊重；重印后，一定及时给作者开出版税；为了使作者在版税收入上尽可能地减少扣税，往往一次重印，要分好几次核算销量和版税。事实证明，抱着"吃亏是福"的心态，实则收获的是作者、出版社和个人利益三赢的硕果。

服务之三，多替他人着想，积极、主动跟发行、编务、财务等部门交流、沟通，及时了解发行情况和市场反应，及时提出重印建议；主动了解稿费政策和发放情况，让作者在稿酬方面不操心、少操心、放宽心。我始终相信，人心都是向善的，替他人着想这一颗善心，一定会结出善果。

果不其然。十几年来，我跟廖老师之间的合作十分顺畅，从未发生过半点儿不愉快之事，更没有产生过矛盾，两人之间成为心底里相互认同、平常交往清淡如水的君子友人。记得1993年中大搞集资建房，我家住得小，想参加集资却在钱款上差一大截，有朋友主动提出借钱给我们，正在我纠结是借还是不借的时候,一次在榕树头的菜市场,碰到廖老师,聊起这个话题,他半认真半玩笑的一句话,彻底激起我去借钱集资的劲头。他说:"在信用社会里,能借到钱的人,才是信誉好的人。现在是别人主动说要借钱给你,你这得是多好的人品啊!"其实,真正好人品的是廖老师自己。我调到家庭杂志社后,一次中山市妇联主席委托我帮忙找中大教授去给女干部讲课,我先找了位女教授,她直言妇联给钱少不愿去,随后我给廖老师电话,他二话没说,课酬连问都没问,就答应了,而且讲课效果是如此之好,妇联主席专门打电话告诉我:女干部们都被廖教授的风采迷倒了,下来还得请廖教授去讲。前些年,我一位从事危机公关研究的年轻朋友久仰廖老师大名,希望拜会廖老师,请我牵线。廖老师听说后,并不因朋友年轻不是专业出身而拿架子,见面交谈友好随和,在随后的几年里,他还总是制造机会提携后学,现在朋友是中大的兼职教授,已在公关界打下一片天下。每每我们见面聊到廖老师,都不胜唏嘘,天妒英才啊,这样品质高洁、低调内敛、学问扎实的名师,老天却让他在耳顺之年去了天堂。每想到此,我的内心就无比地痛。但可以安慰廖老师在天之灵的是,《公共关系学简明教程》仍然是公关领域的重要的、不可缺少的教材,中大出版社今年还出版了《廖为建文集》,以寄哀思,以承后学。

三、《股市运作技巧》——失之东隅收之桑榆

仅仅会编稿,不能算是好编辑;好编辑还应该具有对于社会发展脉动的感应与感知能力,并化为组稿的行动力,及时地开发社会阅读的新空间,满足社会对于新知识新见解的需求。这是社会日益走向市场经济的全新态势对于出版工作的新要求,同时也是对于编辑素养、视野、判断力和行动力等方面的综合性要求。

20世纪八九十年代,深圳作为经济特区,政治、经济、社会等各项事业发展都风生水起,引世人关注,文化事业相应地也得到蓬勃发展。但那个时候特区只有一家海天出版社,显然不能满足文化出版需求。有鉴于此,我把深圳作为组稿的主战场之一,那些年,便常常出入深圳。

大约是1990年八九月间,我又一次来到深圳。第一站是深圳特区报。

书里书外

  按照约好的时间来到理论编辑部，坐下还没进入正题，一股热浪扑面而来：出出入入的人们都在谈论股票，有好几个人甚至拿着用报纸包着的大面额人民币，且并不避讳在外人面前打开报纸包，这是我平生第一次见到这么多的现金。至于组稿的事，自然受到冷落，我被告知他们都在买原始股票。

  媒体是社会的晴雨表。党报内部这一景象，让我敏锐地嗅到了选题的气味，尽管当时我对股票并没有太多认识。当晚，我去拜访大学同学，在她家里，自然聊到股票话题。她告诉我，深圳上下，人人都在讲股票，处处都在买股票。有位在深圳某机关工作的大学男同学，甚至到处搜罗身份证，要去多打新股多中签。

  从同学家里出来，我就决定要组一本股票入门的书。我直觉，股票热一定会从深圳蔓延开来，而像我这样对股票一无所知的人一定很多，他们需要扫盲，需要扫盲的书。可是，找谁来写呢？在我的作者、朋友圈里扫了一通，全然没有这一类型的人选。问深圳的朋友、同学，他们也没能有人选推荐。

  回到广州，我一直没忘记此事，打听有没有人在做这个，但结果是失望。大约过了几个月，我接到一本书稿的简介和目录，内容正是谈股票运作的，作者程柏江，自我介绍是深圳一家大型国企的财务经理，有丰富的实操经验，对财经金融也颇有研究，发表相关论文30多篇，还是香港《文汇报》"深圳股市"的专栏作者。看文字，文通字顺；看目录，像模像样。这真是"瞌睡遇上枕头"。第一时间，我请他寄稿子过来。初步浏览后，我判定稿子是基本成熟的。加班加点地，我一边编辑一边学习，很快地，在1991年初推出《股市运作技巧》，开印15000册，第二年做了修订，随后连续几年年年重印，成为了社里的畅销书和长销书。

  由《股市运作技巧》开局，一发不可收地，那几年里我接连组稿编辑出版了一系列的股票书。有几本还是由这本书引发的纠纷得到妥善处理后，由此认识了深圳证券交易所的几位高管和中层，由他们撰写的，比如《股市技术操作实务》、《投资基金概论》、《深圳证券交易所年报》等，真可谓"不打不相识"。我也由理论扫盲后步入实操阶段，成为我国最早一批股民。只是天性愚钝，不喜钻研，凡事既谨慎又率性，20多年过去，仍是入门级水平,在专家面前都不好意思说自己是老股民。

深圳之行,没有组成理论方面的书稿,却打开了另外一扇窗,股票图书成为那些年中大出版社一个新的出版热点,成就了中大出版社当时在广东股票图书市场的领先地位。谁说不是"失之东隅收之桑榆"呢?

四、《物业管理丛书》——柳暗花明又一村

进入20世纪90年代,特别是邓小平南巡谈话之后,出版社作为纯粹文化机构的色彩在逐渐弱化,市场经济之浪时时冲击着、裹挟着编辑们,绝大部分出版社开始实行经营目标责任制,图书出版不仅要考虑社会效益,更得注重经济效益。一向以文人自诩甚至自豪的编辑们,在经历了或长或短时间的心灵痛苦、挣扎后,都只得直面现实,努力在市场中学习市场经济,学习尽可能地组织、编写"双效书"。《物业管理丛书》就是在这样的背景下组织、出版的。

这套丛书的组稿过程颇具戏剧性。

20世纪90年代后期,一天,在家里,我随手拿起一张放在书桌上的小开张报纸,现在已记不得是什么报、家里怎么会有这张小报。随便翻阅中,一则不起眼、几百字的报道,映入我的眼帘:广州珠江管理培训学院主打职业教育,组织编写了一套高等教育自学考试物业管理大专培训教材,试用后颇受欢迎。职业的敏感,让我盯着这则消息看了半天,似乎想从中嗅出更多的信息;对社会政治、经济跳动脉搏的关注,使我直觉到物业管理一定是国内未来社会管理的一个重要形态和领域;平日里对图书市场动态的用心,让我感觉到国内这方面的书几近空白,也许这还是第一套。如能成功出版这套书,产生"双效益"应该是可以预期的。当下我就决定,去寻找这套书的组织者。

从浩如烟海的信息里,如何火眼金睛般洞见有价值的信息,提炼出选题,将其变成受市场欢迎的图书,这是一种综合能力。这种能力建立在长期的、日积月累的用心学习上,建立在庞杂的知识储备库基础上,建立在观察力、判断力、决断力、思考力、行动力等能力的不断提升过程中,而非一日之功,一蹴而就。

书里书外

十分庆幸地，在我从事编辑工作10个年头以后，自觉已初步具备了对信息的提取、判断、整合能力。对获得的上述信息，我如获至宝，按照该报道的唯一线索，去寻找作者——珠江管理培训学院——的电话。通过114，几经周折，终于联系上学院院长林广志。自我介绍，通报意图，对方态度平和，却以忙为由，希望改日再联系。我知道这是托词，但假装不知，认真地询问什么时间我再给他电话方便。按照约定的时间，拨电话过去，对方或者不接，或者接了不是说在开会，再约时间，就是打太极，一会儿说书还在试用，不准备出版，一会儿说省教育厅很关注这个项目，出版事宜得听教育厅的。如此三番五次，弄得我从心平气和到心烦意躁再到毫无脾气，遂决定放弃。过了几天，想想还是心有不甘，这样现成有基础、估计有前景的书，不容易碰到啊。换个思路：找与这个珠江培训学院有关联的人。记起来林广志说过这学院是国有大企业主办的民办学院，这企业貌似叫珠江实业。我调动大脑细胞，寻找跟珠江实业有关的人。突然间，电光石火般，一个大学同学的名字跃入脑海，他是珠江实业的副总，大学毕业后我跟他从未单独联系过，只是同学聚会时见过面。尽管如此，为了我美丽的工作，硬着头皮，上吧！通过其他同学，我找到副总同学的电话，一个电话打过去。毕竟是4年同窗，同学一口答应帮忙，还说是我在帮他的忙，还说怎么早不找他费这么多周折干什么。唉，早我哪儿知道有这层关系呀？之后的事情，就是老套故事里说的，峰回路转，柳暗花明又一村了。

当然，随后的组稿、编稿、出版过程也并非那么顺顺利利，但越合作，越感觉双方都有一股子对自己热爱事业的执着追求，都有想认认真真做好一件事情的工作态度，都有爽快开朗大气的性格特点，都有互惠互利双赢共赢的价值观。这些合作的软性前提，奠定了双方长期合作的坚实基础。后来林广志跟我说过，我们的眼光、敏锐度，对他们选题的执着程度和重视程度，都令他感动。对于与教育厅的关系，也确实是有些问题需要协调，但事在人为，没出几月，便得以顺利解决。

由这套书，出版社领导和相关编辑都跟主编林广志混成了熟人。那年出版社的选题论证会，还由林广志牵线，到他曾经挂职县委副书记的粤北南雄县召开。林广志不仅自己去到南雄，上下沟通联络，而且那天晚上与出版社员工们共聚同乐,一醉方休。由这套书,我还结识了珠江实业公司下属几个子公司的高管,并与他们成为朋友,开拓了中大社与珠江实业公司其他部门的合作,《物业管理丛书》也拓展到实务和案例层面。而我国当时教育界对于案例教学,尚处于初步阶段,这套图书的出版,也就因此具有某种引领教学改革的积极意义。本来还有好几种开创国内先河的较大的选题设想,都已经在反复沟通、磨合中,有的已经出了纲目,但由于我离开出版社而停滞了下来。想不到的是,在我离开出版社后好多年内,珠江公司的朋友还时不时找我,谈他们比较现成的一些选题。当我告知其我已不在出版社工作、希望他们直接找出版社编辑时,他们说,我们知道呀,你就帮我们先联系一下,你介绍过去我们放心些。好吧,恭敬不如从命,我只好照办。

《物业管理丛书》是我国公开出版的第一套"高等教育自学考试物业管理专业专科教材",出版后市场反应良好,几年间几经修订,不断重印,成为了出版社的拳头产品之一。

五、《电算化会计初级教程》——无心插柳柳成荫

"电算化"于我,是个新名词,对"电算化会计"更是门外汉。但是,出于编辑的职业敏感,我知道"电算化会计"对财务核算技术变革的意义,所以,当这个选题一出现时,我抓住了它。

说起来,这个选题能到我的"碗"里来,落到中大社,完全是偶然。

编辑本是杂家,但"杂"中也有"专"。作为一名学哲学出身的文科编辑,文史哲自然是主打领域。然而,随着社会主义市场经济的逐步确立,社会对经济、管理、金融、贸易、税务、会计、法律等人才的需求大幅增长,人才日显短缺,大学教育、职业教育和社会培训市场也就随之转向,有关这些领域的教育以及培训市场日益繁荣。主要为教育服务的大学出版社,自然要适应社会发展的大趋势,满足社会发展的新需求。这个时候,编辑"杂"的范围便要扩大。虽然,我的固有价值观使我无法认同"什么书可以赚钱就出版什么书"的做法,但自觉地努力地将自己变成相对"杂"些的编辑,成为主业突出、兼营他业的多面手,就是适度适应社

书里书外

会需求的无奈状态下的积极性选择。为此，我的编辑领域开始由文史哲转向兼顾社会科学，组稿编辑的管理、法律、经贸、会计等方面的图书占了很大比例。

1993年，我组稿责编了一本企业会计方面的图书《企业新会计制度实用手册》，作者是广州市财政局本书编写组，具体负责跟我联络的是广州市某会计师事务所一位钟姓老会计师。这本书出版、发行得很顺利，还做过一次修订。我与钟老会计师的交往仅限于书稿，但感觉得出来相互之间是尊重的、友好的。一次，钟老会计师来社里拿稿费，记不清什么原因需要等待，我便陪着他站在财务室门外闲聊。我们之间仅仅是工作关系，真没有什么东西好聊的，我绞尽脑计，东拉西扯，其间随口问了一句：最近你们在忙些什么呢？就是这么一句简单的平常问话，带来了出版社连续几年上千万元的收益。他说，他们所里正在参与市财政局搞的一本培训教材的编写。哇，市财政局，培训教材，这八个字立马抓住了我。什么教材？我问。一本电算化会计方面的培训教材。电算化？这之前我听到过，但不甚了了。我马上求教：请钟老师给我说说是怎么个情况。原来，广州市财政局计划在几年内在全市范围内推广电算化会计，将分期分批对会计人员进行培训，正在组织编写教材，目前着手的是初级教材。这个消息让我心底很是小激动了一番。我们都知道，教材一般情况下可以成为长销书；若果教材被系统采用，它还能成为畅销书；若果这个教材是系统自己组织编写的，它的被采用就没有了竞争者；若果这个组织者还是有行业绝对控制力的，那这书不成为畅销书、长销书都难。想到这里，我马上问钟老会计师，谁在具体负责这本书的编写工作，他告诉我说是会计管理处。我趁热打铁，立马说，你能否帮我介绍认识会计管理处的处长？他一口答应，说跟他们很熟。

线是牵上了，但工作其实才刚刚开始，我深知这样的书稿不知会有多少家出版社盯着，这处长，或处长的领导，或具体做事的人，都可能会有自己的关系需要关照。我们与其素不相识，从未合作过，只能打三张牌：重视牌、感情牌和专业牌。我首先向社领导汇报了这个选题的基本情况，得到徐镜昌社长和杨权总编辑的大力支持。其次，我不断跟进书的编写进度，期间多次策划、组织一些吃饭、打保龄球等联谊活动，而且每次都是社长、总编亲自参加；同时，财政局具体负责这个项目的是一位副处级的罗小姐，我加强与她的沟通，尽可能地进行一些私人方面的联络，以建立私人感情。这感情牌打得是成功的，尽管过程中我经常纠结，甚至痛苦不堪，但为了工作，也只能像当年出版社吴伟凡书记所说的那样："呼"（豁）出去了！再次，书稿交来后，在认真编校的基础上，还根据自己多年来编辑教材的经验，提出了不少合理化建议。几年间，这本书每年都多次重印，由于定价又偏高，它所产生的利润是相当可观的。后来，中级教材又被我们拿下。期间，罗小姐多次跟我讲到各种阻力情况：什么有哪家出版社在跟他们联络了，什么有哪位处长的什么关系也看上这个教材了，什么主管的梁姓处长调到其他处，现在换了主管处长了……总而言之，继续合作的障碍多多、困难重重，需要我们不断地攻关（公关）。那几年，我与罗小姐建立了比较密切的关系，后来我离开出版社，还与她交往了几年。

"无心插柳柳成荫"，看似无心，实则处处用心；看似"得来全不费工夫"，很偶然，实则，偶然中有必然。

六、《体育与健康》——艰难困苦玉汝于成

2000年4月，我担任中山大学出版社总编辑。由于在出版界浸染已久，在中大社工作也近16年，对当时社会的整体发展趋势和出版界的大格局是了解的，对中大社的基本情况更是了然于胸。于是，上任伊始，我便提出"为中国的大教育服务"的编辑思路，即围绕着教育，但不囿于大学教育，上至博士生教育，下至中职中专教育和社会培训，全方位多层面出击；专注于做教材和专著，基本不做其他种类。具体到选题上面，即是服务于大教育，立足于长销书，着眼于系列化，为创品牌打基础。

当时，中大出版社正处于发展最困难的时期，图书品种杂乱，出版规模上不去，发行码洋长期徘徊，人心不稳，品牌影响力有限。我深知在短期内不可能一下子解决这些问题，当务之急是振士气、提人心、规范管理、创新形象。因此，我抓的第一项工作是整旧，即整合现有优质图书品种，使之呈现系列化模样，重新组织规划出版。第二件工作是定制度，制定出《编辑出版工作流程管理规定》，规范从选题申报到资金回笼的整个

出版流程，杜绝漏洞。第三件工作是创新，面向全省大学特别是高职组稿，尤其是开拓社会培训教材领域，策划出版《课里播管理培训教材系列》和《金典培训系列教材》（后者未及出版我已调离）。第四件工作是主攻国家级教材。国家级教材在当时的中大社还是一个空白，前任社领导已经有抓国家级教材的意识，参加了国家教委成教处组织的中等职业教育全国规划教材"吹风"会议，但后来由于种种因素工作没能取得进展。我接任总编辑工作后，意识到国家教委成教处主抓的这一次中职全国规划教材的编写，对我们社是一次千载难逢的打进国家级教材圈的机会，前辈做了初步工作，我们后来者没有理由放弃，应该把它作为攻进全国教材领域的抓手。

2000年9月，我代表出版社赴京参加全国中等职业教育国家规划教材编写会议。回来后，综合考量成教处意见和我们的实际，提出编写中等职业教育国家规划教材《体育与健康》，并立即组织编辑寻找合适的教材主编。主编选得是否合适，几乎是竞争国家级教材能否成功的一半因素。为此，社委专门开会，决定由于时间关系，不找省教育厅职成处，而由我们自己物色。有编辑推荐了华南师范大学教授、博士生导师邓树勋。邓教授是华南师范大学体育科学学院教学指导委员会主任、学术委员会主任，担任国务院学位委员会体育学科评议组成员，国家教委全国高校体育教学指导委员会理论学科组组长，全国教育科学规划领导小组体卫美学科规划组副组长。这样的学术背景和学科地位，显然是担任《体育与健康》主编的不二人选。

为了取得邓教授的支持和帮助，我带着责编几次上门，先是得到他的允诺，后是商谈作者队伍的组建和具体编写方案。几经讨论，最后制订出竞争方案，上报国家教委。

方案上报了，只是迈出了万里长征的第一步。能否拿下这个项目，还有许多工作需要做。特别是跟有关部门的沟通工作，细致、微妙、复杂，很讲究方式方法和时间场合。那年冬天，有两件事情记忆特别深刻。一件是一天晚上9点来钟，我给国家教委成教处处长打电话（那时手机使用很不普遍，打的是家里座机），铃声响了半天都无人接听，我以为他全家外出未归，正想放下话筒，却听到一个轻轻的女声，问找哪位，我自报家门后说找某处长,对方的话却让我大吃一惊:他已经睡了,明天再打到办公室吧。我"涨姿势"了,咱广州人,在晚上9点多10点,才刚刚开始夜生活,而首都北京人,即使是公务员,即使是中年人,冬天的晚上9点多,就已经是"深夜",已然入睡。自此,我再也不敢在晚上9点后给北京人打电话。

第二件是带责编去北京汇报情况,听取意见。去到办公室,找到处长和主管调研员,公事公办,这是正常办事方式,没有什么可说的。可说的是,那天我们的心境和我们私下所做的事情。出于沟通感情之需要,我们从广州托运去了几箱南国水果,准备送给处里的几位同志。走之前考虑送什么,就颇费了一番思量;到京后怎么拿给他们,又让我们死了几千万个脑细胞;打听清楚一些情况后决定分别送到其家里,送的过程让我们有做贼的感觉……在十几年后的今天想来,这些事情和当时纠结、忐忑的心情,根本就不是事,不值得一提,但在当时,对于我们这些处于高墙深院的"大山中"("中山大学"之反向读出)的人来说,送礼无异于一场精神的折磨,苦不堪言。

当然,苦尽甘来。按照成教处建议,我们的《体育与健康》做成南方版(当时我们有一个强劲的竞争对手,好像是北京师范大学出版社,他们做《体育与健康》的北方版)。社里早已将《体育与健康》的出版作为重中之重,通过专家评审后,先后召开多次会议,专门讨论出版制作和发行问题,集全社之力打歼灭战。2001年6月,中山大学出版社出版的第一部国家级教材——《体育与健康》(南方版,三年制)终于面世。自然,作为国家规划通用教材,《体育与健康》(南方版,三年制)也产生了很好的社会效益和经济效益。

"工作着是美丽的",原本是革命时期的年轻女作家陈学昭一部小说的名字。随着小说不断地广为传播,这句积极的人生理念,影响着一代又一代读者,激发着他们建设美好生活的激情。作为从那个时代走过来的人,我也时时处于"工作着是美丽的"的美好状态里。我感激那个时代,感激中山大学,更感激中大出版社,给了我这样一种美好、积极的情愫、情感和工作、生活状态。美丽工作创造美丽图书;今后,美丽生活将创造美丽人生。

书里书外

话说获全国优秀科普奖的 《海洋小百科全书》的出版

蔡浩然[*]

一、《海洋小百科全书》的出版概况

中山大学出版社于 2012 年 1 月出版了由关庆利主编、经修订后的《海洋小百科全书》。该书共计 20 分册，分别是《海洋地理》、《海洋物理》、《海洋水文》、《海洋气象》、《海洋化学》、《海洋工程》、《海洋生物》、《海洋动物》、《海洋渔业》、《海洋航运》、《海洋经济》、《海洋权益》、《海洋科教》、《极地科考》、《海洋文学》、《海洋文化》、《古今海战》、《海洋兵器》、《海洋军事》和《海洋探险》。该书收录、编撰海洋普及类内容共计 110 个知识大类，7000 余个知识问答，插图 3000 多幅，总共 370 多万字。

《海洋小百科全书》出版后，就以其宏大的编撰气势、广博的知识内涵、独特的编写风格、唯美的装帧设计，受到全国读者和国内出版界的好评。2012 年 8 月，《海洋小百科全书》就在"2012 年南国书香节暨羊城书展"上作为重点图书推介，中共广东省委宣传部副部长顾作义等领导出席了新书发布会；众多媒体以《2012 年南国书香节〈海洋小百科全书〉聚焦读者眼球》、《趣味盎然的海洋盛宴》等标题予以报道，《中国图书商

---

[*] 作者曾任中山大学出版社总编辑。

报》也以《海洋十万个为什么》为题对《海洋小百科全书》作了书评。《海洋小百科全书》销售也不错。该书从2012年1月出版至2013年12月，两年共销售12万册（套）；至今仍有一些省市教育部门及发行部门有意把《海洋小百科全书》作为中小学图书馆馆配图书与中山大学出版社洽谈采购事宜，中山大学出版社计划把《海洋小百科全书》作为长销书着力推广。

二、《海洋小百科全书》的出版体会

1. 编辑要多学习有关知识，才能慧眼识好稿

编辑除了具备所学的本专业知识外，平时还要博览群书，多积累知识，才能策划出好书稿。我所以能组到《海洋小百科全书》这样的好书稿，很重要的方面得益于我对海洋科学知识的学习。

在我的个人工作经历中，我曾经在中国科学院海洋研究所工作过，因此对海洋科技知识和海洋科技动态有所了解。我国是个海洋大国，改革开放以来，我国曾经组织过两次大规模普及海洋知识的宣传教育。一次是20世纪80年代初，另一次是1998年；前者是我国正面临全面开发利用海洋的机遇，后者是联合国决定的1998年为国际海洋年，全球开展"海洋，人类共同的遗产"为主题的一系列宣传活动。据我了解，在这两次活动期间及以后的日子里，各地出版过一批海洋科普读物。在《海洋小百科全书》出版前，图书市场虽有一些海洋科普读物，但或因作者的海洋科普素质薄弱而不能全方位、多层次对海洋科学知识进行充分系统介绍，或因不能对海洋科学知识与海洋社科知识进行结合加以介绍，从而使海洋科普作品在科学性及趣味性方面大打折扣。

2009年3月，当我读完《海洋小百科全书》后，敏锐地意识到现版的《海洋小百科全书》能有效地弥补图书市场上海洋科普读物的缺陷，这是海洋科普书中的精品。该书于2003年9月被中国共产党中央委员会宣传部、中国科学技术协会、中华人民共和国科学技术部、国家广播电影电视总局、中华人民共和国新闻出版总署、国家自然科学基金会、中国作家

协会联合授予"第五届全国优秀科普作品奖科普图书类三等奖"。但是，我认为，该书编写于1999年，至今出版已10年，有些内容已陈旧，有些重要的海洋学科要作为分册补充到全书中内容才能完整。于是，2009年9月，我专门出差到青岛中国海洋大学，约请《海洋小百科全书》主编关庆利商谈修订出版事宜，关教授欣然应允。我与主编商定，作者应保证修订版《海洋小百科全书》在初版原有知识体系架构和风格不变的前提下，对已经陈旧的内容进行删改，补充近年海洋科学技术的一些新知识和新成果。为了配合当前国家"蓝色经济建设"和"海洋发展战略"的实施，以及中共广东省委、省政府关于大力发展广东海洋经济、打造海洋强省的要求，我请关主编在原《海洋小百科全书》19分册的基础上再增加《海洋经济》分册。为了使作者撰写的《海洋经济》内容更全面更充实，我把自己近年对海洋经济所收集整理的资料提供给作者，以便充实到书稿中。这样，经过修订出版的《海洋小百科全书》知识体系更完整，内容更新颖，使其成为迄今为止国内众多海洋科普作品中结构最合理、内容最丰富、最有趣味性的品牌代表作。

2．把好编辑环节，才能整体提高图书质量

在编辑《海洋小百科全书》时，我并不迷信该书的初版因曾获得国家大奖而放松编辑工作，而是在原稿的基础上对编校质量做到精益求精，从整体上再提高图书质量。为此，我做了以下工作：一是补写有分量的序言。我请主编考虑约请海洋界的权威人士为《海洋小百科全书》写序。二是认真审读原稿。面对370多万字的书稿，我潜下心来逐字逐句审校，改正了书稿中一些错字、漏字及语句不通之处，并对有些不当的图片与文字配置做了版面调整。三是改进图书的装帧设计。对修订版的《海洋小百科全书》的开本从初版的32开改为16开，对版式及封面设计都做了比初版更好的改进；为了适合青少年读者追求图文并茂的要求，修订版的《海洋小百科全书》图文改用双色设计和双色印刷。该书出版后受到读者喜爱。

《海洋小百科全书》从2009年组稿到2012年出版，"三年磨一剑"。国家海洋局海洋专家、中国海洋报社副总编辑刘涛于2012年9月18日在

《中国图书商报》撰文中对《海洋小百科全书》这样评价："2012年1月，由中山大学出版社出版、经作者再修订后的《海洋小百科全书》，其组织结构更加合理，知识体系更加完善，知识内容更加丰富，编校质量精益求精，装帧制作有了很大提升。""该书在字里行间既充满丰富的知识性，又处处洋溢着高雅的趣味性。"

3. 编辑要主动配合发行人员，才能促进图书销售

编辑编书与关注书的销售应该是一个整体，不应该编完书后就不管销售，编辑是最了解自己所编图书的内容及读者定位的，发行人员则更熟悉发行渠道，两者工作结合好，就能有效促进图书销售。

我在编辑《海洋小百科全书》过程中主动与出版社发行部门联系，期间召开过几次座谈会，向发行人员提供该书的内容、特点及读者群信息，希望发行人员在做好对传统新华书店发行的基础上，拓展网购及中小学图书馆的馆配书发行。《海洋小百科全书》出版后，我与主编配合，在网上着重浏览各省市教育部门对中小学图书馆馆配书招投标信息，并把这些信息及时告知出版社领导及发行人员。据不完全统计，仅在2013年就给发行人员转发了63条中小学图书馆馆配书招投标信息，并与发行人员共商如何发好《海洋小百科全书》的措施。这样做，有效地促进了《海洋小百科全书》的销售。

三、《海洋小百科全书》的出版意义

海洋是人类的母亲，也是人类千万年来取之不尽用之不竭的巨大资源宝库。

我国不仅拥有960万平方千米的陆地国土，而且还拥有300万平方千米的海洋国土，有着1.8万千米的海岸线。在这蓝色国土上，珍珠般地镶嵌着大小6500多个美丽富饶的岛屿，这些岛屿自古以来就属于中国，是我们伟大祖国领土不可分割的部分。

认识海洋，开发海洋，捍卫海洋权益，是我们的神圣使命。

书里书外

　　时任国家海洋局局长的孙志辉在审阅并为修订版的《海洋小百科全书》作序时写到：在人类进入21世纪的伟大时代，在全球开始创造海洋经济的伟大时代，在世界日益关注海洋权益的今天，这套经过缜密修订、再次出版的全面、系统、科学地介绍海洋知识的《海洋小百科全书》，无疑是奉献给我国青少年朋友的一份珍贵礼物，是激发青少年的海洋兴趣、增长科学知识、普及海洋文化、宣传海洋文明、提高海洋素质、促进海洋教育所做的一件功在当代、利在千秋的非常具有实践成就和指导意义的工作。

链接

海洋十万个为什么

刘　涛*

　　占地球表面积约71%的海洋，是人类生存环境的重要组成部分，是人类海洋文明形成与发展的渊源，也是人类未来文明的希望所在。

　　在人类刚刚跨入21世纪之初，我国有史以来第一部海洋知识体系最完备、编写规模最大的海洋科普知识图书——《海洋小百科全书》即已问世。这部由国内涉海国家部委、高等院校、科研院所、军事机构等单位的40多位海洋教育、科技、管理工作者共同参与编写的海洋科普图书，囊括了海洋自然科学、海洋社会科学、海洋人文科学、海洋军事科学等各个方面的普及知识内容。为了使年轻读者在轻松、愉快中阅读和掌握海洋知识，书中精选和精心绘制了大量的彩色图片、卡通插图，使该书的书里行间既充满丰富的知识性，又处处体现出高雅的趣味性。

　　《海洋小百科全书》如同一座硕大的海洋知识宝库，它清楚地告诉人们：海洋是什么？海洋的胸怀有多大？海洋的资源有多少？海洋的奥秘有

---

*作者为中国海洋报社副总编辑。

哪些？古往今来人类是怎样对待海洋的？海洋又如何回报了人类？未来人类又应该怎样去面对海洋？是当之无愧的"海洋十万个为什么"丛书。它的组织策划之严密、作者团队之强悍、科学知识之权威、读者定位之准确、编撰制作之精良，无不令每一个读者惊叹。该书先后被授予了"第五届全国优秀科普作品奖科普图书类三等奖"，入围了科学技术部的"国家科技进步奖"评选。

2012年1月，由中山大学出版社出版经作者再修订后的《海洋小百科全书》，其组织结构更加合理，知识体系更加完善，知识内容更加丰富，编校质量精益求精，装帧制作稳步提升。自从该书2002年5月首次出版以来，国内已有多家出版机构先后模仿过它的策划思路和编写风格，但时至今日，它仍旧是我国众多海洋科普图书中知识结构设计最合理、内容最丰富、最具有感染力和生命力的品牌代表。该次由中山大学出版社隆重推出的新版《海洋小百科全书》，共计20册，海洋知识内容已经扩充到110个大类、7000余个知识问答、400余万字，另配有插图3000余幅。

时任国家海洋局局长的孙志辉同志，在审读书稿并为《海洋小百科全书》新版作序时写道：在人类进入21世纪的伟大时代，在全球开始创造海洋经济的伟大时刻，在世界日益关注海洋权益的今天，这套经过缜密修订，再次出版的全面、系统、科学地介绍海洋知识的《海洋小百科全书》，无疑是奉献给我国青少年朋友的一份珍贵礼物，是对激发青少年的海洋兴趣、增长海洋知识、普及海洋文化、宣传海洋文明文明、提高海洋素质、促进海洋教育所做的一件功在当代、利在千秋的非常具有实践成就和指导意义的工作。

书里书外

编辑应重视书评写作*

周建华

书评，毫无疑义是对图书内容的评论和介绍。这种评论和介绍允许从不同的角度、不同的侧面、在不同的层次上进行，从而向社会、向读者推荐和介绍图书，进而达到引导读者、吸引读者、扩大读者面的目的。然而，图书是由内容和形式两方面构成的。图书的形式，是指图书的设计技巧，包括它的开本、版式、插图、装帧和材料等部分。一本图书，只有内容和形式的完美统一，才能成为精品图书。因此在写书评时，除了要着力评论和介绍图书的内容，最好还要有图书形式的评论和介绍部分，只有这样的书评，才能使读者真正、全面地了解图书，从而喜欢上图书。因为读者要求的图书，既要有优秀的内容，也要有精美的形式。

编辑应重视书评的写作。编辑不仅要评论和介绍读后对自己有较深感触的外版图书，而且更要给自己责编的图书写书评，努力做到"一书一评"。书评是使图书无口而达闻于天下的"催化剂"。书评，对读者来说，是选择图书、阅读图书的灯塔和罗盘，即是一种导向；对出版社来说，是塑造形象、显示实力的一座宣传栏；对图书本身来说，是对图书精华的提纲挈领，是对图书内容和精神的升华；对编辑个人来说，则意义更大。

---

*本文选自1998年5月由广东高等教育出版社出版的《出版探索论集》。

一、书评写作对编辑和图书的意义

1. 书评写作是编辑严审精编书稿的重要保障之一

首先,写书评要求责任编辑对书稿的选题背景和作者的撰稿历程有一个较为清楚的了解。因为,选题背景和撰稿历程直接关系到书稿内容的学术价值和知识的新颖程度,从而可以确定该书稿在其领域中的地位,使责编做到心中有数,为接下来的严审精编打下基础。其次,写书评要求责任编辑进一步深入到书稿中,对书稿的体例结构和知识内容有一个更深刻、更精确、更全面而周详的了解。责任编辑在审读书稿的过程中,要对书稿的章节、段落及语言文字进行必要的修改,或摘录下来与作者共同商量解决。而只有了解了整个书稿的结构和内容,才能有的放矢地进行这项工作,并设计出较为合理的版式,为接下来的具体编校工作奠定基础。再次,写好书评也要求责任编辑精心考虑图书的开本、插图、装帧和材料等等,尽量使出版的图书具有完美的形式。

总之,读者要求内容优秀、形式完美的图书,编辑就要写出好的书评来推荐和介绍图书,从而要求责任编辑要严审精编图书,三者相辅相成。

2. 书评写作是编辑练笔的好方式之一

编辑作为一个"通才",其能力要求是非常全面的。除了对书稿的审读能力,对书稿价值的判断能力,以及文字加工能力和人际交往能力等均有较高的要求外,编辑,特别是理科类、外语类等编辑,其写作能力亟待提高。

编辑在平时多是多动脑筋而"惜墨如金",容易形成"眼高手低"。而写书评恰恰是在工作中练笔的大好时机。编辑应在仔细审读和客观评价书稿的前提下,努力锻炼自己的遣词用句、谋篇布局的能力,持之以恒,定会使认识能力、分析能力、思维能力、语言表达能力及写作水平得到提高。

3. 书评写作是编辑积累知识和经验的重要途径之一

编辑工作决定了编辑有条件学习和掌握多方面的基本知识，接触和了解社会各界的作者和读者。但是，如果责任编辑不仅审、编、校书稿，而且写书评，就不能不得花更多的时间、用更大的努力去分析作者和作品，分析读者和社会。这样，一方面责任编辑就能归纳总结出各种图书中很多系统性的知识，便于记忆，便于积累，年长日久，责任编辑的知识面势必拓宽，知识量势必提高。另一方面，责任编辑明确了编辑书稿的目的性，会增强社会责任感，激发工作进取心，为提高书稿审编质量和效果，而不断学习编辑知识；同时，第一手资料越来越多，经验亦越来越丰富，这对掌握编辑规律，提高从整体上把握书稿的能力，起着潜移默化的作用。

4. 书评写作是图书宣传的重要形式之一

俗话说："酒香不怕巷子深。"而到了现代社会，随着人们观念的改变，随着社会生活的日益丰富多彩，信息在生活中显得越来越重要了。"酒好也要勤吆喝"成了一种共识。

一本好的图书，读者当然不会少；但适当的宣传，读者则会更多。在众多的图书宣传形式中，书评可能很不为大家所注意；纵然为大家所注意了，但也不为大家所重视。但是，书评在图书的宣传形式中有其独到的功效。一般的图书宣传，成本大，但宣传的范围不够广；而书评，其成本与那些图书宣传大制作相比简直微乎其微，而且，书评宣传的范围广，速度快，它可随着报纸、杂志的发行，及时推广到全国各地的读者手中。

因此，编辑应重视书评的写作，而且要写出好的书评，让读者看了书评以后，产生极想读一读该图书的欲望。

虽然书评写作有很重要的意义，但目前就编辑本身来说，却存在着不少困难。

二、编辑书评写作困难之原因

1. 对书评写作的认识不足

编辑看不到书评对增强图书竞争力、拓宽图书市场的积极作用,看不到图书的可贵价值有待于通过书评去开发,甚至看不到图书的价值,只为图书的出版而出版,更看不到书评写作对编辑本身的重要价值,因而也就不会去写书评。

2. 对书评写作的信心不足

某些编辑不敢向读者敞开心扉,不敢把自己和读者摆在平等的位置上。这也许是编辑有自卑感,或确实是水平不够,怕言之有失,误导读者,而在高明的读者面前丢人现眼;这也许是编辑对自己估计过高,怕读者把自己的言论当成他们选择图书的指挥棒,而使读者阅读该图书之后有什么后悔之感。其实,书评只是图书宣传的一种形式,责任编辑是图书的第一读者,也是读者中的一员,是有发言权的。只要对图书评论、介绍得客观、真实,对于读者读后有什么后悔之感,责任编辑何罪之有?此外,编辑是出版机构的专业人员,写书评只是宣传图书、引导读者,以求对繁荣图书市场,节省读者选择、阅读和理解图书的时间、精力有裨益。至于怕丢人现眼是大可不必的,因为只有不断地进行书评写作实践,才能使自己的水平逐步得到提高。

3. 书评写作的能力不足

不善于写书评是编辑中较为突出和严重的问题。编辑写好书评需要才能和技巧,需要知识和经验,需要对图书有深刻的理解和把握,决不是一蹴而就之事。而能实事求是,好即说好,孬即说孬,该如何即说如何,使书评具有新颖性和吸引力,就更不容易了。所以,编辑要先了解书评写作

的要求和形式,然后再踏踏实实地下功夫,一篇一篇地去写、去练,在书评写作的不断实践中,学会书评写作,提高书评质量。

编辑进行书评写作除了主观上的三个困难外,也存在一些客观上的困难,如编辑进行书评写作的时间不够,社领导对书评写作不够重视,等等,所有这些,都构成了编辑进行书评写作的障碍。

三、如何推进编辑的书评写作

1. 提高编辑对书评写作的认识和信心

前面已经讲到,编辑进行书评写作存在着认识和信心不足的问题。因此,要推进编辑积极参与书评写作,首先必须从提高编辑的认识和信心方面入手。一方面,可以通过社领导和资深编辑的知识讲座、经验传授和意义阐述,通过组织编辑积极学习书评写作的规范、形式和要求,使编辑充分认识到书评写作意义的重要性和形式的多样性。书评不仅对作者、读者和编辑本人有益,而且对出版社乃至整个出版界也有相当大的益处。另一方面,出版社可以通过书评例文示范及点评、组织撰写书评等形式来引导编辑写书评。其实,绝大多数编辑是有能力写书评的,通过例文示范及点评,可以引导和帮助编辑积极投入,写出相当层次甚至更优秀的书评;至于那些写作能力确定稍嫌不足的编辑,出版社可通过组织他们撰写一些本版重要图书的书评,借此来提高他们的书评写作能力,这对于编辑和出版社,益处多多。

2. 出版社应把编辑书评写作作为一项制度确定下来

一些编辑不愿意替作者、出版社当"吹号手"。其实,编辑审编书稿时早已替作者当了"吹号手",如果书评写得客观、有见地、有吸引力,不光进一步当好了作者的"吹号手",而且也当好了出版社的"吹号手"。出版社应当把编辑从事书评写作作为一项制度确定下来。中宣部文件中早有规定:"出版社要把编辑人员组织和撰写书评的情况,作为对编辑考核和评奖的一项依据。"看来，编辑写书评不仅是必要的，而且是责无旁贷的。编辑只有充分了解了这项制度，并接受这一职责，才会感到压力，从而全力以赴地去练、去写。

3. 出版社应采取奖罚措施

出版社仅把编辑进行书评写作作为一项制度确定下来是不够的，还应采取一定的奖罚措施。对于完不成书评写作任务的，应给予一定的惩罚。至于这一任务量（书评数量及发表刊物的级别），建议一开始不宜太大。因为编辑才开始写书评，各方面条件都还不成熟。若任务太重，势必会影响编辑写书评的信心和积极性，严重的甚至会产生逆反心理，其结果会使好事变成坏事。对于积极写书评并完成任务量的，不仅要给予完成任务量奖，而且要给予发表书评奖，按发表刊物的级别定出不同的奖励等级。这是在精神鼓励的基础上，在激励编辑积极投入到书评写作中去的一项行之有效的措施。

4. 出版社应为编辑提供书评写作与发表的有利条件

作为编辑，审编书稿等任务较重，留出时间来写书评的时间势必不多。出版社要使编辑有空余时间来写书评，一方面可通过减少编辑的工作量来解决；另一方面也可通过把发表的书评计入到编辑的工作量中来解决。当然，编辑也应该从自身上要时间、挤时间。随着书评写作能力的提高，相信编辑能合理安排好书稿审编和书评写作的时间的。

对于有些编辑来说，其进行书评写作并不困难，难就难在怎样发表书评。这要从两方面找原因。一方面可能是书评质量不太高。所以出版社领导应组织一些编审、老编辑积极为编辑的书评进行点评、修改，使书评质量得以提高。另一方面，出版社也应为编辑提供较为全面的有关出版业的报纸、杂志，即书评可发表于哪些报纸或杂志上？它们的级别和层次怎样？编辑只有充分了解了这些情况，才能为自己的书评定位，找到适宜的宣传"载体"。

书里书外

综合性大学出版社出版特色定位思考*

杨 权

社会主义市场经济体制的逐步建立,给我国的出版事业带来了新机遇。广大出版界同仁围绕"两个根本性转移"的目标,锐意进取,努力改革,使出版业呈现了前所未有的发展态势。一批出版社在读者当中形成了良好的声望,被评为"先进出版社"或"良好出版社";大多数出版社的出版水平较20世纪80年代已有很大提高,经济上也步入了良性发展阶段;争取"国家图书奖"、"中国图书奖"、"五个一工程奖",成为各出版社的自觉目标;出版界每年都把数以十万计的品种推向图书市场,而其中有不少是"双效"精品……出版事业的蓬勃发展,满足了人民群众多元化的精神需求,对繁荣我国的文化、推动精神文明和物质文明建设,起了积极的作用。

出版事业的蓬勃发展,在更高的水平上加剧了出版界的竞争。如果说20世纪80年代还有出版社靠个别偶然得来的选题赢得市场、一劳永逸的话,今日这种情形已很少见。出版社之间的竞争,已从单纯的选题竞争,上升了包括选题、人才、资源、市场等在内的多方位竞争。社与社在拼内功,赛眼光,较实力,比积累。逆水行舟,不进则退,任何一家出版社——当然也包括高校出版社——要在竞争中站稳步、谋发展,都不能不考虑出版特色定位问题。

所谓出版特色定位,就是在分析制约本社存在与发展的内部原因与外部原因、有利条件与不利条件、正面思想束缚与负面因素、长处与短处的

---

*本文选自1998年5月由广东高等教育出版社出版的《出版探索论集》。

基础上，制定出符合实际，有利于扩大出版社的社会影响，加快事业发展步伐的出版战略方案。它牵涉的面很广，举凡出版社的各工作环节都与此相关。但由于出版社是通过其最终产品——图书与读者发生联系、展示自我形象的，因此，我们讨论出版社的出版特色定位，更多考虑的是选题定位。就笔者理解，讲出版特色，至少应蕴含以下三个方面的内容：①内容特色，包括题材特色、时代特色、民族特色、地域特色、专业特色、史料特色、学术特色、文化特色等等；②品种特色，如立体化、通俗化、系列化、多视角、多层次、交叉性、大构架之类；③质量特色，包括写作质量、编校质量、装帧质量、印制质量。体现在总体上，则是本出版社的出版物在图书市场上形成的总体品牌形象。一家出版社是否已经形成出版特色，评价标准不外乎以下几个方面：①特色物在本社出版物中是否占相当比例。这里涉及的是"一元"和"多元"的关系问题。高等院校往往多学科并存，出版物不可能只集中于一两个领域，不然就难反映本校的学术研究状况，"两为"宗旨的实现便要打折扣。但出版又要有侧重点，如果"遍地开花"，"特色"就无从谈起。②特色出版物是否在市场中占有较大份额。这是从社会影响和效益实现的角度提出来的问题——一家出版社推出了自己的特色出版物，市场反映却很冷淡，这种特色定位便不能说是成功的。③特色出版物是否是高质量的精品。这是实现第二点的必要保证。因为甲出版社作为特色出版物推出的图书，也有可能是乙或丙出版社作为经济重点的图书，要占有市场，无疑得依靠质量。④特色出版物的重版、重印率高不高。出版特色要通过长期积累才能形成，因为"长命性"应是对特色出版物的基本要求。很难想象，"短命"的出版物能产生长远的效益，会在读者心目中留下深刻的印象。⑤属于特色出版物的书稿有多少是以主体策划的方式组织的。特色出版一定要体现或贯彻出版者的主观意志，而主体策划是体现和贯彻出版者的主观意志的必要方式。我们不排除自来稿中有高质量的东西，但"等稿"或"凑稿"毕竟与主动组稿、"优中选优"有很大的差别。

高校出版社自1979年恢复以来，经过近20年的建设，从无到有，从少到多，从小到大，已经发展成为我国出版行业中的一支重要的方面军，一个布局较合理、学科较齐全的高等教育出版体系已经在我国形成。目前

书里书外

全国共有各类高校出版社102家，占全国出版社总数的1/6强。1996年全国高校出版社的发行码洋达到32亿元，比1993年翻了一番多；年发行额超亿元的高校出版社已有10家。整体实力的增强，给高校出版社的进一步发展打下了坚实的基础。但是，由于多种因素的制约，高校出版社的发展并不平衡：强社甚强，若干超级"巨无霸"已足可与国内第一流的出版社抗衡；而弱社甚弱，一些小规模社甚至连生存的问题都没有解决。从总体上说，高校出版社的发展水平与建社历史较长、社会影响较大、实力相对雄厚的中央出版社、地方出版社还是有距离。这一背景，决定了高校出版社比其他出版社在研究出版等方面更具迫切性。高校出版社是我国地位比较特殊的一类出版社，它除了具有一般出版社的共性以外，还具有明显的个性。非高校出版社与高校出版社都是我国社会主义出版事业的组成部分；它们都在为改革开放和现代化建设提供精神动力、智力支持、舆论环境和思想保证，在发展我国政治、经济、文化、教育等事业方面发挥重要的作用；都担负着"以科学的理论武装人，以正确的舆论引导人，以高尚的精神塑造人，以优秀的作品鼓舞人"的责任。从这个层面上说，高校出版社与非高校出版社并无不同。换言之，高校出版社并不单纯是"学校的"出版社，它们同时也是"社会的"出版社。在必须面向社会、面向市场，满足我国人民在改革开放和现代化建设实践的过程中对出版物的多层次、多类型、多规格、多品种需求，提高全民族的科学文化水平和物质文明、精神文明水平方面，高校出版社与其他出版社的宗旨是一样的。因此，高校出版社应该在出版基本点的一致性上考虑出版特色定位问题。但是，高校出版社毕竟姓"校"，在这个层面上它们又与非高校出版社有明显不同。李岚清同志在讨论高校出版社的办社宗旨与发展方向问题时曾批示："大学出版社还是需要的，主要是出版教材、专著、教学参考书，路子要走对……"这一批示，体现了高校出版社为学校教学科研服务，为培养德、智、体全面发展的高层次人才服务的宗旨，也反映了高校出版社所依托的背景及其优势所在。高校出版社研究出版特色定位，毫无疑问不能脱离这一个性。以前有的高校出版社把自身发展缓慢归因于"隶属于高校"、"受专业分工范围的限制"等，一味地想"打开'镣铐'跳舞"，在出版题材、内容和风格上向其他出版社看齐，选题面撒得很广，出版的书几无涯岸之可望，辙迹之可寻，也不管是不是适合自己的社路，结果"种了别人的田，荒了自己的地"，他人的长处没有学到，自己的优势倒失去了。相反，有的高校出版社把发挥高校的优势作为自己生存和发展的立足点，始终把出版社工作与学校的教学科研工作密切结合起来，立足学校，面向社会，不断研究国内外同行的成功经验，探索经营管理的思路，学习非高校出版社的长处而不与它们"争锋"，结果反而能以高质量、高水平、高格调、高层次的出版物和优质的服务树立起自身的形象，赢得读者。外语教学与研究出版社能在短短的几年时间中崛起，通过发挥外语学习用书的优势实现超常规发展，使发行码洋从1000多万元一跃为2.5亿元；清华大学出版社能在计算机读物方面与电子出版社和人民邮电出版社鼎足而立，"三分天下"；北京大学出版社能以高质量的学术出版物雄踞海内，形成社会效益与经济效益俱佳的局面；中国人民大学出版社的社会科学和人文科学类教材能在国内处于举足轻重的地位，均是很好的例子。这正反两个方面的经验教训，对高校出版社的出版特色定位，应是富于启发意义的。

在高校出版社内部，若论出版特色定位，综合性大学出版社比其他类型的高校出版社要难。

有人也许不同意上述看法：综合性大学出版社的出版空间不是比其他类型的高校出版社广吗？是的，由于国家规定高校出版的专业分工范围与本校的学科专业相对应，综合性大学出版社的出书范围一般比其他类型的高校出版社要宽泛。出版范围广，选题开发的自由度就大，从这个角度上看，综合性大学出版社似乎比其他类型的高校出版社占有更多的优势。但是对立统一规律告诉我们：世间万物具有两重性——"优势"与"劣势"并存，"有利"可以转化为"不利"。出版范围太广，图书种类太"综合"，有时反而会淡化出版社的品牌形象，使读者弄不清楚你的出版专长或强项究竟在哪里。不仅读者弄不清，有时甚至出版者自己也弄不清。我们常常看到有的综合性大学出版社在宣传材料上说自己"以出版社会科学、人文科学和自然科学方面的专著、教材、教学参考书和工具书为主"，这其实只是说了共性的东西。仅仅笼统地指出这一点是不够的，因为几乎所有的综合性大学出版社甚至其他类型的高校出版社都出版这类读物。但

要从"共性"中把"个性"刻画出来，又不是那么容易的事。事实上具有多学科出版范围的综合性大学出版社，往往在出版文史哲读物方面，名气比不上文科院校出版社；在出版政法读物方面，名气比不上政法院校出版社；在出版财经读物方面，名气比不上财经院校出版社；在出版外语读物方面，名气比不上外语院校出版社；在出版理工或农医读物方面，名气比不上理工或农医院校出版社……于是乎，综合性大学出版社就成了一张长相平庸的脸：五官齐全，却无动人之处。综合性大学出版社陷于这样的尴尬局面，倒不是因为其人员不能干，而是因为其"综合性"淡化（或弱化）了自身的形象；不像那些专业倾向明显的高校出版社，甚至连社名都对自己的出版特色做了强调。

综合性大学出版社出版的"综合性"，往往使经营者在出版特色定位上举棋不定，甚至干脆避开定位问题。北京大学出版社提出"以无特色为特色"，以学科综合实力在国内数一数二的北京大学为依托的北京大学出版社可以这么提，其他综合性大学出版社却不好这么提。既然不能定位于"以无特色为特色"，就必须寻求别的答案。答案在哪里呢？国家教委、新闻出版署《关于高等学校出版社加强管理深化改革的若干意见》指出：高校出版社要"主动适应社会主义市场经济体制的改革，以自己出版物的风格和特色，进入市场，参与竞争。没有特色就没有生命力，没有质量就很难开拓和占领市场。……在充分发挥学校的专业和学科优势的同时，要把学校的优势与出版社的优势和市场地缘优势结合起来，要注重对图书市场的调查，积极开发反映本系统、本学科、本专业、本地区优势的出版物；要相对集中选题，要抓好骨干和拳头产品，形成规模效应"。这段话给高校出版社尤其是综合性大学出版社的出版特色定位提出了要求，也指出了路子。据此，综合性大学出版社进行出版特色定位，至少需考虑下列因素：

一、学校优势

任何一家综合性大学，不管规模大小、实力强弱，也不论设置有什么专业、归属于什么部门，都会有特定的优势。这里所说的特定优势可以体现在不同的方面,如学科优势、人才优势、管理优势、系统优势、历史优势等等。综合性大学出版社的出版事业既然主要以本校为依托,就不应该离开学校优势去谈特色定位。否则所谓"出版特色"就没有根基,会成为无源之水,无本之木。很难想象,一家综合性大学出版社脱离了本校的优势——如无医学院的大学出医学书,文科大学出理科书等等——能够形成自己的出版特色。

二、地域优势

与中国的高校布局相对应,我国的综合性大学出版社分布于不同的地域。我国疆土辽阔,各地有各地的地理历史,各地有各地的社会风习,各地有各地的经济格局。这类带有强烈色彩的地域因素,实际上是一种出版资源。它们往往是其他地方较弱的或没有的,有时甚至是独特而不可替代的。比如西北地区的综合性大学出版社若搞汉唐历史题材、"丝路"题材、西北民族史题材,将有其他地方所没有的优势;而东南地区的综合性大学出版社(如上海、江苏、广东等地的综合性大学出版社)在搞经济题材和对外开放题材方面,则是得天独厚的。各综合性大学出版社,在研究出版特色定位问题时,无疑应充分分析所处的地域特点,对各种有利因素善为利用。

三、市场状况

学校优势、地域优势还不能等同于出版优势,它们只有与市场需求结合起来,才能形成真正的出版优势。这是因为出版物最终是要投放市场、与读者见面的。它们只有被读者所认可、接收,才可能产生社会效益和经济效益。从这个角度上说,市场对综合性大学出版社(其实也是对所有的出版社)的出版定位起最关键的作用。然而,有的综合性大学出版社似乎不是很明个中道理,它们孤立地考虑定位问题,把一些在校内有研究优势而社会需求量相当有限的题材作为经营重点,这是很难收到良好效果的——我的意思不是说不应出版这类书,而是说不应把它们定位为特色出版

书里书外

物。综合性大学出版社在进行出版特色定位前,一定要认真调查研究读者的需求,分析图书市场的状况。扬长避短,明确方向,集中力量,长期积累,推出针对定向读者的拳头产品和骨干产品来。

高校出版社的出版特色定位是一件困难而又相当必要的事情,有赖于全体同仁在实践中去探索。笔者在这里提出的只是一些浅见,希望它有助于人们的思考。

大学出版社图书定位问题之我见*

谭广洪

出版社的图书定位，取决于其自身优势，又决定着其市场位置；反过来，出版社良好的企业形象又靠图书定位来支持，市场位置也靠图书定位来实现。企业形象树立、图书定位、市场位置构成了出版社的个性特色。在这里，图书定位在出版社的运作中处于关键环节。大学出版社与其他出版社之间，既有共性，又有其个性。大学出版社的图书应如何定位？本文拟就这一问题谈谈个人的看法。

一、大学出版社图书定位的根据

大学出版社的图书定位，并不是主观随意的，它受到主客观条件的制约，其根据可以从内外两方面进行分析。

大学出版社图书定位的内在根据：首先，大学出版社具有其他出版社不同的个性特征。大学出版社与其他出版社一样，在社会主义市场经济条件下，既是精神文化产品的生产部门，必须具有鲜明的政治性、思想性，要坚持社会效益第一；又必须遵循市场经济的一般规律和图书生产的内在规律，注重经济效益。但是，与其他出版社明显不同的是，大学出版社的办社宗旨具有其独特性，这就是为我国教育事业的发展服务，为大学的教学、科研服务。这个办社宗旨，决定了大学出版社应具有不同于其他出版社的独特的个性特征。

---

* 本文选自1998年5月由广东高等教育出版社出版的《出版探索论集》。

其次，在大学出版社的编辑队伍中，不少编辑由教师转行而来，或由毕业生留校，或是大学教师、干部的家属，他们与大学的教师队伍有着千丝万缕的联系，对大学的学科设置、学科优势和人才、科研状况有较外界相对多的了解，对教材和专著的编写、出版要求有较正确的认识；发行部门相对于其他出版社，具有发行教材、专著的广泛而固定的网络，它们与全国各高校教材代办站、大中专学校有行业上的接近和实际工作的联系。这是大学出版社独具的编辑优势和发行优势。

大学出版社图书定位的外在根据：大学出版社具有许多得天独厚的条件。首先，大学出版社一般地处校园，大学的学术优势、学科优势和人才优势是出版社肥沃的出版资源。其次，大学出版社和校园内外的作者队伍，有着比较密切的天然关系，他们写的教材、专著，一般会考虑到大学出版社出版，甚至在其他出版社的出书条件相对较为优越的情况下，仍会选择大学出版社。这是大学出版社独具的作者优势。再次，在读者的接受心理上，大学出版社出版的教材、专著较能获得读者的认同，他们购买教材、专著，一般会选择大学版的图书。这是大学出版社独具的读者优势或叫市场优势。只有合理地认识大学出版社的内部和外部条件与优势，才能准确地实现其图书定位，促进大学出版社形成其鲜明的企业形象，并确定其市场位置和市场份额。

二、大学出版社应以教材和专著的出版作为其图书定位

依据上述关于图书定位内外根据的分析，我认为，大学出版社的图书定位应放在教材和专著的出版上。大学出版社如果盲目地向其他出版社看齐，致力于一般图书的出版和发行，这也许会取得一些眼前之利，甚至能获得较大的经济效益。但却背离了大学出版社的办社宗旨，不能够充分发挥己之优势，会丧失其个性特色。这是一种扬短避长、舍本逐末的做法，不值得提倡。然而，鉴于目前不少大学出版社经营困难，发展不快，动摇了其以教材、专著为图书定位的信念，认为大学出版社也应该像其他出版社一样，走向市场，面向社会，多出版普及读物和一般图书，以争取获得高的发行码洋，使出版社发展上一个新的台阶。

这种看法走入了一种误区。首先，大学出版社以教材和专著为其图书定位，并非是要远离市场，脱离社会，教材和专著在一定意义上只是出版物的形式，就它们的内容来说，依然要面向社会、走向市场；教材和专著的出版，也只能以市场的取向、社会的需求为其选题的标准，按市场经济的要求进行运作，才能获得生存和发展。其次，普及读物和一般图书并非是出版社生存和发展的唯一支柱；如果不能很好地面向市场，它们不仅不能成为出版社的经济增长点，而且可能成为出版社发展的包袱。可见，面向社会、走向市场是所有出版社图书定位的共同基础。在这个前提下，无论是大学出版社，还是其他出版社，如果能遵循其办社宗旨，根据其个性特征，确定其准确的图书定位，就能够取得成功。这方面，有不少典型的例子，它们通过确定并实现其图书定位，取得了良好的社会效益和经济效益，树立起其独特的企业形象。例如，中国人民大学出版社（简称人大出版社），把自己定位在经国家教委确认的"全国高校文科教材出版中心"上，立足于本校学科门类齐全、作者队伍实力雄厚的基础，把出好高校文科教材和人文科学、社会科学、管理科学的学术著作，作为该社的优势和工作重点。相应地，他们把教材的宣传促销、配套发行放在首位，以教材带动学术著作和一般图书的发行。从而在读者心目中树立了人大出版社是"高校文科教材出版中心"的出版社形象和市场形象。（参见《大学出版》1996年第1期，第10～20页。）又如，上海交通大学出版社确立以大学教材和学术著作为主体、以科技图书和工具书为两翼的图书出版构想，并取得了成效，在该校第六届优秀教材评奖活动中，各院系推荐的61种优秀教材候选书目，有44种是上海交大出版社出版的。这为出版社赢得了声誉，教师们纷纷称赞该校出版社是反映学校教学和科研成果的重要窗口，是学校事业发展不可缺少的组成部分。（参见《中华读书报》1997年7月16日。）

大学出版社以教材、专著的出版作为其图书定位，除了在树立企业形象方面起了关键的作用外，在创造经济效益方面也是一般的普及读物所难以比肩的。许多大学出版社的教材占了重版重印书的较大比重；一些大学出版社的教材、专著纷纷打入海外市场，例如，南京大学出版社的《中国法律史教程》、《现代几何光学》等400余种图书走向了海外。从单种教

材来说,对外经济贸易大学出版社的《国际贸易实务》连续印刷15次,印数达60多万册;复旦大学出版社的《中国文学史》首次印刷就达5.5万套,现已发行8万余套,并在全国产生了极大的影响;中山大学出版社的《公共关系学简明教程》一印再印,至今已发行49万册,《写作大要》已重版重印19次,印数达40万册,它们均成为该社的拳头产品。1997年3月举办的第九届全国大学出版社图书订货会订货总码洋超过亿元,在98家大学社中,有41家出版社的订货码洋过百万元,而这些社大多靠有特色的优秀教材和学术专著取胜。如外语教学与研究出版社的教材和工具书,清华大学出版社和电子科技大学出版社的电子科技类读物,天津大学出版社的建工类图书,中国人民大学出版社和高等教育出版社的各类教材,等等,都具有鲜明的特色。(参见《大学出版》1997年第1期,第47页。)

大学出版社以教材、专著的出版作为其图书定位,之所以能取得良好的社会效益和经济效益,这主要是因为:一方面,大学出版社依托高校,具有很高的社会认可度和读者信任度;另一方面,随着我国社会主义市场经济的发展,各种各类、各级各层次的教材,尤其是岗位培训教材具有广阔的市场。大学出版社以教材和专著的出版为图书定位,并非只限于出版本校的教材和专著。除了以本校为重点外,眼光应该放得远些,为全国大教育服务。可以说,这是大学出版社为教学、科研服务和走向市场的结合点之一。许多大学出版社已成功地实践了这一点。如人大出版社既以本校为依托,又面向全国的大科技、大教育,组织出版了为我国高等教育服务的各级各类教材,取得了良好的效益,年发行码洋已过亿元。东北财经大学出版社确立"以本校为依托,面向全国高等财经教育,'扬长、支重、扶新、优效'的发展战略"。"这一发展战略在坚持专业分工、形成发展优势方面发挥了至关重要的作用",也使该社取得了令人瞩目的成绩。(参见《大学出版》1997年第1期,第9页。)在面向全国大教育这一图书市场中,大学出版社具有其他出版社难以匹敌的优势。

当然,大学出版社以教材、专著为其图书定位,并不是说不能够搞社会普及读物和一般图书,恰恰相反,大学出版社也是社会的出版企业之一,它们与社会生活也息息相关,有好的社会读物选题当然要做,也应该主动去策划组织一些双效益的一般图书,特别是能够上大码洋的图书。问题在于：第一，经营一般社会读物，一定要取得双效益，不能失去大学社的高品位，做自砸牌子的事；第二，一般社会读物不应成为大学出版社出版物的主体，大学出版社仍应以为教学、科研服务为办社的第一要义。

三、大学出版社应如何有效地实现其图书定位

大学出版社以教材、专著为其图书定位，最终会体现在其图书选题和出书品种上。教材、专著的出版，必须注意以下几个方面：

（1）形成优势板块。在一定意义上说，教材、专著只是出版物的形式，在这个形式下，可以容纳不同的内容，可以是人文、经济，也可以是法律、外语；可以是金属、建筑，也可以是计算机、航天航空。一个大学出版社不可能将什么内容的图书都出得好，它必须根据以下几方面，进行综合分析，确定某一方面或某几方面作为其出版重点，形成优势板块，造就出版特色：第一，所处高校的学术、学科、人才优势；第二，所处地区的地域优势；第三，本社编辑队伍的知识优势；第四，所处时代的环境优势。这四个方面的分析缺一不可。四者构成了组稿、编辑、发行的全过程。不少大学出版社在这方面取得了成功的经验，也有一些社的道路颇为曲折。我们中山大学出版社早些年就制订了以教材、专著的出版为其图书定位的方针，并通过分析图书市场，确定以财经、外语、计算机为图书出版的三大优势板块，且依此对编辑室进行了调整。在实践中，取得了一些成效，发行码洋年年上升，但是，上升的幅度不大，计算机、外语两个板块的优势未显现出来。分析其原因，主要是编辑队伍的力量不够和素质所限，计算机室的编辑大多不精通计算机，外语室的编辑几乎都是新人，缺乏经验。这就难免在选题开发上，或者看不准，或者点子不多，或者缺乏作者网，从而难以开发出好的选题。

（2）选准主体性特色。一个出版社的出书结构应有主有次。对出版社全局来说，优势板块是主，非优势板块为次；在优势板块内部，也应有主次之分。电子科技大学出版社以计算机、家用电器、英语和经管人文类图书为其优势板块，其中又以计算机和家用电器类图书为重点，形成了气候，赢得了市场的认可。（参见《大学出版》1997年第2期，第7页。）

书里书外

天津大学出版社形成建筑、计算机、外文三足鼎立的出书格局，其中又以建筑类特别是建筑装饰类图书为其重点，开始逐步实现"搞建筑设计的人的书架上，不能没有天大出版社的书"的宏愿。（参见《大学出版》1996年第4期，第7页。）主体性特色是形成出版社形象的重要支柱，它应该是相对稳定的，但随着主客观形势的变化，又应该对主体性特色作相应的调整或改变。

（3）图书系列化。系列化是形成规模效益的前提。在确定了出版社的优势板块以后，一方面，应围绕这个板块，使新选题呈现系列化；另一方面，可以将出版社现有的同类选题进行分类整理，在重版重印时，重新进行包装设计，造成系列化的形象。以有利于读者尤其是大、中专学校在订购教材时配套选用，扩大经营效果。

（4）出书层次化。层次化的出书是扩大图书效益的保证。作为优势板块的教材系列，应该覆盖各个层次，纵向上，有从研究生、本科生用书，到大专、中专、中技、职高的教材、教参；横向上，既有全日制的教材，又有成人教育、自学考试、在职培训的教材、教参，还有系列的教学辅导用书，从而呈现多层次、立体化结构，扩大市场占有率。

（5）引进出版国外先进的系列教材和专著。"他山之石，可以攻玉。"引进系统总结先进理念和方法的国外大学教材和专著，是我国大学教育与国际接轨所必需的。这些教材、专著的出版，必将有利于我国现代化建设事业的发展，它是大学出版社取得双效益的良好出版形式。华夏出版社推出的"哈佛商学经典译丛·名著系列"，中国人民大学出版社推出的"工商管理经典译丛"，"经济科学译丛"，均为其赢得了广泛的声誉和良好的经济效益。大学出版社完全可以利用高校的人才优势，结合出版人的智慧和经营头脑，在这方面有所作为。

大学出版社坚持其教材、专著的图书定位，在其图书结构中坚持优势板块，选准主体性特色，形成系列化、层次化、立体化的出书格局，这一切的前提，就是面向市场，并且下功夫营造市场，不断满足社会的精神需求。这样，就可以确立大学出版社的市场位置和树立良好的企业形象，成为独具个性的"这一个"，更好地为教学、科研服务，为社会主义经济建设和两个文明建设服务。

树品牌意识　创出版品牌*

蔡浩然

一、出版者要树立品牌意识

1. 出版形势呼唤品牌意识

国家新闻出版总署2005年1月发文，并要求全国各个出版社填报"品牌图书申报表"。该表有以下几个栏目：

品牌名称	图书类别	策划单位	策划人	起始出版年	系列品种数	再版重印数	2003年发行量（万册）	2004年发行量（万册）	销售总收入（万元）

表下注明：

● 申报的品牌图书不含引进版图书、中小学教材教辅。

● 申报的品牌图书必须成系列，具有系列图书的名称，单本书不算。

● "起始出版年"项指申报的品牌图书系列中，首个图书品种出版的年度。

根据该表的要求，经中山大学出版社编辑部编辑自填，再由发行部对发行量及销售量作了统计，后经审核整理。结果，我社填报了五个系列的品牌图书（新世纪计算机系列教材、高等院校法学专业民商法系列教材、

---

* 本文选自2007年8月由广东科技出版社出版的《曲高众和——广东省出版科技论文集》。

现代物流管理丛书、物业管理丛书、现代经济与贸易系列教材）。这五个系列图书目前只出了 51 种，发行量及销售量都不算太多。这 51 种品牌图书仅占我社常销图书 900 多种的 5.3%，的确是寥若晨星。现在已到了高声呼唤品牌意识的时候了。

2. 品牌意识的重要性

市场经济发展到今天，市场竞争由最初的资本竞争、技术竞争发展到管理竞争、营销竞争直到品牌竞争。综观社会生活的各个领域，都有品牌的存在。图书作为精神文化载体，要面向市场，要追求社会和经济的双重效益，那么制造这种产品的出版社应把图书品牌经营作为重点去做。近年来，图书出版界的有识之士陆续发表文章，阐述了"品牌战略是图书精品双效战略的核心"、"图书品牌是出版社可持续发展的必然选择"的观点。应该说，树立品牌意识、做好品牌图书经营，是出版社员工尤其是经营管理者从科学发展观方面要重点思考的问题。

二、出版者要重视策划品牌图书

1. 品牌图书的含义

品牌图书是指那些能够鲜明、系统、集中地体现出版社品牌特色的图书，它是一个现代出版社的标志和品牌的象征，它通过给出版社造成形象效应而为其带来巨大的效益。美国著名出版家小赫伯特．S. 贝利在《图书出版的艺术与科学》中指出："出版社并不因它经营管理的才能出名，而是因它所出版的书出名。"这里所谓的"出版的书出名"是指出版社已出版的、能够代表出版社形象的品牌图书。在现实生活中，我们只要一提起这些品牌图书，脑子里就会出现这些书的出版社。例如，商务印书馆的《现代汉语词典》、清华大学出版社的《计算机基础丛书》、中国人民大学出版社的《经济学译丛》等，都已成为一种为读者接受的品牌。

2. 品牌图书的特征

综观图书市场上的品牌书,都具有以下共同的特点:
(1) 品牌图书是符合一个出版社战略定位的精品选题。
(2) 品牌图书应符合出版社的公众形象。
(3) 品牌图书应该与出版社现有的各种资源相匹配。
(4) 品牌图书是长期以来逐步积累而形成的"品牌产品"。
(5) 品牌图书都具有系列性与规模效应。

3. 策划品牌图书的重要性

(1) 品牌图书策划直接关系到出版社的生存与发展。出版社属于知识产业范畴,对于出版社而言,其生产与发展尽管需要各种条件,但它要取得成功,获得市场竞争的主动权,主要应依赖"资源、人才、品牌"三要素。占有、重组资源与广纳人才的重要意义已十分清楚,这里不详述。打造品牌的作用在市场经济环境中就更加凸显出来。所谓市场竞争即是品牌竞争。出版社的品牌靠什么支撑,靠的是品牌产品,也就是品牌图书。

(2) 品牌图书是出版社树立自身形象的手段。品牌图书一般都有特色清晰、常销不衰的特征。品牌图书的特色往往从作者、选题、内容、装帧设计及印刷等方面表现出来。这些特色实际上也是出版社的特色。通过品牌图书,出版社在读者当中逐步树立起自己独特的企业形象。反过来,出版社的良好形象又增强了品牌图书在读者心目中的地位,即读者成为出版社忠实的顾客。因此,出版社在策划品牌图书的过程中,也成功地把自己推上了品牌出版社的位置,具有这样品牌形象还可以带动本社其他图书的销售,获得图书出版的最大效益。

(3) 品牌图书是出版社创造效益的途径。由于品牌图书是一种无形资产,它标志着读者对该社出版物的信赖度、心理偏好及潜在的购买动机。因此,在出版社开拓图书市场的过程中,品牌图书是其推广营销的领军产品,品牌图书在出版社的图书销售中往往占有较大的比重。

现实当中，出版社的很大一部分的效益都来自品牌图书。例如，从中山大学出版社统计的2003年及2004年图书销售数前100名的对比分析中，《行政管理学》（第3版）就很有代表性。2003年《行政管理学》（第2版）销售册数、总码洋及总实洋在全社排名第6位。而在2004年，由于《行政管理学》内容作了修订，署上了北京的高等教育出版社与中山大学联合出版，并且由于增加了内容而提高了定价；《行政管理学》（第3版）一下子从2003年销售26 300册上升至53 274册，提高了一倍多，总码洋从2003年的520 740元上升至2 120 305元，提高了4倍；实洋从354 932元上升至1 422 554元，也提高了4倍，在全社图书（单本书）销售收入中排名第1位。这个案例说明，图书作者的知名度及出版社的知名度都十分重要。《行政管理学》的作者夏书章教授是全国著名的行政管理学专家，北京的高等教育出版社是全国公认的出版社教材最多、最知名的出版社；《行政管理学》（第3版）冠以高等教育出版社与中山大学出版社联合出版，这就更使《行政管理学》在读者中更具"品牌形象"，读者对于品牌图书的认同心理直接形成一种购书定位，从而赢得了较高的销售量。

三、出版者创品牌图书的策略

1. 要有明确的出版特色及目标市场

（1）从出版物市场中选择特色出版物。同任何企业开发自己品牌产品的过程一样，出版社首先要有自己的出版特色，没有特色出版物，肯定出不了图书品牌。所谓选择特色出版社物，就是通过出版物市场了解各层次读者需求情况，把握读者需求变化，发现读者急需的而目前市场又欠缺的选题图书，从而策划出相应的出版物，率先出版并占领市场。在这过程中，凡率先占领市场的图书也就成了特色出版物。

（2）从目标市场选择稳定的消费群体。据调查数据分析，一个出版社要有稳定增长的资金链，畅销书的贡献率为20%，长销书的贡献率为

70%，最终都涉及到要有稳定的消费群体。出版社选择目标市场，要与其图书的消费群体相适应。

就大学出版社而言，其目标市场应定位于大教育市场，其消费群体应是教师、研究生、本科生、高职高专生及中小学生。这类消费群体有稳定的消费需求，原因有三：一是由于学生学业需求的需要，或上课用书的要求，具有稳定的消费动机；二是由于读者专业或老师教学的需要，具有稳定的购买力；三是高校图书代办站、高校教材科、高校图书馆、各大学书店及教辅书销售点，已成为大学出版社图书稳定的营销渠道。因此，牢牢把握住大学出版社为教育科研服务的方向，毫不动摇选择教育科研这一稳定的消费群体，出版有特色的教材、专著，应是大学出版社生存之根、发展之本。

2. 要根据自身优势形成出版品牌

（1）要依托所在学校的学科特色策划品牌图书。总结大学出版社创品牌图书的成功经验，其中重要的一条是依托在学校的特色学科，形成出版品牌。清华大学出版社的电脑类图书、中国人民大学出版社的经管类图书、外语教学与研究出版社的外语类读物，都是依托所在学校教学科研特色而形成出版物特色。中山大学出版社要创出版品牌应依托中山大学这所名校。中山大学有丰富的作者资源及优势的学科，策划品牌图书就应选择那些优势学科中的高素质的作者，有计划创作优秀的教材、专著。

（2）集中力量主攻品牌图书。就大学出版社而言，一般规模不大、实力有限，在整体图书出版方面不分轻重，全面出击，不如集中力量主攻品牌图书。首先，编辑要加强选题策划，多了解优势学科的作者教学科研方向，多了解图书市场的需求状况，从中与作者商量创作有亮点的选题。其次，从已有的选题中筛选，坚决把那些选题名称相通、内容趋同、质量相差不多及单本零散的选题拿掉，保留那些确有创意、含金量较高的系列化的选题。再次，一旦确定品牌图书选题，就要从书稿内容的形成到编校质量把关、装帧设计直到印刷发行，都要充分考虑品牌图书的建立、维护与延伸，把品牌图书尽快推向市场。

3. 对品牌图书要加强营销策划

有了品牌图书，出版社最要紧的是加强营销策划，率先占领市场份额。为此，在宣传、广告及销售渠道等方面要采取一系列的措施。一是在媒体宣传做品牌图书广告，最好有系列并持续一时段对品牌新书介绍、评议，给读者以强烈的出版信息。二是及时向对口书店及目标读者渠道（如高校代办站、教材科等）促销。三是加强传统纸质书出版与电子图书出版信息互动，形成出版社、书店、网上购书与目标读者之间有更多的信息交流，使读者的需求信息及出版社的出版信息得到有效利用，使品牌图书销售信息及销售渠道更畅通。四是待该品牌书在市场站稳脚跟后，再推出后续新品种，从而以滚雪球方式在出版市场形成规模销售效应。

综上所述，一个出版社要发展壮大，就必须树立品牌意识，创立自己的品牌图书。品牌图书的策划，事关出版社的整体形象和发展，它要求出版社的经营管理者要有明确的经营方向、果敢的开拓精神和较强的决策能力。成功的品牌策划，必定会给出版社带来一批具有合理的出书结构、合适的市场定位和极具社会效益与经济效益的品牌图书。

优秀学术著作出版的困境与对策*

周建华

21世纪的图书出版与营销，竞争日趋激烈，为了求得生存乃至更好的发展，在把握正确的出版原则和出版导向的基础上，出版社都会努力提高图书经营的"双效益"（社会效益和经济效益）。

学术著作是众多类别图书中的一个特殊种类，其经营有独特的矛盾性，即相比较而言，学术著作的社会效益要显著地大于其经济效益，产生这一结果的原因是：绝大多数学术著作的经济效益实在太小了，对出版社而言，学术著作的印数（确切地说应该是发行量）一般都很难达到图书盈亏平衡点的量，因此只能是"亏本"经营。而且，从选题策划到图书营销，整个出版流程，学术著作的操作难度都相当高。

产生上述困境的原因一般可归结为以下四个方面：

（1）优秀学术著作的选题比较难发掘，从而减少了出版机会；即使能发掘到好的选题，从作者撰写、修改书稿到图书出版，周期也相当长，从而降低了出书频率。从目前的情况来看，大多数出版社（主要指有工作量指标考核的出版社）的编辑为了能顺利通过年度工作量指标的考核，势必会降低策划此类选题、编辑此类书稿的积极性和主动性。这就引出了学术著作选题保障方面的困境。

（2）由于存在读者群相对较小的原因，一般来说，学术著作的首印数量较少，重印的机会也较低，这与出版社的图书经营原则——追求"双效益"（确切地讲应该是在保障社会效益的基础上，追求经济效益的最大

---

* 本文曾发表在《中国出版》2005年第1期。

书里书外

化）相悖；而且，为了能顺利完成年度的经济考核指标，编辑也很难有动力投入较多的精力于此。要积极主动地编辑、出版学术著作，出版经费还是一道不可逾越的坎。这就引出了学术著作出版经费保障方面的困境。

（3）一部优秀的学术著作，不仅体现在其内容新颖、观点独特、论述层次清晰等方面，而且还要保证其有优秀的编校质量、体现其具有独特内涵的装帧设计，这些对学术著作的文字编辑和美术编辑都提出了很高的要求，从而也就决定了从事此类工作的编辑必须具有较高的专业素养（包括学术涵养和业务素质）和高度的工作责任心。这就引出了学术著作编辑出版质量特殊保障方面的困境。

（4）学术著作的营销渠道比较特殊，也较单一；而且，一部学术著作出版后，要想获得较理想甚至是最基本的经济效益，在出版之前或之后，对该图书做适当的宣传是必要的，也是必需的，但一般比较难做。这就引出了学术著作营销保障方面的困境。

针对以上学术著作四个方面的独特困境，笔者作如下对策探讨：

一、选题方面的对策

一部优秀的学术著作，首先应该从选题的内容上来评价。要从出版的源头进行把关，从而为出版一部优秀的学术著作打下坚实的基础。

优秀的学术著作能够打造出版社的品牌，提高出版社的学术文化品位。在适度把握图书经济效益的基础上，出版社要积极鼓励编辑策划、编辑学术图书，并在工作量指标和经济指标方面对给予适当的照顾。综合起来，编辑可以通过以下渠道发掘优秀学术著作的选题：

1. 从高校、科研院所的学者中挖掘选题

（1）主动联络高校、科研院所中某些领域的资深学者或院士，因为他们的学术涵养深，其学术观点代表了该领域的主流思想，而且他们也精于写作，能够争取到他们的书稿，图书的社会效益肯定很好，而且说不定还能为出版社带来不错的经济效益。

（2）积极寻找高校、科研院所中某些领域的优秀青年学者。青年学者的学术思想比较活跃，且熟练掌握了与国外学者沟通的语言（主要是英语），能积极地应用先进的网络技术查询资料，阅读国内外相关领域的优秀论文和著作，积极参加国内外的学术会议，与国内外学者进行学术交流，所有这些都保证了青年学者有较深厚的学术沉淀，在此基础上，结合他们自己的思索成果，容易提出新的甚至有突破性的学术观点，而成为该领域学术研究或学术争论的焦点。把这样的学术研究成果撰写成书稿，其社会效益不言自明。如中山大学出版社出版的《决策管理：理论、方法、技巧与应用》、《领导策略与团队管理》等，其内容和编写方式在该研究领域都是新颖的，其中《领导策略与团队管理》还获得了第四次全国人事科研成果三等奖。

2. 认真遴选高校、科研院所的优秀博士论文

高校和科研院所的博士生是一个知识层次较高的群体，他们所从事的研究工作在相关的领域均具有一定的先进性或新颖性，要积极地对这些博士论文进行适当的遴选，依不同的目标层次作区别对待：若只是一般重要度的学术论著，可把它们当作有用知识传递的媒介，出版社有选择地挑选出版；若通过编辑审读（市场的眼光）和专家审阅（学术的眼光）后，确定为论点创新性强、学术价值高的学术论著，出版社则要对其做精心的编辑和装帧设计，图书出版后应该能够获得比较好的社会效益，甚至有一定的经济效益。

这里需要特别指出，出版社应努力争取与获得"全国百篇优秀博士论文"的博士生进行及时而有效的联系与沟通，在取得相互信任的基础上，与他们共同探讨把博士论文改编成图书体例的方法与方式，争取尽早出版。

中山大学出版社已经在这方面做了一些努力，也取得了一定的成效，如"岭南经济学术文库"中的大部分著作都是经筛选后出版的优秀学术专著，其中王曦的著作《中国转型经济总需求分析：微观基础与总量运行》是由他的"全国百篇优秀博士论文"修改而成的。这些图书部分获得了

部、省级的优秀学术专著奖，但能获得更高层次的奖项目前还没有，尚需作更大的努力。

3. 关注各学科国家级或省级科研基金资助项目的结题

能获得国家级或省级科研基金资助的项目，其研究内容在该研究领域内必定是具有创新性的。编辑应在充分掌握相关信息的基础上（即根据本出版社的出版方向，选择性地筛选有出版价值的基金项目），密切与这些项目主持人的联系，经常向他们了解项目的研究内容、研究进展情况，向他们提供该研究领域的图书出版情况，督促他们及时地把阶段性研究成果写成文字稿，并在其中指导他们规范书稿的撰写方式，这样，该项目的结题之时也就是书稿的成稿之日，从而为图书的出版节省了时间，也保证了质量。

特别要关注由国家自然科学基金资助的国家自然科学基金研究成果专著系列，这些专著的研究内容填补了相关领域的空白，达到了国内甚至国际的领先水平。如中山大学出版社出版的《铸造旧砂再生利用及污染防治》、《泛欧几何——图文编码与模式识别》均获得了中南地区大学出版社优秀专著奖。

4. 关注社会热点论题和有重要研究参考价值的选题

经济、管理、法律、社会等方面的研究专著，由于其内容对人们的实际生活有一定的指导意义，或者其传达的观点是当前社会的热点论题或焦点话题，此类专著不仅对相关专业的研究人员开展研究工作具有参考价值，而且由于其读者面广、社会反响大，出版后还能引起更广泛读者的阅读欲望。例如，中山大学出版社出版的"民本书系"之《渴望生存——农民工流动的人类学考察》，推向市场后读者反应热烈，近期还将出版该书系的《参与式社会评估——在倾听中求得决策》、《寻求内源发展——中国西部的民族与文化》、《"自由"的都市边缘人——中国东南沿海散工研究》等几种图书。

文化、历史、考古类等方面的研究专著,由于其在相关领域有相当的研究深度,能成为该领域研究者独一无二的参考书,因此出版后也能成为一些读者(特别是相关领域的学者)关注的焦点。如中山大学出版社近几年出版的"古文字与出土文献研究丛书"之《古文字与出土文献丛考》、《马王堆天文书考释》、《简帛典籍异文研究》,以及"华学"系列、"艺术史研究"系列等,这些图书在学术书店都有不错的销售成绩,从而提高了中山大学出版社的学术档次。

二、出版经费方面的对策

出版学术著作,其社会价值与经济效益,对出版社来说历来是一对矛盾体。因此,要想在学术著作出版方面有所突破、有所发展,除了要积极挖掘学术著作选题、严格把握其内容质量以外,对出版经费方面的安排也是相当重要的。

从目前的情况来看,要保障优秀学术著作的顺利出版,其经费支持主要有以下四种途径:

1. 出版社出版基金的资助

一些优秀的地方出版社或大部分大学出版社,设立出版基金是它们支持出版优秀学术著作的惯常做法。其中,大学出版社的出版基金中部分经费是由其所在学校支持的,因此所资助的图书大多也是该学校的学术著作。这是一种良性互动的做法:出版社上缴给学校利润,学校以支持出版本校优秀学术著作的方式返纳部分利润给出版社,以满足学校学科建设的需要。这里要严格把握学术著作的内容质量问题。方法是:成立由不同领域的专家学者组成的学术委员会,对于不同领域的学术著作,聘请相关的学者来评价,进行无记名投票,决定能否给予出版。如果能成功运作出版基金,一方面,出版社能有效地扩大自己的学术品牌效应;另一方面,出版社所在学校也能通过系列高质量的学术著作来提升其学术地位,从而获得双赢的效果。如中山大学出版社即将再次运作出版基金,出版"中山大

学学术丛书"。

2. 课题经费中出版费用的资助

一些比较重要或重大的课题，申请时就会包含有出版科研成果的经费支持，出版社要积极主动地与相关课题的主持人沟通协商，争取获得课题主持人的信任和合作，并充分利用好这些经费。这里也应该指出，课题经费中所包含的出版经费，一般来说都不会太多，从出版社的角度来讲，应该较多地关注人文社科、经济管理类等方面的课题成果，因为相对于理工类学术著作，人文社科、经济管理类学术著作的读者群会大一些、关注的人会多一些，因此出版社较容易达到图书盈亏平衡点的量。

3. 作者所在单位的资助

近年来，国家对一些重点院校学科建设的扶持力度不断加强，投入了大量的资金。而高校要体现学科建设的成果，其中最重要的一个方面就是出版一批高质量的学术著作（而不单单是开了多少次国际学术会议），这对出版社特别是这些重点院校的出版社来说是一个很好的契机。因为出版这些优秀的学术著作肯定能获得一定额度的经费支持，且能大大提升出版社的学术品味。如中山大学"985"二期近期已经开始运作，预期将有一批重点学科的优秀学术著作出版，凭借着对各院系良好的信息沟通，中山大学出版社无疑会把握好这一个机会。

此外，高校中各院系为了提升自身的学术地位，或申请硕士点、博士点，每年都会留出部分资金用于出版高质量的学术著作。例如，中山大学出版社前一两年出版的广东外语外贸大学国际经贸学院的"国际经济与金融"系列，前后共计有近20种，取得了一定的规模效应，而且这系列学术图书还在继续扩充之中。

4. 社会团体或基金会的资助

现今，一些社会团体，特别是一些社会学术团体或基金会，为了扩大自己的影响力，或者是在学术界中的地位，都会通过资助出版社出版一些高质量的学术著作来宣传自己。出版社应开拓并充分利用这些资源，促成一些学术著作的顺利出版，这是一个双赢的举措。中山大学出版社在这方面已取得了一定的成绩，如广东省社会科学"九五"规划重大课题"粤港澳关系研究"系列获得澳门基金会的资助，"艺术史研究"系列获得香港梁洁华艺术基金会的资助，"华学"系列获得泰国潮安同乡会的资助，等等，这些图书出版后都获得了不错的社会效益。

三、编辑出版质量方面的对策

1. 责任编辑的专业素养

保障优秀学术著作的出版，出版社首先要培养一批高素质的编辑。没有高素质的编辑，就不能做高质量的学术出版。一个高素质的编辑，需要有一流的专业素养和高度的工作责任心。专业素养包括两个方面：一是指编辑在某一专业领域要有较高的学术涵养，这样的编辑可以与这一领域一流的学者进行平等的探讨和交流，有能力修正他们书稿里的瑕疵，使其著作更加完美。二是指编辑要精通编辑出版业务（即业务素质）。一方面，编辑的文字功夫要好，通过编辑的修改和润色，使整部学术著作的语言表达清晰、文字叙述流畅；另一方面，编辑还要能灵活拿捏图书的版式设计、封面设计、图书用纸，甚至图书的定价幅度等，做到能把最适宜的视觉感受赋予每一部独特的学术著作，争取让读者一拿到图书就爱不释手，且也能比较容易地将对图书的喜爱变成购买行动。

出版社特别是大学出版社要着力扶植和保护学术图书的编辑，虽然这是一个长期的培养过程。出版社不能只注重市场策划编辑，一般商业图书

与学术著作的编辑应该是有所区别的，出版社的学术品位还是要靠高质量、规模化的学术著作来打造。

2. 学术著作的装帧设计

学术著作的装帧设计与一般的商业图书应有很大的差别，且在确定选题之初就要着手进行设计。从开本和版式设计、封面和内文用纸、封面设计，到图书的印制，整个操作过程都要围绕学术著作各自独有的风格，做到图书装帧设计所传递的信息与图书的内容协调一致，这样包装后的学术著作才能有效地吸引读者的眼球。

例如，中山大学出版社出版的"古文字与出土文献研究丛书"，为了传达该丛书内容"古"的意念，图书的封皮一改传统的铜版纸，而采用淡黄色的特种纸——"博思淡黄"，并以出土帛书作为背景进行封面的标题与图片设计，内文采用轻质纸（米黄色），再配以适当的版式设计，使整个装帧设计与图书的内容浑然一体，而整本图书又很轻，让人感觉有点刚"出土"的味道，带着历史的痕迹，从而无形中提升了该学术著作的整体品质。

这里要强调的一点，就是学术著作的封面设计相当重要。学术图书的封面不能只是单纯地作为封面而存在——包裹着图书，这种设计既要凸显学术著作的内容特点，但又不能像商业图书那样显得很夸张、很热烈，而应该是含蓄、典雅、简洁的结合体。

四、营销方面的对策

优秀的学术著作，其评价不能单单局限在图书本身上，还应该有一个扩大其读者面的问题，有一个扩大其社会影响的问题，甚至还有一个引起被广泛讨论、广泛关注的问题。因此，优秀的学术著作出版之前，争取让读者有一种期待的心理；出版之后，又能及时而有效地把它们传递给受众，给尽可能多的读者提供阅读的机会。这就涉及学术著作的营销渠道和营销方法问题，即学术著作的营销，一要看是否有良好的销售渠道或销售方式，二要看是否有有效的宣传手段。

一般来讲，学术著作的销售渠道或销售方式最主要的有以下三类：

（1）专业学术书店。顾名思义，专业学术书店以销售学术图书为主业。当然，不同的学术书店其侧重点有所不同，如以财经管理类学术图书销售为主，以人文社科类学术图书销售为主，以生物医学类学术图书销售为主，以自然科学类学术图书销售为主，等等。总之一句话，这些书店的图书都比较专业，读者的知识层次也比较高，这必须要求书店的经营者要有比较高的学术涵养。从出版社的角度讲，就是要培养这样一支营销队伍：他们除了有一般的营销知识和沟通能力外，最主要的是有一定程度的学术水平，至少是拥有某一学科或某一领域足够的专业知识，这样才能与专业学术书店的经营者进行有效的沟通，进而把本版学术著作推荐给他们，与他们一起分析潜在的读者群，从而让他们有充分的销售信心。

（2）高校图书馆和科研机构的资料室。高校和科研机构集中了高知识、高素质的人群，包括教师、科研人员、研究生等，他们既是学术著作的撰写者，同时也是学术著作的最大阅读群体。而现在的图书馆、资料室，信息化程度都比较高，教师、科研人员、研究生等若需要从学术著作中查找某一方面的知识、信息，只要通过计算机网络即可以非常迅捷地找到图书馆或资料室内相关的藏书。因此，高校图书馆和科研机构的资料室是学术著作最大（总量）、最稳定的接受体。出版社要加强与图书馆配书（图书团购）单位的密切联系，把本版学术著作的出版信息及时地反馈给他们，并提供优质的服务。

（3）采取扁平化的分销模式，减少中间环节，这是学术图书销售方式的趋势。①直销模式。由于学术著作的读者定位比较明确，目标群体相对比较集中，出版社要加强专业渠道的建设，加强学校和学术团体直销、终端专业读者直销等工作，或提供优质而快捷的邮购服务，积少成多。②网络营销模式，即应用现代化的网络技术手段来实现学术图书的出版、发行，销售信息的发布、收集、整理、传递和反馈。通过建立客户资料档案，把最新的本版学术图书出版信息及时、准确地传递给受众，并建立网上购书系统。

除了要有良好的销售渠道和方式，学术著作还需要被有效地宣传，其

书里书外

独特而有效的宣传方式包括如下形式:

(1) 书评是图书宣传的一种常用手段。对学术著作来讲,要取得好的效果,就要选择合适的书评撰写人以及适宜的刊发载体。学术著作的读者群,他们的知识层次高、素养好,在图书的选择阅读方面自主性强,一般不容易被别人或一些宣传信息所左右。因此,在学术著作出版之前或之后,编辑最好能邀请该领域的专家或图书评论员撰写该图书的书评,并刊发于专业的报刊上,如《中国图书评论》、《中国图书商报〈书评周刊〉》等,这样的书评才具有权威性,才有可能被那些独特的受众所接受,进而实现购买欲望。

(2) 通过分析学术著作受众的消费心理和消费习惯,可以发现:他们应用互联网技术的能力很强,经常上网查找对自己有用的信息,对一些感兴趣的论题,会参与其中展开讨论,积极发表自己的意见或建议。出版社可以利用这一特点,及时把新出版的学术著作上传到相关的学术类网站或学术论坛上,或把学术著作中一些独特、新颖或大家感兴趣的观点/论点刊发在网站或论坛上,供大家讨论,这对学术著作的宣传同样能起到很好的效果,提高受众的购买欲望。目前,可以用作学术著作宣传的网站一般可分为四种类型:第一类是BBS(电子布栏),作者以张贴图文的模式来发表自己的观点,与他人分享,而读者能借着响应文章的方式,和作者达到一个互动交流的目的,其中尤其是大学的BBS论坛,此类网站主要针对大学生群体,他们热情度高、思维活跃,并有部分大学教师参与其中,这对学术著作在高知识群体中的宣传能起到很好的推动作用;第二类是学术、思想类网站,如博正学术、学说连线、中国博客网、新青年等,此类网站主要是针对学术研究群体,能提高学术著作在学术研究者中的影响力;第三类是一些网站中的学术思想论坛,如天涯网的"关天茶舍"等,这类网站的论坛着眼于纯粹的理论学术与思想探讨,或从理论学术的角度对有关问题进行深入的分析与研讨,在深刻、理性的思想交流中体现知识界的人文关怀与社会责任感,已经成了大量知识群体的网上家园,从而为这些知识群体所撰写的学术著作起到一定的宣传作用;再有一类是读书类网站,包括新浪的读书沙龙、新华网的读书沙龙,此类网站针对的是社会大众读者,某些经济、管理、社会、法律等方面的学术著作,由于其阐述的内容与社会大众的生活、工作联系得较紧密,因此这类学术著作也有可能为一般读者所购买、阅读。

出版社出版优秀的学术著作,一个总的感觉,就是一个字:难。但这并不是说一点办法也没有。依据自身的特点(如出版社的传统优势、图书出版结构等),从以上四个方面有选择地进行修正、改进,进而取得突破,出版社在优秀学术著作的出版方面定能闯出另一片天空。

书里书外

激烈的市场竞争与科学系统的精品战略
——综合性大学出版社选题策划管理目标刍议*

章 伟

置身于市场竞争的漩涡中,综合性大学出版社和其他企业一样面临着无情的优胜劣汰。于是,各综合性大学出版社纷纷打出精品战略的王牌,意欲以精品战略在重围中杀出一条血路,从低效粗放的数量型经济向优质高效的集约型经济转变,以实现出版社在激烈竞争中确定的最佳管理目标,在竞争中取胜。胜者为王,败者为寇。获胜者不仅可以获得轰动的社会效应,打响出版社的品牌,树立最佳的形象,而且经济效益显著;出版社的品牌形象树立后,经济效益更会因良性循环而日趋增长。而缺乏精品战略、打不出品牌、没有特色、没有竞争力的出版社,图书质量平平,经济效益仅仅维持在薄利保本的水平,则日益穷困,愈益没落,始终处于市场竞争的劣势,甚或沦于破产的境地。正是这种穷者愈穷、富者益富的"马太效应",迫使各综合性大学出版社在白热化的市场竞争面前"背水一战"。

综合性大学出版社的优势是可以出版各种大学和专科、中专教材,学术专著,大而全,但这同时也意味着它们缺乏无人可与之较长的独特性,也即竞争优势。它们不像北京的外语教学与研究出版社和上海外语教育出

---

* 本文选自 1998 年 5 月广东高等教育出版社出版的《出版探索论集》。

版社,以外语为特色,教材覆盖全国,他社无法与之抗衡;也不像财经大学出版社以财经为特色,立信会计出版社以会计教材的实用性强见长,品牌独特,形象鲜明。然而,综合性大学出版社仍需定位在大学和专科、中专教材及学术专著的出版上,兼及其他,才有优势。若面面俱到,大搞社会读物,竞争不赢中央和地方出版社,反而淹没了自己的所长,无法集中优势,显示自己的品牌形象。

综观目前中国图书市场,综合性大学出版社的法律、商经、管理类图书在较低层次的基础教材上徘徊,各综合性大学出版社的同类教材,不仅内容大同小异,而且连书名也完全相同,缺乏竞争的绝对优势。这类教材的市场分割得越来越细,但走基础教材这一条路是不行的,社会效益和经济效益均会越来越小。可以说,近年来法律、商经、管理类教材虽然依然红火,但有点"虚火",同时,已无法满足曾经靠这类教材获得专业基础知识的读者的需要。现在这类图书读者不仅需要启迪入门的教材,更需要高质量、多层次、跨学科领域的教材,以及理论深入、操作性强的实用性图书和高质量的研究专著,因此,高、中档次的商经、法律、管理类图书同样有很大的需求量。各综合性大学出版社若能以其品位独特、档次较高的图书占领市场,做到他社全无,我社独有,就能在相对较小的市场占领绝大部分市场份额。中国人民大学出版社的工商管理英文影印本图书即属此类。但这仍属"拿来主义",尚未结合中国经济改革和企业管理的独特性,好好"消化"。若各综合性大学出版社能依托综合性大学法律、商经、管理学科领域的人才优势,把国外科学、先进的法律、管理、商经理论与中国的经济改革、法制化进程、现代企业管理的实践相结合,从实践中提炼出更符合中国国情的理论,将国外的科学理论消化、吸引后融合到基础教材中,会比原版影印本教材有更大的市场、更大的影响力,更能巩固各综合性大学出版社在这方面的优势。由此可见,原版影印教材与基础教材是相辅相成的。国外最新的理论以原版影印的方式出版,能快速地把国外新理论介绍给中国读者,接着就是消化吸收其有益成分,充实、深化基础教材,淘汰队旧的理论和观点,使基础教材永远保持鲜活旺盛的生命力。不仅法律、商经和管理学科的教材如此,其他学科领域的教材亦一样。

文史哲是综合性大学出版社值得着力挖掘的宝藏。越是具有民族性的

书里书外

文化,越具有走向世界的可能性。对国外文化的研究越深透,越有利于吸收其科学合理之处,以使中国文化更具有现代性、开放性、世界性。对中外文化不可偏废,但应有侧重。综合性大学出版社应依托其母校的文史哲学科基地所具有的人才优势、学科优势、地域优势,结合教学和科研情况,挖掘具有地方特色、民族特色、研究特色的佳作。例如岭南文学、历史、哲学乃至岭南文化及其研究是中山大学的特色,出版这类书,对于中山大学出版社来说,就是值得重点投资的精品,有获国家大奖的机会。

能不能策划出精品,关键在于出版社要具备战略眼光,有计划、有系统地开发各学科的选题,搞出学科领域的精品,从学科的研究到基础教材、自学辅导丛书,立体地、多层面地、系统地深入挖掘。这样,既有助于提高学校的学术水平,又因着力推出本校的学术丛书,而使本社的品牌形象更具有吸引力。没有高品位的学术专著,综合性大学出版社的优质品牌、最佳形象就很难树立,总让读者觉得不够档次,没有品位而归入"野狐禅"。

外语类图书方面,外语教学与研究出版社和上海外语教育出版社两支劲旅,已经以规模经济的经营方式雄踞了外语普通读物和基础英语图书市场。但是,其商经、管理、法律、医学和自然科学方面的专业外语图书并不多,层次也不是很高,这与"北外"和"上外"均是以纯粹的外国语言文学见长有关。因此,综合性大学出版社在专业外语图书方面可以找到自己的发展生机。同时,中小学外语教辅读物、课外读物和英语学习类图书市场颇大,空档很多,完全可以立体地、多层面地、长远地规划,找准市场空档,以快速地分食外语类图书市场的份额。

自然科学类图书其实是大有市场潜力的,关键仍是怎样准确地定位,扎扎实实地结合图书市场需求,以更具有超前性的图书内容引导读者、启迪读者。例如,计算机类图书的普及性读物具有读者群广、知识层面浅的特点,可以联系各大中专院校,搞系统发行的基础普及培训教材。同时,紧紧跟进国际计算机图书市场的变化,及时引进高层次的最新理论、科技成果,以满足追求最高新技术的读者群的需求。至于自然科学其他领域,除了为学校的教学科研服务,出版补贴教材、学术基金资助的专著外,科普读物、日常生活类的科技常识书仍有很大的市场,出版社所要做的仍是如何准确定位,策划组织新颖独特的选题。

为了解决学术专著曲高和寡的市场化难题,各综合性大学成立了学术基金和出版社基金,用来补贴出版学术专著,但目前地方上财大气粗的出版社也在大学里四处挖学术专著选题。为了防止本校学术研究成果的出版流失他社的现象发生,出版社应深入了解、掌握本校的学术动态,采取措施,优先用基金出版各类研究课题的精华,以免步入好书流出本校、平庸书靠基金的"怪圈"。而且,综合性大学出版社在力所能及的范围要适当以经济效益好的图书补贴学术专著的出版。因为,综合性大学出版社既然已定位于大学、专科和中专教材,为本校教学、科研服务,就要千方百计地为本校多出好书,促使本校学术水平、教育质量的提高。学校的学术水平越高,教育质量越好,在国内国际的地位越高,就驱使学校追求更高的学术水平、教育质量,使其品牌越来越好。惠及出版社的是其品牌越好,形象益佳,图书出版资源越丰富,图书质量越好,其结果是在全国出版界的地位越高,影响越大,因而,更容易策划和组织好选题,更易于实施精品战略。

精品战略的目标,也即出版社的管理目标,是建立精品体系,使其精品具有整体性、层次性、系统性、延续性。既有主力精品——生存的基础,能在全国打得响,品牌硬;又有辅助性精品——区域性精品,控制、占据邻近地区的市场,创造出名牌效应,有力地支撑主力精品;同时,每个学科领域也都要有精品,能令每一个专业领域的读者知道某某综合性大学出版社在某个领域有什么好书或畅销教材。只要有创见、有眼光,学科领域的拳头精品就不难获得,而且见效快,产生的影响大。而作为精品体系,则是一个长时期的,须出版社全体同仁上下齐心、协调作战才能实现的管理目标,它不仅需要主力精品、辅助精品、学科领域精品来支撑,而且选题策划时各编辑室要对辖下的学科领域从高、中、低各个层面进行策划,更重要的是策划时要有近期目标、中期目标、长期计划,这绝非东一榔头、西一锤子的"游击战"所能奏效。

管理目标既已定出,首先出版社就要在管理上适当分权,应视每个编辑为管理人、自由人,让其发挥专业特长,积极参与出版社的精品战略,为其营造自由、轻松、创意的工作氛围。对编辑应定出精品战略的管理目标,并着力创造条件让编辑发挥创造力、想象力去开掘选题,而非视之为流水线上被动的"作业工人"。作为知识阶层,每个编辑都有自己的个性、才情、识见,出版社要想实现现代企业管理目标,就必须适当地分权,充分尊重他们的个性,激活他们的创造力、才情和参与意识,通过适当分权,给编辑一个想象的空间、领域,发挥每个编辑最大的潜能,使其在实现出版社管理目标的同时,实现自我价值。

但是,仅靠编辑进行选题策划,实施精品战略是不够的,缺乏系统性、长远性。从管理的角度来说,需要在社长、总编的领导下,以各编辑室主任、市场销售部经理以及出版部、财务部主管等精通业务的专业人士为主要骨干,组成策划管理中心,由其统一调度,实施精品战略,把长远规划、中期目标和近期目标切切实实地结合起来抓好;在科学论证、充分调研的基础上,对各学科的选题从高、中、低各层面进行策划,既有高层次、高品位,能代表学科发展水平,可以获奖的优质专著,又有面向大中专和基础教育的、印数大、重印率高、经济效益好的教材和教辅读物,还有面向大众的、浅显易懂的、适销对路的实用图书。只有把精品策划作为关系到出版社生死存亡的精品战略来抓,才能在激烈的市场竞争中立于不败之地。

在这里,策划管理中心中主管选题的总编辑的职能是制定精品策划的宏观战略目标,系统地、全面地、多层次地抓选题策划,策划大选题,筛选、平衡各室的选题,抓好其中的重点,追踪社会效益、经济效益俱佳的精品;编辑室主任由于下面各个创造力丰富的编辑,熟悉辖下各学科的科研动态和市场行情,上达总编,应该系统地、全面地、多层次地搞好辖下各学科的选题策划,协助总编辑修正战略目标,并扎扎实实地抓好编辑质量,搞好本室图书的成本核算,了解销售行情,考虑最优的定价、印数策略等与精品体系密切相关的管理细节工作;市场销售部及时反馈市场信息,进而策划新颖独特的选题,修正微观战略和宏观战略目标的偏差。只有这样,才能真正落实以发行为龙头、策划为中心、编辑为主干的体制,建立图书精品体系。

策划管理中心的作用是非常关键的,是全社的管理目标能否实现,图书的社会效益和经济效益能否大突破的关键。它与各部门的关系是系统与局部的关系，各部门人员甚至高层管理人员均应把自己置于这个中心之下，不独断专行、不官僚、不内讧，齐心协力，从而发挥现代企业管理的作用，实现既定的管理目标。

书里书外

外语图书市场及选题策划*

夏 华

随着我国对内改革、对外开放的逐步深入和扩大，对外政治、经济交往和科技、文化交流的日趋频繁，社会对于外语人才的需求越来越大，越来越迫切。外语人才的培养以及其自身语言水平的巩固与提高，与作为知识载体之一的图书息息相关。出版社作为向广大读者生产和提供图书的专业单位，应当以向社会提供高品质的、符合市场需求的图书，从而满足人们的生活、学习、工作之需为己任，做到多出书，出好书。而图书作为一种特殊的商品，就应像其他商品一样，以市场作为其主要的制约因素。要想在激烈的市场竞争中立于不败之地，首先要认识市场。只有切实掌握市场状况，才能策划出好的选题，才能制作出高品质的图书，从而实现社会效益与经济效益的有效结合。

结合我社的现状及本人的实际工作，在此仅就外语（以英语为主）图书的市场作一简析，并以此为启发，谈谈外语图书选题策划的几点思路。

一、外语图书市场现状

首先，从外语图书市场的构成来看，外语图书所面对的不仅仅是外语专业人员，还有人数更为众多的其他各类专业人员，他们不仅具备各个学科的专门知识，同时又掌握了足够的与自身专业领域相关的外语知识。他

---

* 本文选自1998年5月由广东高等教育出版社出版的《出版探索论集》。作者曾为中山大学出版社编辑。

们在日常工作中，也会经常用到外语，因此亦会产生对外语图书的需求。改革开放以来，随着国家对外语教育的重视与普及，社会对外语人才的需求加大，学习外语的人越来越多、外语水平越来越高。因此，外语图书的市场应呈上升趋势，且图书本身的质量与层次也在逐步提高。

从目前国内外语教育及社会对外语人才的需求来看，英语无疑是普及度最广、需求量最大的语种，因此，外语图书是以英语出版物为龙头的，这一特点将持续很长时间。英语图书的需求者主要分为两大类：一类是各大、中、小学在校学生（包括小部分的学龄前儿童）。这一部分人是英语图书最迫切、最稳定的需求者。由于长期以来我国的教育方向是以应试教育为主，学生的课业负担过重，各类考试繁多，因此，他们所需要的英语图书以教材和课外参考书（包括应该辅导书）为主，而对一些培养语言运用技能和技巧、扩大知识面的图书要么兴趣不大，要么心有余而力不足，没有时间阅读。另一类是在实际生活、工作中需要运用英语的各类人员。由于这一部分读者是在实践中运用英语，目的性较强，因此，他们主要是选择一些对自己的工作、生活切实有帮助的或与自己的专业相关的图书来阅读，如求职英语、商业书信英语、财经英语等方面的图书。

针对这样一种市场构成，目前的英语图书出版绝大多数都集中于各类教辅读物，其次就是专业英语方面的书籍。但这两类图书现已出版得过多过滥，其中不乏粗制滥造之作。在这种情况下，品牌就显得较为重要了。

从对英语图书（除去国家统编的中小学教材）市场的占有来看，外语教学与研究出版社无疑是最成功、占有市场份额最大的。它的成功不仅与其自身的背景密切相关，而且更重要的是在于它的正确的出书宗旨——以长销为主，提高重印率。以长销为主是由英语作为一种语言所具有的特点——发展变化相对其他学科较缓——决定的。查看外研社的书目，就会发现它很少出版应试目的明显的讲诸如应试指南之类的应时之作，相反，它出版的图书重在质量，经久耐用，抓住了英语学习与提高的核心所在，在工具书（如《汉英词典》）、教材（如《许国璋英语》、《新概念英语》新版）、语法书（如《剑桥英语语法》）以及原版外国名著（注释本、英汉对照本、简写本三个层次）的图书出版方面，取得了巨大成功，达到了两个效益的最佳结合，获奖书、畅销书、长销书越来越多，成为国内外语出

版物的权威出版机构。其次，在大学英语教材（非英语专业用）方面，上海外语教育出版社以其一套《大学英语》系列占领了至少80%的市场。而在大学英语应试图书方面，虽然此类图书出版得相当多，但比较成功的是安徽科技出版社和中国科技大学出版社（两社联合出版）。它们的成功在于三个方面：一是在此方面出书较早，抢先占领了一部分市场；二是它的书质量较高，对应试者指导性强，在使用者当中有一定的口碑；三是其定价较低，符合广大学生的购物心理。另外，在面向社会读者方面，世界图书出版公司（广州）做得较好，它的书实用性强，很容易学以致用，易为社会读者接受。

二、外语图书选题策划的几点思路

面对这样的市场状况，我社的外语图书出版之路应如何走呢？对此，首先应该对我社的现状有所了解。我社的外语出版目前基本上处于从无到有的创立阶段，主要是摸着石头过河。这与外语室人员构成有很大的关系。现在的外语编辑都是初入此行的新手，编辑经验不足，市场意识还有待培养，再加上自身的专业水平和知识面尚有欠缺，对市场的把握不准。从以往的工作实践看，存在以下几个问题。其一，出书较盲目，缺乏市场信息的指引。其二，尚未建立一支强大的、有战斗力的作者队伍。我们目前的作者比较零散，缺乏学术地位很高、造诣很深的知名专家学者，故而出版的图书号召力较弱。其三，在版权贸易方面，局面尚未开。广东的对外文化交流与其对外经贸往来相比，尚有很大一段距离，远远落后于京沪两地。在这样的大环境下，我社与国外出版界的联系非常薄弱，对国外出版业的最新发展动态、图书出版社状况知之甚少，目前似乎只是依靠《中国图书商报》来获取非常有限的信息，其时效性如何亦未可知。因此，在做版权贸易时，我们或者由于信息滞后而错失良机，或者由于没有足够的版权贸易记录而被拒之千里，总是处于一种一厢情愿的尴尬境地，难以打开局面。

要解决这些问题，使我社的外语图书出版面貌有较大的改观，可以从短期和长期两方面着手。在短期内，主要组织策划一些见效快的图书，以尽快摆脱创立阶段，逐步走上发展之路。从目前的外语出版物来看，在英语方面存在一个薄弱环节，即缺乏高质量的、趣味性强的、图文并茂有吸引力的幼儿英语教材。虽然以往有些出版社出过这样的书，但基本上都内容老旧、形式沉闷，即便有成功之作，也主要是因为其填补了这一空白所引起的。在这方面，应该说出版的捷径在于版权引进，即从英美国家引进一些针对以英语为外语的国家而编写的幼教图书。它们的图书大多图文并茂，形式灵活多样，最重要的是语言地道，胜过中国人自己编写的教材。这类图书主要面向城市的儿童，尤以知识分子家庭的儿童为重。随着人们文化素质的提高，英语已逐渐成为幼儿教育中的一个重要方面，对幼儿英语教材的需求会越来越大。这种幼儿英语教材不仅面对学龄前儿童，而且还要面向未开设英语课的小学生，应该分级分层次，并且要与音像相配合。因此，选择合适的出版社出版的合适的幼儿英语图书是成败的关键。如果选书得当，宣传得力，这种书不仅会见效迅速，而且很可能成为长销书。

另外，在面对中学生的英语图书方面，可以组织经验丰富的教师编写一套《家教英语》，针对中学生在英语学习中遇到的问题，与教材相配合，为其答疑解惑，指点迷津。只要此书针对性强，必然会吸引广大的中学生。

从长期的发展来看，英语图书出版的重点应该放在精品书和长销书上，这是创立品牌、树立形象的关键。在这方面，外研社就是一个相当出色的榜样。英语图书的长销，较之经济、科技、计算机类的图书，更容易实现。根据我社外语编辑及作者目前的状况，在工具书和语法书方面，我们的力量较弱，不宜参与竞争，而在文学作品的翻译或英汉对照方面可以有所作为。外研社虽已出版了大量的原版文学作品，并实行立体战略，分别面向低、中、高级英语学习者，但它目前出版的多是古典的英美文学作品，这些作品尽人皆知，发行量很大。但是在世界著名童话、现代主义文学作品方面的英语对照或注释读本相对较少，可以说还存在一个空白。这个空白就可以成为我们今后一段时间努力的方向，除了可以多层次立体开发之外，也可以结合我社优势，以多媒体（主要是录音带）形式出版，以期尽快占领市场，创立品牌。这类图书因其本身具有长效性，故其对应的

译本、英汉对照本、注释本或简写本也应成为长销书，所以应该大力加强这方面的出版工作，精心选材，组织高素质的作者，精心制作，不仅使其成为长销书，还要成为精品书，实现两个效益相结合。

总之，面对今天激烈的市场竞争，要想在优胜劣汰中处于不败之地，并且稳步发展，既不能盲目追随成功者，也不能过分悲观。相反，要在正确充分认识市场、了解市场、剖析自身的前提下，寻求适合自己的发展方向，切切实实地做好每一步工作，充分利用现代化的通讯技术，及时掌握市场动态，认真分析反馈信息，从而制定正确的发展战略，策划出版优质高效的图书，创造出自己的"常青树"。

高校本土教材出版的编辑创新*

杨 捷

引进国外原版教材，进行"双语教学"一直是我国高校教学改革的一项前沿重点，也是培养国内人才"国际竞争力"的有效手段。近几年来，"洋教材"纷纷抢滩我国高校教材市场，一轮又一轮的国外教材高校巡回展览也吸引了众多师生的眼球，这种"洋教材"在我国高校教材领域"唱大戏"的局面还会继续持续下去。

"洋教材"的进入已经对我国不少出版社（特别是大学出版社）的教材开发产生了较大的冲击。选题会上年年讨论针对高校教材的策划、组稿，但实际运作起来，难度却越来越大，其中一个重要原因就是，国外原版教材或引进版教材已成为许多重点院校本科生或研究生的上课教材，许多老师对编写教材动力不足，不感兴趣。一些本土教材在我国部分重点院校高等课堂中已被逐渐淘汰，或只作为辅助、参考教材。

随着教材市场格局的变化，作为出版人，应敏锐地在这些变化当中寻求生存的战略，其中，编辑思路的创新至关重要。当然，要解决这个问题，首先要客观地认识和看待"洋教材"和本土教材。

一、"洋教材"到底具有什么魅力？

首先，"洋教材"靠内容取胜。目前国内引进的国外原版教材或引进

---

* 本文发表于《中国编辑》2005年第4期。该文于2006年11月荣获由广东省出版业协会颁发的第一届广东省优秀出版物奖（优秀出版科研论文奖）。作者曾为中山大学出版社编辑。

版教材大都是国外优秀教材,其中很多还是剑桥大学、牛津大学、麻省理工学院等世界著名学府名牌课程的经典教材。这些引进的版本大多是被国际承认和接受的,其体例、方法和内容都是经过检验而被广泛认可的。而且这些教材的内容更新快,总是处于市场和学科研究的前沿,一般来说,都能比较全面地及时反映世界前沿水平的新技术、新知识。许多教材的作者也都是活跃在专业学术领域的、有丰富教学和科研积累的、学术造诣深厚的世界名牌大学教授。因此,"洋教材"具有比较强的号召性和权威性。

其次,国外大学一般注重对学生的启发式教育,侧重于教授方法,大都是以培养学生的科研思维能力、探索创新精神为教学目标,因此,他们的教材内容丰富多彩,结构和形式活跃,教学理念和教学方法先进,有利于学生创新意识和创新精神的培养。加上"洋教材"一般配套课件齐全,多数配以教师和学生互动的、动手性强的辅导教材,因此深受广大师生的喜爱。

另外,引进国外优秀教材不仅引进了先进的教学理念和教学方法、地道的语言材料,同时也引进了国外系统化的营销模式,学习了国外成熟的推广经验。而且直接采用这些成熟的教材版本,也省去了我国学者的许多摸索过程,直接快速地与国际先进学术领域接轨。

总之,国外先进的学科水平和优秀的作者资源是"洋教材"具有的最大魅力和优势。

二、审视我国高校本土教材

近几年,我国高校本土教材的编写虽然也在不断地更新和改进,有些优秀教材也不乏有时代性较强的新内容,但总体上来说,绝大部分本土教材的传统特色依然明显,与引进版教材相比较,很多方面还存在不足:①就教材类别而言,传统基础学科的教材仍然居多,新兴、交叉学科的教材少,教材的选题跟不上时代的发展;②就教材内容而言,能反映并融合学科新知识的内容少,教材修订不及时,内容陈旧滞后,与实践之间有很大的距离;③就教材结构而言,强调按知识系统的逻辑性编写,能清晰地反映学科体系的基本原理和框架,这种结构体例对于学生被动地接受知识比较容易方便，但却不利于培养学生的探索、创新精神及应用能力；④就教材写作风格而言，教材结构单一，语言表达过于拘于规范，欠生动风趣，呆板论述多，图文并茂少；⑤就教材出版风格而言，教材的版式形式单一沉闷、装帧形式千书一面，新工艺、新技术用得少。

但是，引进版教材也有诸多在我国"水土不服"的一面，从而也凸显了我国本土教材的不可替代的优势。大致来说，体现在以下几个方面：①国外教材都是作者根据自己所在国家的经济、文化、法律等背景而编写的，教材体系不一定适合我国，且教材中的案例和阅读材料等也都是西方国家所发生的，由于没有针对我国实际问题的分析，让学生有"隔靴搔痒"的感觉，我国学生更需要能结合我国具体实际而编写的教材。②引进版教材本身由西方的教学环境而来，与我国的教学方式有比较大的差异。客观现实也表明，虽然外文原版图书深受师生欢迎，但很多师生也表示，完全采用外版教材离我国的实际教学环境还是有一定的距离；况且，很多院校由于各方面条件的限制，很多师生在教学过程中也不大习惯使用外文原版教材。③国外教材一般是按知识点编写，然后加入相关案例或者阅读材料，我国学生阅读起来会感觉结构条理逻辑性不强而不适应，而中国学生更习惯于接受内容环环相扣，有明确的逻辑脉络的教材。④国外教材一般都很厚，加上翻译费、引进费等等，价格自然就很高，动辄就要好几十元甚至上百元，即使这样，对于出版者来说，利润空间已经很小，对于学生来说，依然还是昂贵，大多数学生难以接受，从而不会考虑购买。而国内教材一般内容简洁，书比较薄，因此定价比较低。

三、本土教材改革势在必行，编辑创新至关重要

从以上分析可看出，虽然目前"洋教材"在我国高校教材领域风光无限，占领了我国传统教材的部分市场，但毕竟由于我国的现实环境和"洋教材"自身的一些特点，我国本土教材的生存空间依然很大，关键是要实行一系列针对高校教材的改革，吸收国外教材的先进内容和做法，对我国本土教材进行一定的创新。教材的创新需要教材出版的创新来推动，其中，编辑创新意识的加强和创新实践则起到了重要的作用。下面主要从教

材的选题、组稿、编写、推广几个方面来谈谈编辑创新。

(一) 教材选题和组稿的创新

1. 开拓选题视野

目前，我国引进的"洋教材"主要集中在经济、管理、计算机、医学、化学等学科领域，其中经济管理类外版教材更是出版社争夺的重心。这些学科相对来说也是我国目前较"热门"的专业，不但"洋教材"频频出新，竞争已是如火如荼，就是本土教材也已"泛滥成灾"了，但"洋教材"的优势远远胜过本土教材。那么，竞争能力弱些的出版社与其花很多精力在这些专业上，不如多开辟其他新领域，像很多相对"冷门"的学科类教材。另外，由于我国目前在纳米、基因、信息等新兴学科、交叉学科、边缘学科领域的教材开发得较少，而这些学科又是当前社会急需发展的学科，所以针对这些学科的教材开发也是大有可为的。

2. 融合中西教材综合优势，打造精品本土教材

虽然教材的选题开发视野需要拓宽，但面铺得再广，也需要有自己的精品教材，否则很难在教材领域长期立足。我国现在的教材市场中，充斥着过多的重复性图书教材，真正的精品教材不多。从长远来讲，我国的精品教材并不是要原汁原味的"洋教材"，而是需要融合中西教材的综合优势，取长补短，既要把世界学科领域先进的学科知识、科学研究方法以及国外成熟、先进的教学理念写进教材，又要符合我国实际的经济背景和教育环境，使学生在接受规范的成熟的先进的学科知识的基础上，充分调动他们的积极性和创造性。那么，我国本土教材要肩负起这样的重任，必须改革，吸收国外教材优秀的一面，不断推陈出新。编辑在与作者共同策划时，一定要有这样一个明确的目标。如北京大学出版社出版的卢锋教授编写的《经济学原理（中国版）》和中国财政经济出版社出版的由蔡昉教授、林毅夫教授联合编写的《中国经济》就是不可多得的优秀的本土教

材，阅读它们，既能学到先进的经济学知识，又能把学科知识具体运用于中国的实际。《经济学原理（中国版）》一书用大量的中国本土案例、数据和材料来演绎经济学原理，《中国经济》一书对中国的经济现实给予科学的经济学解释，同时，它们在创作上都一定程度地参考了国外教材出版的一些做法。

当然，精品教材的打造还需要有一流的作者队伍，作者当然最好从优势院校的优秀教师中挑选。在实践中，要多争取到在专业领域多有建树或崭露头角的教师参与编写，这样的作者群以中青年学者较为理想。一方面，中青年学者思维较为开阔，接受新事物的能力较强，且在本国也有一定的教学、科研的实践积累；另一方面，大多数中青年学者都有出国留学或访问的背景，他们对世界学科领域的了解和国外教材的内容、知识结构、表达方式和写作方法也相对比较熟悉。当然，要争取到这样优秀的作者群，出版社在作者队伍的开发和建设上还必须多下工夫。

3."洋教材"的本土化

针对目前我国师生对"洋教材"的倾向心理，出版社可适当开发一些"中外混血"教材。比如找国内外最优秀的作者合作为中国学生编写教材，机械工业出版社华章公司的《平衡积分卡中国战略实例》就是一个例子，该书由一个美籍华人和一个美国人共同编写。或者可对外版教材进行本土化改造，以适应本国市场。这种方式一般是由原书作者授权后，由当地作者对原有教材进行相关内容的增删。如电子工业出版社的《人力资源管理（第九版）》，就是以美国马希斯等教授所著的经典畅销教材的中文译本为原形，由中国人力资源管理权威赵曙明教授在保留原著的基本理论框架和先进的研究成果的基础上，对原书内容进行了相应删节，并增加了许多有关中国实践的内容和案例，这就使该书在我国具有较高的应用价值。这种做法在国外也比较普遍，比如帕金的《经济学》就有加拿大版、法国版、日本版等多个版本。

4. 加大对地方普通院校的教材组稿力度

因为使用国外原版教材对师生的要求比较高，因此"洋教材"的使用目前多半集中在我国一些重点高校。而大量的地方普通院校由于各方面条件以及教学特点的限制，对大量的引进版教材往往有不适应的地方，因此目前使用的多半还是国内本土教材，开发适合这类院校使用的教材还有很大的空间。实践中，除了开发一些国内优秀教材供这类院校使用外，也可以把多家这类院校的同一专业的相关老师组织起来，共同编写教材，供这些院校自己使用。

（二）教材编写的创新

在教材正式编写之前，编辑可要求作者撰写一份较详细的写作大纲，并主动提出建议。当然，在具体编写时，国外原版教材或引进版教材的一些做法很值得我们学习和借鉴。

（1）国外教材在编写结构上设计活跃，语言表达生动、幽默，一般文字、对话、图示并用，深入浅出，生动易懂；每章末尾附有复习、练习、问题和案例等，体例充实、实用。

（2）国外教材强调对学生创新、探索精神和能力的培养，要充分体现最新现代科技与生产的发展变化和基础知识相结合的开放性特点。因此，在教材编写上，理论和实务紧密结合，侧重理论在实践中的应用；理论介绍方面，避免过多纠缠理论难题，侧重概念理解；基础知识的学习主要以掌握最新知识、应用最新技能为目的。

（3）国外教材大都配有教师手册、题库、Power Point 等教学附件和免费课件，能帮助教师在备课上节省时间以便腾出更多的精力从事学科研究，给教师们带来了很大的便利。比如利用教师手册，教师讲课时就会非常轻松，因为里面不但有教材习题答案，还为教师提供了许多具体的指导，如针对某个问题，教师可以举什么例子、学生可能会提什么问题、有哪些答案等等。再如题库，里面有上千道题，教师可以从中任意挑选，从而试卷的问题也迎刃而解了。甚至有些教材还专门建有自己的网站，提供内容的在线更新服务，在线内容更新让教材能够随时与国际最新学科发展的动态接轨，为师生提供了在其他任何地方都找不到的有价值且吸引人的资源，这就需要出版社在高校教材的电子化、课程网络出版方面有所作为。

（三）教材推广的创新

上面提到，我国在引进"洋教材"的同时，也引进了国外系统化的营销模式和成熟的推广经验，这些都值得我国出版人员借鉴。新时期的编辑要做到全程策划参与，在教材推广环节上也必须与发行人员密切协作和共同努力。

首先，要有优秀的销售人员。在美国，一般学术类出版商都会指派专门的教科书销售代表负责学校销售，他们必须对教材的内容高度了解，要经常定期或不定期地访问各高校的院长、系主任、教授和任课老师，为他们赠送样书和进行系统讲解，促进教材更广泛地被认可和选用。

其次，要高度重视大学书店。大学书店多设在学校附近，是高校师生经常光顾的教材销售场所，这使得它具有潜移默化的宣传功能。在美国，出版商高度重视大学书店，与书店经理大都保持着密切的联系，大学书店的销售量占出版商教材销售量的近一半。通过大学书店，出版商可以了解师生对教材的需求情况，从而及时、足量地提供教材，掌握市场销售的最佳时机。

再次，利用一切可以利用的宣传手段，比如作者的知名度、书店、媒体、会展、订货会、网络等。这就需要精心策划、制作相关的书目、书评和广告等，特别是要搞好和搞活网站销售。在美国，多数出版商有专门销售人员负责网站销售，这些销售人员不仅销售独立书目，而且随时搜索其他网站，找出书目的主页特点并给那些网站提供市场信息，寻找潜在新客户。另外，国外出版商在推广教材时，免费服务也是一个重要的销售亮点。

对于重点教材，在出版后一定要制定适合自己的营销计划，有条件的

出版社，还可以组织教师培训，并请作者参与，推广新教材中涵盖的教学理念；或者不定期在高校举行教学资源演示会，介绍新近推出的教材，及配套的网上教学工具等。

参考文献：

1. 范印哲. 大学教材设计模式的理论框架探索［J］. 中国大学教学，2003（2）.

2. 郭文革. 引进教材与本土教材的对比研究. 教育部网站，2004-06-17.

3. 王东. 点击教材新形态［N］. 中国图书商报，2004-10-25.

4. 魏农泉. 美国大学出版社的任务和运作［J］. 出版科学，2004（5）.

如何维系编辑与作者良好的互动关系*

李 文

随着市场经济的深入，出版界的竞争已渗透到行业的各个方面、各个层次，其中对作者的竞争是根本，是基础，是出版社得以高速发展、创品牌、增效益的前提。一个优秀作者，由于其能力强、作品多、影响大、网络广，有自己的读者群，他对编辑的吸引力就像一个大的购书中心或书店对图书发行人员那样重要，这样的作者是出版社争相抢夺的目标。如何挖掘好作者，并保持与优秀作者良好的互动关系？下面就个人所想，谈点感受。

一、编辑与作者的关系

图书是精神产品，它不仅包含着作者的劳动成果，还包含着编辑的劳动成果。作者是直接从事书稿的写作活动，创造具有独创性的智力产品的人。作者的思想、学识和风格决定了图书的质量和价值。而编辑从实际出发，修改作品，使之更优秀更完善，更能为读者所接受。工作各有分工，目的是出版好书。编辑和作者的关系主要体现在三个方面。

---

* 本文选自2007年8月由广东科技出版社出版的《曲高众和——广东省出版科技论文集》。

书里书外

1. 编辑与作者相互联系，缺一不可

作者撰写书稿，编辑对作者的书稿进行选择、整理和修改，从而产生了可以公开传播和保存的图书。作者和作者提供的作品是编辑工作的前提和基础，没有作者的劳动，就没有可供编辑修改、读者阅读的图书；而从另一方面来讲，没有编辑人员的加工，作者的作品也不可能成为社会的文化财富、精神食粮。

编辑与作者之间存在着相互依存、相互制约的关系。作者的著作活动与编辑密切相关。作者想将他的作品向社会公开发表，想在读者群中传播，首先要经过编辑人员的筛选。编辑从某种意义上决定了作者的命运：他肯定你，会给你出版的机会；若否定你，你就成为不了社会承认的作家。

另一方面，编辑的工作也离不开作者，编辑的主要任务就是对精神产品进行选择和加工。没有加工的对象——作者所提供的书稿，编辑就不可能加工出一本可供读者阅读的图书。除了上述的工作外，编辑还要根据出书的方针、宗旨和编辑构想，主动地设计选题，制订选题规划，有计划有目的地出版图书。因此，编辑的合理计划和理想追求只有建立在合适的作者基础上才能得以实现。

2. 作者为主，编辑为辅

作者和编辑对图书产生的作者大小并不相同。作者起主导决定作用。图书的风格与特色体现了作者创作的个性，只有优秀的作者才能创作出高质量的图书。

书的灵魂只能由作者赋予，而不可能是任何高明的编辑来塑造。在书稿的创作和编辑过程中，作者始终起着主导作用。编辑不能代替作者，不能把自己的观点强加到作品中去，不能改变作者的写作风格。编辑的任务在于发现作者，正确判断作者提供的书稿价值和发挥作者的潜能和创作的潜力。编辑应该从作者的实际情况出发，对作者提供的书稿提出意见和建议，提供修改方案，帮助作者实现写作计划和完善作品。

同样，作者也无法替代编辑的组织整理作用。任何作者都不能保证其作品的严谨性。只有借助编辑独到的见解、丰富的阅历、准确把握社会的尺度的能力和敏锐的洞察力，作品才能避免疏漏缺失。编辑人员的辅助作用还体现在对图书出版的规划设计和组织活动方面。另外，编辑人员的编辑构思和选题设计还可以补充、完善作者的写作构思。有的作品正是作者直接根据编辑的构思和设计而创作出来的。编辑还可以组织作者来完成他所制订的编辑出版规划，完成出书任务。

3. 编辑和作者有共同的奋斗目标

共同的奋斗目标是编辑和作者之间的一条纽带。两者共同为满足读者需要服务，共同为提高图书质量、繁荣出版事业服务，共同为建设社会主义物质文明和精神文明服务，共同为提高全民素质服务。

共同的目标使编辑和作者之间发生了互助合作关系。编辑要无私地关心、支持和协助作者的创作，要对作者的写作计划和作品提出中肯的意见和积极的建议，尽自己的力量帮助作者解决创作中所遇到的困难和问题。编辑还要以丰富的经验和敏锐的鉴赏力对作品作出准确的判断，并尽可能挖掘作者的写作潜能，使作者的思想、智慧和才能在作品中得以充分发挥，使作品得到社会的承认。

二、维系与作者良好的互动关系的几点做法

好作者对出版社如此重要，遇到好作者我们就要好好维系，争取挖掘到更多更好的书稿为我所用，为出版社创造更多的社会效益和经济效益。但出于各方面原因，好的作者在各个出版社游走，择木而栖。如何留住作者，以下是一些基本做法：

书里书外

1. 以诚信的态度对待作者

编辑与作者之间是一种共生关系，在这种关系中，信任和开诚布公是必需品，如此才能建立起富有创造力和生产力的长远关系。忠诚于作者，激发他们潜在的才华，同时好好善待他们，包括在逆境中支持他们。在从事编辑活动的全过程中，编辑必须具有作者意识，尊重作者，对作者以诚相待。特别是那些有潜力的作者，是潜在的人才资源，需多给鼓励和帮助。长此以往，作者信任编辑，乐意将自己的作品奉献出来，编辑也就有了源源不断的高质量来稿。

2. 站在市场的角度指导作者

过去的图书出版中，出版社往往是被动的，是"接活"的单位，作者写出一本书，出版社认为好，就进入出版运作，有时作者并不知道市场前景如何。现在则全然相反，出版社不再是"接活"的单位，而是制造商，是可以制造文化潮流的。因为大多作者是写自己熟悉的东西，不一定了解市场、了解读者需求，这时就需要编辑提供读者信息、出版信息和图书市场信息，让作者制订和修改自己的写作计划。许多图书是编辑按市场需要策划的，先通过社会行情的调查，决定可以制造哪些书，然后与某方面的作者合作策划图书选题。只有编辑与作者身系一处，加强联系，沟通思想，共同努力，才能策划出有市场生命力的作品。例如，出版社能形成系列化、层次化、立体化的出书格局，全赖编辑的市场化眼光指导作者创作而成。另外，在作者盲目的创作过程中，在书稿还处于毛坯状态时，编辑能及时指出它真正的市场价值，以免作者做徒劳之功。

3. 以良好的职业道德感染作者

良好的职业道德要求编辑必须爱岗敬业，大公无私，积极进取；要求编辑热情、真诚地对待作者，尊重作者的人格、著作权，尊重他们的劳动成果，对其稿件作出客观的评价，不打杀，也不"捧"杀。编辑要帮助作者修改、完善稿件。稿件修改时，如与作者发生分歧，也不能以居高临下的姿态，以"权"挟人，不能以谋利放弃原则，更不能利用编辑权力谋私利，不得剽窃作者劳动成果。在市场经济条件下，要重视作者名气对市场的号召力，要具有发现扶持新作者的观念和善良之心。特别是本来名不见经传的作者，通过编辑的努力使其作品家喻户晓，日后成为非常有影响的人物，这些作者会知恩图报，将来有影响的作品要出版也会回流出版社。编辑的这种奉献精神，这种德行和与作者交往中的诚信，往往是稳定扩大作者队伍，获得更多更佳出版资源的力量。

4. 以编辑的能力帮助作者

在能力方面帮助作者最大的莫过于文字能力和职业判断力。文字功力可以整体提升作品的水平，制造出精品图书；编辑的判断力有助于纠正作者主观上的局限性和狭隘性对书稿造成的缺陷。这两方面对作者的帮助很大，作者也是深有感触的。

5. 以经济利益吸引作者

作者把自己的作品交给出版社出版，无非想达到两个目的：一个是扩大影响（出名），二是拿稿费（获利）。现在的作者是很懂市场经济的，好的作品是香饽饽，出版社争着要，自然吊起来卖。我们要以平常的心态，互利互惠的原则，尽量维护作者的利益，让他们觉得不吃亏，愿意和我们合作，在经济上实现"双赢"。

有的出版社为了自己一时的利益，或不重视信誉，或不履行合同，或拖欠版税，或隐瞒印数，或报价失实，这些都极大损害出版社与作者的关系，这样做更无法留住好作者，到头来损失的还是出版社。

6. 以品牌的力量凝聚作者

作为大学出版社，我们的图书定位是教材和专著。以教材与专著形成特色，作为我们的品牌，来建立相对稳定的作者队伍。大学出版社一般地处大学校园，对校园内的作者队伍有天然的吸引力，他们写的教材、专著，一般会考虑到大学出版社出版，甚至在其他出版社的出书条件相对较优越的情况下，还是选择大学出版社。所以我们要形成特色，擦亮我们的品牌，建立我们的铁杆的作者队伍。

目前，竞争如此激烈，作者写了一本书，第一会找有名气的出版社，第二会找熟悉信得过的出版社。作为出版社，想收到好的书稿，第一要创名牌，靠名牌吸引作者；第二要与作者相熟，靠关系拉拢作者。人是有感情的，只要我们真心对待作者，自然会得到回报；作者也会关心出版社，主动地向编辑提出意见和建议，共同分析学科动态专业信息，推荐其他作者，形成一种良性的、互动的、和谐的工作关系。只要各方面努力，就能更好地密切作者与出版社的关系，留住作者，留住作品，为出版社创造更好的社会效益和经济效益。

图书策划与定位是"双赢"之本[*]

孙新章

一、何谓图书的策划、定位

要做好一本图书不难,要做一本"双赢"的图书则不易。俗话有云"三军未动,粮草先行",要做一本"双赢"的图书而没有前期的图书策划和准确的图书定位是不可能的。综观书稿的来源,不外乎三种形式:一是主动出击找自己心仪的书稿,二是"跟风"组织市场上比较"热卖"的同类图书,三是"守株待兔"等作者送书稿上门。

"跟风"者只能吃别人剩下的残羹剩饭,不可能喝到头啖靓汤;"守株待兔"者只能得到一只死兔,不可能搞活,况且还不一定能得到,弄不好还会没米下锅;只有主动出击,按照市场需要策划图书选题并做好图书各种定位,才可能编辑出一本"双赢"的图书。

图书的策划和定位虽见仁见智,各不相同,但实施过程的基本步骤则大同小异,不外乎以下几项内容:调查研究,收集信息;分析信息,提出选题;市场调查,论证选题;选择作者,组织编写。

---

[*] 本文选自2007年8月由广东科技出版社出版的《曲高众和——广东省出版科技论文集》。

书里书外

二、编辑应重视图书的策划与定位

随着改革开放的不断深入,市场经济下的图书市场千变万化,出版社在这种环境里,是不可能以"以逸代劳"的方式生存的。要生存和发展,就必须依靠自己的好产品、好品牌;而要做到这一点,图书的策划就成为必不可少的工作。

图书的选题策划,应有必要的信息支持;否则,图书选题就会成为无源之水,成为没有坚实基础的楼房。凭空去拍脑袋想出来的选题,只能如海市蜃楼般,是虚渺和不切实际的,是经不起市场检验的。因此,图书编辑在进行选题策划时,就应随时关注各种信息的变化,收集并分析整理信息。也只有这样,才能摸准市场脉搏,捕捉到稍纵即逝的有用信息,抓住机会。《初级英语步步高》这套图书的选题,就是在平时关注各种信息的过程中,从一则不起眼的报道中得到的策划冲动而开始的。

有了选题策划的冲动,不等于策划就能成功。图书编辑在有了选题策划的冲动时,还应理智地进行必要的图书市场调查,印证一下自己的想法是否符合市场的需求。《初级英语步步高》是针对当时广州市的初中英语教材而策划的,我通过与图书市场的书商们交谈,了解到因为是刚决定在广州市的初中使用这套教材,在市面上正好缺少这套教材的辅导参考书,他们也想找这方面的图书进行销售。这次调查,印证了自己这个选题在图书市场的需求和可行性,从而更坚定了做这套图书的信心。

三、要"双赢"就应旗帜鲜明地确立好图书的各种定位

读者和市场对图书的认可与否,是检验图书选题策划成败的试金石。只有读者认可的图书,才能算是有社会效益的书;而市场的认可程度则反映了经济效益的好坏。图书选题确定后,紧接着就应该考虑图书的定位问题,包括作者定位、读者定位和价格定位。

有了准确的定位,才能保证图书选题的实施和落实,才能保证读者的需求和出版社的经济效益,才能实现图书的"双效益"。

1. 作者的定位

作为一种教辅图书，传授知识是其主要目的。因此，作者应侧重在有教学经验和教学水平的一线教师中选择。我首先考虑的是请华南师范大学附中的英语教师担任编写工作。

因当时他们的教学任务很重，一时抽不出时间编写书稿，而图书出版时间的延误又会影响图书在市场的销售，只好作罢。继而考虑另请有教学经验的高级教师来编写，虽然不是有影响的名校教师，只要多年在初中任教，对初中英语教学有丰富的教学经验，也可填补一下影响力方面的不足。最后选了增城的一位高级教师。选定作者后，为了使读者对作者有个基本认知，加强对作者的信心和认可，作者简介也就必不可少。这对市场的销售可起到一定的作用。

2. 读者的定位

图书写给谁看，为什么人服务，这是在图书选题策划中必须明确的又一个不可忽视的问题。既然是教辅读物，是给学生看的图书，就应该符合学生的需要。初中学生这么多，是写给尖子生看还是写给一般的学生看，这里有一个取向的问题。考虑到尖子生所占的比例小，而且市场上为尖子生"拔高"的应试图书不少，为了保证出版社的经济效益，最后决定面向一般的学生编写，力争占有最大的市场。

3. 内容的定位

初中阶段是九年义务教育的阶段，图书内容的定位也不能脱离"教学大纲"所要求掌握的基础知识。这套书是为一般的初中学生而编写的，在布置编写要求的时候，我要求编者紧紧抓住课文的重点和难点不放。每课均按照教学中遇到的难点进行简要的讲解，并编排适量的、相应的练习题，方便读者对课文的理解和对所学知识的巩固。事后证明这样处理是明

智的，读者的反应也不错，基本达到了预期的效果。

4. 市场的定位

出版的图书最后是要经过市场销售这一关的。这涉及图书价格的定位，即读者的经济承受力的定位。在与书商和教师的调查了解中，他们一致认为每册图书的定价不宜超过 10 元的关口。这样在决定图书的字数时就要考虑图书的出版成本，印张数应控制在 6～8 个印张之间。在实际操作过程中，第一册图书的字数为 10.6 万，印张数为 4.375，价格定位在 7.50 元，投放市场后，很快就多次重印，总印数达 71000 册。其他价格定位在 9～10 元的图书，印数也普遍达到 3～15 万册之间。

四、结束语

《初级英语步步高》这套图书一共 8 本，当时还多次上了广州市购书中心销售前 10 名排行榜，后因广州市初中英语教材改版而终止销售。但从 2004 年 9 月至 2006 年 8 月的两年时间里，都曾多次重印，有些单册的印次甚至达到 14 次之多。该套书总码洋达 628 万元，按出版社 50% 折扣计算，也有 314 万元的实洋，为出版社创造了不菲的经济效益。

从"国学出版热"看选题策划新亮点*

王 睿

面向未来,我们需要精神的丰足。在如今急速变化的年代,我们甚至比以往更需要文化的指引,而书不仅可以深刻地铭记这一时代,还可以为我们指明方向,给予信心和力量。出版业市场的繁荣,也使国人有了更多的选择,随着精神食粮的丰富,必然也会给出版业带来丰厚的回报,毕竟物质文明与精神文明不是截然分开而是有相通之处的。繁荣的出版业市场使畅销书应运而生,畅销书既可以让读者领略最前沿的时尚文化,还可以为出版社带来声誉、财富和影响力,这的确是一举多得的事情。

持续了几年的"国学热"依然在蔓延,回顾2007年的畅销书市场,经典国学书籍占了很大的份额。媒体对国学的推崇似乎超过了任何一个时期,打开电视,看到的是"百家讲坛"、"国学天空";翻开报纸,报导说某某国家又开办了"孔子学院";以北大、人大为首的院校还开设了国学班;等等。凡此种种,使"国学"越来越热。国学书籍的畅销也有其一定的原因:现代社会充满竞争,生活的重压让生活在快节奏中的现代人没有太多时间去阅读经典,很多读者都希望通过一些畅销书来补一补自己对文化的浅薄与匮乏,"国学"畅销书用通俗化的文字向大众介绍经典,晦涩的古文不再是阅读的障碍,使得国学经典著作也能走入寻常百姓家。

但是,凡事都有两面性,在各家出版社都在推出一系列国学著作的同时,是否考虑过这样一个问题:我们究竟有多大的市场?能有多少读者买

---

* 本文选自2008年8月由华南理工大学出版社出版的《书香流韵——广东出版科研论文集》。

我们的账？或许有出版商会说："我们靠宣传，靠策划，靠名人效应！"有了宣传策划、名人执笔就一定能畅销吗？未必！就拿王朔在2007年高调推出的新书《我的千岁寒》来说吧，13万字得天价稿费365万元人民币，而王朔却有信心卖1000万美金，出版商也对这部书信心满满，以为这次一定可以赚个盆满钵满。哪知道年终盘点，被称为"旷世奇书"的《我的千岁寒》在热炒和冷销中却淡出了读者视线。当然，《我的千岁寒》销量不佳可能与作品质量有关，但不得不重视的一个问题就是，出版商包装的所谓"畅销书"不会因为宣传策划或者名人效应就一定能畅销！当一个市场趋向饱和，当市场上充斥着各种版本的国学类书籍时，读者的选择权将会更大，一旦供大于求，对出版社来说就意味着畅销书将变为滞销书。此外，随着国学书的热销，一些伪国学书也充斥着图书市场，一时间，鱼龙混杂，同样影响经典国学书的销量。且不说究竟是不是审美疲劳了，至少从2008年的北京图书订货会就可以看出"国学出版热"的确有"退烧"的迹象，以往国学图书摊位前的火爆场面现在已很少见。

"国学"书籍的"退烧"，让我们得到以下启示：那就是在进行选题策划时，不要一味跟风炒作、拾人牙慧，而是要针对市场需求，不断创新，解放思想，开拓思路，寻找选题新亮点。

一、另辟思路，从市场需求出发捕捉新的选题生长点

"国学热"一直在延续，既然出版国学书籍已经呈现饱和，那我们是否可以转变一下思路，从"国学热"来引申出新的选题亮点呢？就拿《百家讲坛》这样一个推崇国学的节目来说，受众面广，收视率高，有段时间在播钱文忠教授的《玄奘西游记》，一时间又引发了大众对禅学的热情，有关佛教的通俗读本有了市场需求，很多读者都希望通过阅读佛经来达到修身养性的目的。图书市场上像《李叔同解经》这样的禅学书籍受到追捧。工作节奏加快，工作压力加大，让很多人身心疲惫；读读佛经，的确有休养生息、保持身心健康之效。拿我社为例，笔者所在的出版社近期推出的《中国佛教文化常识》《中国佛教文化传说》就以通俗易懂的文字向读者介绍佛教的起源、文化以及佛教诸神的由来等内容。这两本书一推

出市场，反响就不错。

二、善于收集各种信息，提炼出有价值的选题

选题策划不是主观的产物，不是关起门来苦思冥想的结果，而是要对信息广收集、反复研究和多方论证，它是主观认识和客观实际的统一。编辑要走出去，关注社会的热点问题，结合平时收集到的各种信息，策划出有价值的新选题。针对当下社会民众关心的热点话题，我社出版了《社会热点关键词》丛书，该套丛书分为《幸福指数》《房奴》《海归》《国学热》《环保》《传媒时代》，共6册，以关注社会生活、思想学术的中青年读者为主要对象，以现实关怀和人文关怀为内容，以学术观点解读社会事件和社会热点问题为特色，以社会科学普及为目标。此书一出版，即得到很多专家学者的好评。

三、图书的选题策划要解放思想，开拓创新

如果只是一味跟风，社会上什么热就炒什么，一旦市场饱和，那做出来的所谓畅销书迟早积压于仓库成为滞销书。这就要在做选题时，既要有创意，又要有胆识。在创意相似的情况下，要突出创新。面对林林总总的文学书籍，一些不太被国内读者所熟悉的外国作品往往容易被忽略，对于这样的作品是做还是不做，该如何定位，如何包装，编辑是要做足功课的。从当年《芒果街的小屋》开始，到流行至今的《一个人的好天气》《一把雨伞给这天用》《午后四点》等一系列作品，被称为"轻逸小说"，它是一种新的文学现象，一种流行的阅读生态，以轻盈的质地、小资的设计和较高的文学品质为其特点。其实这些书之所以会在一定的人群中流行，也是与图书出版在选题策划时的开拓思路、不断创新有关。如果只是拿到作品后就急于出版、上架，不对图书的定位、包装等作一个详细的规划，那这部本来就因为作者不够出名、谈不上"大部头"的作品或许没多久就会从读者的视线中消失。就拿上面的轻逸小说为例，在做选题时，编辑不能按照以往做选题的思路来考虑，而是要有一定的创新。首先要考虑

书里书外

阅读小说的读者应该是小众的，因为作品本身有着明显的文学品质；其次要清楚这样的作品是小资的，作为一种新兴的文学现象，它最大的读者群是文艺青年，这就注定了它唯美的形式。清楚了这些，编辑就要在书籍的装帧设计以及宣传营销等方面下工夫，比如把书籍设计为小开本、重量轻薄、封面清闲，在一些读书论坛里请读者写书评以达到促销图书的目的，等等。

综上所述，作为出版工作者要有广阔的国际视野，关注国内外出版市场的情况，善于收集各种信息，随时发现现实生活中的"亮点"、"热点"，努力捕捉各种有新意的点子，促使其生长成新选题。一个好的选题，一定要经过充分的市场调查，与市场密切结合，把握机遇，了解读者需求；同时，还要使市场营销和选题策划同步进行，使其渗透到编辑策划全过程，这样才能创造出适销对路、具有竞争力与经济效益的图书产品来。

出版业是一项朝阳产业，在出版业的发展历程中，文化与市场的融合是彼此促进并相互繁荣的。在改革开放30多年后的今天，作为文化的传播者之一的图书，依然有它广阔的市场。我们要以畅销书为突破口，分析其存在的原因，把握市场脉搏，寻找新的选题亮点，多出优秀图书，不仅为广大读者带来丰富的精神食粮，还能为出版社带来可观的社会效益和经济效益。

上篇 书里:做书人的用心

博雅教育理念与英语专业教材建设*

熊锡源 范 颖

近年来,许多学者都对我国的教育,尤其是大学教育予以反思。学界认为,我国教育界存在着过度功利主义、科学主义、专业主义和实证主义等问题,其后果是:社会价值观念上满足于追逐眼前和短期的物质利益,缺乏理想和对永恒价值的追求;在知识和文化方面,忽视人文科学和社会科学的作用;在学术体制和观念上,各学科画地为牢,片面强调经验和实证,忽视对学术和文化精神的整体理解和把握,忽视学科和专业之间的交流和渗透[1]。这种状态正好印证了斯诺所批评的"两种文化"对立的局面。斯诺自称自己白天与科学家在一起工作,晚上则与一些文学同事在一起。"尽管当代科学家与人文学者在才智、种族、社会出身、收入等诸方面皆相近,但他们在学术、道德和心理状态等方面共同点如此之小,他们之间的沟通要比穿过大西洋还要困难"。换言之,他们实际上代表了科学与人文两种文化的对立[2]。

论者指出,面对这一局面,解救之道在于加强博雅教育(Liberal Education)、通识教育(General Education)或者人文素质教育(Quality Education或Humanities Education)。一些学者深入地探讨了这些概念的内涵,并对如何实践博雅教育、通识教育或人文素质教育提出了种种看法。本文将从高校英语专业教育中的一个重要侧面,即英语专业教材建设的角度,探讨如何在教材建设中践行博雅教育的理念。为此,我们将讨论如下问题:什么是博雅教育理念?我国大学英语专业的教学以及教材建设中存在

---

* 本文发表于《高教探索》2012年第6期。

书里书外

什么问题？如何用博雅教育理念"改写"当今的英语专业教材，推动英语专业教学改革？

一、博雅教育理念

博雅教育的概念起源于古希腊的"自由人知识"和古罗马的"自由人技艺"，在中世纪演变为"七艺"；17世纪之后，在英国与绅士观念合流，遂演变为近代博雅教育学说。18世纪，博雅教育受文雅观念的影响，以社会—道德为指向[3]。在19世纪，博雅教育更注重心智训练。当时的英国红衣主教亨利·纽曼认为，大学教育的目的是发展人的理智，大学的真正使命是培养良好的社会公民并随之带来社会的和谐发展，大学应以培养集智慧、勇敢、宽容、修养等于一体的自由教育为主旨，通过文法、古典文学和哲学等传统人文课程来训练智力[4]。纽曼关于大学教育的理念影响深远。

自19世纪起，通识教育和专业教育之间的矛盾开始突显，"博雅"的重心从"雅"转向"通"。20世纪30年代，美国芝加哥大学校长赫钦斯对当时盛行美国的实用主义提出批评，反对大学过分专业化。他把芝加哥大学原有的课程进行归并，把整个大学的39个系分为生命科学、社会科学、自然科学和人文科学四个分部，强调部际之间、院际之间的合作。赫钦斯强调的是"通识教育"，对世界教育产生了积极的作用。20世纪80年代，哈佛大学的"核心课程"以及整个美国的"回到基本"的高等教育改革都试图重新探索教育的精神和宗旨，理解博雅教育传统的实质和意义，以重建现代教育与古典博雅传统的联系[5]。实际上，20世纪的博雅教育逐渐丧失了和绅士阶层之间的联系，其制度含义发生了革命性的变化，经过自由、民主、平等原则的改造，博雅教育以通识教育的身份生存下来[6]。

在当前的学术语境中，博雅教育这个概念常常和通识教育、人文教育等换用。最初的博雅教育概念首先要以区分自由人和奴隶的社会地位为基础，后来演变为绅士阶层的教育观念，这与强调民主化以及教育大众化的当代社会格格不入。因而，尽管二者具有相似的含义和目标，哈佛委员会还是代之以"关心多数人"的通识教育。人文教育,侧重的是人文科学的教育。人文科学是"以人的内在世界、精神世界和作为人的内在世界之客观表达的文化传统及其辩证关系为研究内容或对象的学科体系",是由语文学、文学艺术、历史、哲学和宗教等学科所组成的专业化的知识体系[7]。应该说,人文教育是通识教育的重要组成部分,更是博雅教育的核心成分。

我们认为,博雅教育理念对我们的语言教育,尤其是大学英语专业教育具有指导意义。在大学英语专业教学过程中,如何践行博雅教育的理念,是每一个高校英语教师都应该考虑的重要课题。

二、高校英语专业教育中存在的种种弊端与博雅教育理念

如今的高校英语专业教育存在着很多问题,许多学者从博雅教育的不同角度出发,提出了相应的解决方案。蒋洪新把高校英语专业教育中的相关问题归结为三个方面:首先,各外语院校在办学的理念上基本把自己定位为社会和市场的适应者角色。各院校立足于面向市场需要,朝所谓"外语+专业"复合型人才培养模式迈进,英语专业课程分为英语专业技能课程、英语专业知识课程和相关专业知识课程。而因为师资力量不足等原因,复合人才培养大多是挂羊头卖狗肉,所培养的复合型英语本科生既没有基本的语言文学功底,也没有相应专业学生的专业知识。其次,在教学理念与课程设置等方面没有意识到文学对英语语言文学专业的重要性。就外语专业培养规格和规律而言,语言文学是最重要的基本功。而我们的英语专业课程设置上,文学类课程严重不足。最后,对于文学类课程,其教学方法和教学过程也有不足。比如说,文学史教材中,往往缺少文论和文化批评的内容;教学方法上也亟待改革,要把教师的启发教学、学生的主动积极学习和现代化教学手段相结合。而现实中,教师和学生间缺少沟通成了通病。[8]

此外,有学者也在思考我国历史上成功的外语教学经验。傅宏星的《吴宓评传》对我国著名教育家吴宓先生的教育理念有所分析[9],吕敏宏和刘世生的论文也讨论了我国著名教育家吴宓先生的博雅教育思想[10]。

吴宓在《西洋文学系学程总则》提出了"博雅之士"的培养目标：

本系课程编制的目的为使学生：（甲）成为博雅之士；（乙）了解西洋文明之精神；（丙）熟读西方文学之名著、谙悉西方思想之潮流，因而在国内教授英、德、法各国语言文字及文学，足以胜任愉快；（丁）创造今日之中国文学；（戊）汇通东西方之精神而互为介绍传布。[11]

这个目标中的"博"，要求学生择定一国语言文字、文学做精深的研究，熟读西方文学名著、谙悉西方思想潮流、了解西洋文明精神，是一种文字、文学、文化的会通，是"广博"；"雅"指在"汇通东西、互为传布"的开放环境中创造出一种文化和精神，是一种"高雅"之气。从吴宓先生在20世纪20—40年代在清华外文系任职期间清华外文系的课程设置等来看，当时的清华外文系"语""文"并重，"中""西"兼修，教学上则提倡自主学习和互动研究，为我国培养出了贺麟、杨业治、季羡林等"博雅"之士，成就斐然[12]。

总而言之，从正反两方面的事例可以看出，高校英语专业教育必须要坚持博雅理念，这似乎不存在异议。至于具体该如何践行英语专业教育的博雅理念，可以采取的措施无非是在课程设置和教学方法两个大的方面来做文章。对此，我们表示赞同。但是，在现有的师资力量、教学模块设置不变的条件下，除了对课程设置、教学方法等做出改革以外，一个更为切实可行的办法是，用博雅教育的理念来推动英语专业教材建设。

三、专业英语教材建设如何体现博雅教育理念

现行高校英语专业课程的设置主要包括三大块：专业技能课，如基础英语、听力、口语、阅读、写作、口译、笔译等；专业知识课，指英语语言、文学、文化方面的课程，如英语语言学、英语词汇学、英语语法学、英语文体学、英美文学、英美社会与文化、西方文化等；专业知识课，指与英语专业有关联的其他专业知识，如外交、经贸、法律、管理、新闻、教育、科技、文化、军事等[13]。在现有教师队伍、教学方式以及课程设置都难以作出重大调整的前提下，尽力在这些课程及其相关教材中体现博雅教育的理念，应该是我们在英语专业教育中体现博雅理念的最佳途径。

为此，2011年11月，中山大学语言研究所和中山大学出版社组织了全国20多所高校的教师，在广州召开了一次"高等学校英语专业博雅教育系列教材"编写研讨会。在该会议上，与会老师对于我们提出的用博雅教育理念"改造"英语专业教材的设想给出了很高的评价，认为这项工程具有很大的意义。但是，对于究竟该如何在教材编写过程中践行博雅教育的理念，大家也心存疑虑。

那么，具有博雅教育理念的英语专业教材，应该具有什么样的特色呢？换言之，我们该如何在高校英语专业教材编写上践行博雅教育理念？

首先需要明确的是，体现博雅教育理念的英语专业教材，必须要与现行的课程设置大体相当，在此基础上，再考虑教材的编写、选材上尽力符合"博雅教育"的理念。比较20世纪20—40年代清华大学外文系的课程设置和当今各高校英语专业的课程设置可知，如今我们更侧重专业技能而轻视甚至忽视了逻辑、历史、数学、物理等通识课程，对文学、戏剧等人文专题，也重视不够。针对这样的差异，我们不能削足适履地废弃现有的课程设置，重回到当年清华大学外文系的课程上，而只能尊重现有课程设置，尽力在各英语专业技能课程的选材上下足"博雅"的功夫。

比如说，对于基础英语、听力、口语、阅读、写作、口译、笔译等课程，相应教材的编写都要突出"博雅"理念，也就是在语言学习中融入通识教育和人文教育的内容。从选择课文材料、添加注释、编写语言用例到布置课后研究型学习的练习，编者都要尽力跳出"纯语言技巧"学习的牢笼，转而从各种典籍中寻找到合适的、体现通识教育和人文教育的内容。换言之，我们的教材中应该包含古代"七艺"，当代自然科学、工程科学的成果以及历代优秀文化典籍的内容。这样，语言学习本身就不仅仅是语言问题，整个语言教材就成为了相应科学知识、道德、意识形态等文化内涵的载体。这样的教材，就有助于学生在语言学习中达到"博雅"的目标。

至于说到具体选材的问题，不同课程的教材要有不同的侧重点。比如说，基础英语课程一般都是作为综合英语课程而设置的，其目的在于让学生全面提高英语语言能力。对于这样的教材，除了需要按照语言学习的规律注意课文词汇、语言结构由浅入深的编排以外，更需要根据博雅教育的

书里书外

理念，选择经典名著作课文，力求让学生在诵读甚至背诵的基础上提高文学文化素养。又比如说，对于听力教材，除了选择日常生活中的各种真实语言材料之外，经典影视片段、著名演说甚至一些西方名校的课程，都可以适当编入，并在此基础上指导学生在课后做相关的自主学习。这样的教材，就可以让学生兼顾语言的实用性和文化载体的角色，在学习语言的同时增加对西方文化的了解。再比如说，英语语法教材必须要说明相关语言用法的问题，而博雅理念，就只能体现于相应的语言用例中——要尽可能地用名人名言之类做例句，让学生感受到语言本身的智趣和美感。

其次，我们必须明确，当今社会环境中的"博雅"必须符合当今的时代特征，因此，英语专业教材的编写也应当体现时代性。这种"时代性"主要表现为重今薄古、注重内容上符合学生的现实需要、注重时代传媒科技的进步。所谓"重今薄古"，就是说，教材的选材，既要有古典名著，更要有当代的经典；教材所用语言应当是鲜活的，力求新鲜泼辣，适应当代大学生的语言习惯和兴趣；教材所传达的思想信息，要具有现实意义，符合当前主流价值观。比如说，"西方思想经典"这样的教材，就不仅仅要介绍亚里士多德、培根，还应该介绍维特根斯坦、罗素、爱因斯坦甚至霍金；"美国诗歌"就不仅要介绍朗费罗，还要介绍嚎叫派诗歌甚至是百老汇的音乐剧；"写作"教材就不仅要学习经典名作的"模板"，还要充分考虑到当今电子邮件、微博等媒介工具上语言的特征和习惯，让学生学会在不同的语境中熟练运用不同的文体进行写作；等等。教材要符合学生的现实需要，意思是说，英语语言，不管是口语还是书面语，都是生活中的语言，因此教材要体现这种实用的功能，能够满足学生毕业后生活、工作的需要。此外，教材编写者还需要充分考虑到当今的各种现代传媒对交际行为的影响，发挥学生的主体性学习意识。比如说，编者可以把很多与课文相关的内容留出空白，让学生学习利用网络寻找资料填补有关空白。多媒体内容、网络资源等，可以大大扩展教材本身的容量。

最后，在前面两点的基础上，英语专业教材还需要注意简明性。以往的英语专业教材大多编入了过多的内容，就笔者调查所知，几乎没有一个院校是有足够学时把相应教材内容全部上完的。这样的教材，实际上是一种资源的浪费。因此，新编的英语专业教材应该力求简明。所谓简明，包含两方面的含义：首先，充分考虑各院校的上课实际，一般每个学期上16周，教材应该严格按照教学学时来设计内容；其次，教材内容要力求能够使学生做到"由繁化简"，让学生踏踏实实地"学到"一些东西，而不是使学生陷入繁复而不能胜任的各种材料中。"简明"不是降低要求——比如说，同样是学习莎士比亚的十四行诗，"简明"的意思，就是要尽量让学生在学完之后就能把所选诗歌在读懂的基础上背诵出来。简明的博雅英语专业教材，是以帮助学生最容易地掌握所学材料为宗旨的。

总之，注重博雅教育理念的高校英语专业教材，应该特别强调语言材料作为文化载体的特性，充分展示有关通识教育和人文教育知识。此外，这样的教材应该具有鲜明的时代特征，与时俱进，反映时代的最新科技、人文社科成果。最后，为了更好地加强教育效果，这样的教材应该尽量简明。

四、结语

本文首先在讨论博雅教育理念内涵的基础上，分析了当今高校英语专业教育中存在的问题。当前，有关用博雅教育、通识教育或人文教育的理念来弥补当今英语专业教育中的不足的研究，集中在如何改进课程设置、如何改进课堂教学等方面；而从英语专业教材建设的角度该如何践行博雅教育的理念，相关的研究还很匮缺，本文即为一个初步的尝试。

我们认为，在现有课程设置、教师队伍不变的前提下，用博雅教育的理念来改进英语专业教材的建设大有可为。我们主张在英语专业教材的选材、例句编写、课后练习设置上，都应该加强博雅教育的内容，突出通识教育和人文教育；教材的编写要特别具有时代意识，要把当前时代的学术成果和学生的现实需求结合起来；教材行文上还需注意尽量简明，以最有效地帮助学生理解为目标。我们相信，这样改革后的教材一定能够比较有效地突显博雅教育的理念，培养出时代所需要的博雅人才来。

参考文献：

[1][5][7] 朱红文. 博雅传统视野中人文社会科学的性质和意义

[J]. 思想战线. 2011, 37（1）: 43 - 47.

[2][美] C. P. 斯诺. 两种文化 [M]. 陈可艰, 陈小虎, 译. 上海: 上海科学技术出版社, 2003.

[3][6] 沈文钦. 近代英国博雅教育及其古典渊源——概念史的视角 [D]. 北京大学博士研究生学位论文. 2008.

[4][美] 约翰·亨利·纽曼. 大学的理想（节本）[M]. 徐辉, 顾建新, 何曙荣, 译. 杭州: 浙江教育出版社, 2001.

[8][13] 蒋洪新. 人文教育与高校英语专业建设 [J]. 中国外语. 2010, 7（3）: 10 - 18.

[9] 傅宏星. 吴宓评传 [M]. 武汉: 华中师范大学出版社, 2008.

[10][11][12] 吴敏宏, 刘世生. 会通中西之学, 培育博雅之士——吴宓先生人文主义外语教育思想研究 [J]. 外语教学与研究. 2011, 43（2）: 283 - 290.

从选题策划到项目谋划

——国家出版基金图书项目的过程管理

葛 洪

国家出版基金,是为全面贯彻落实《中共中央、国务院关于深化文化体制改革若干重大问题的决定》,在继国家自然科学基金、国家哲学社会科学基金之后,第三个以国家名义建立的支持、推动和引导全国科学技术、文化事业发展,专门用于资助国家重大优秀出版项目的专项基金。因而,组织、策划并出版具有国家级水平的出版物,赋予其价值重大性、内涵优秀性的文化品格,是国家出版基金图书的根本政策取向和基本价值属性。基于这一认识,我们在 2013 年度国家出版基金图书项目《社会工作实务手册》的策划、申报以及组织、出版等整个流程中,全面引入了国际国内通行的项目过程管理体制和机制,从而确保了项目目标的实现以及项目任务优质高效地完成。

一、从选题策划到项目谋划的出版管理理念

图书乃至于几乎所有文化产品的选题策划和营销策划,都是伴随 20 世纪 90 年代改革开放的日益深化,尤其是中共"十四大"确立由社会主义计划经济国家向具有中国特色的社会主义市场经济国家实现根本转型,以逐步建立健全社会主义市场经济体系之后,以市场为导向而诞生于文化产品生产、传播领域的基本概念;而编辑活动的范式,从传统意义上的"创作型"、"技术型"转向"探究型",是这一范式转变的显著标志。所

谓选题策划，实则是立足于社会的文化需求，尤其是针对作为市场行为两大基本主体之一的文化产品消费者，依据"双效益"，即以社会效益和经济效益原则而开发、生产和传播文化产品的编辑活动，由被动接受创作者的科学技术文化产品，对其进行政治性、理论性或艺术性加以甄别并对其展开技术性加工，在确保其符合政治性并在政治、科学、技术乃至文化等方面具有一定进步性的前提下，使其表现形式、表达方式规范化和标准化的文化产品生产活动，到依据自身对社会需求、市场需求的研究和分析，自主研发并出版传播文化产品的根本性转变。应时之所需，尤其是市场之所需，是选题策划的基本内涵。满足社会需求和市场需求而非预测、谋划乃至引领国家科学、技术，尤其是文化产品的生产和消费，使其在国家的发展与改革过程中发挥战略性、先导性以及基础性作用。因而，滞后于社会需求，而非超前于社会需求，是选题策划区别于项目谋划的本质。

从选题策划转向项目谋划，显然是横亘在职业出版人，尤其是编辑面前的一个巨大跨越。而2013年度国家出版基金图书项目《社会工作实务手册》，从一开始就尝试性地贯彻了从选题策划向项目谋划转变的出版理念。早在2002年"以人为本"被确立为修订宪法的基本精神之后，国民财富的分配正义问题，就已经进入了我的研究视野和选题谋划的基本方向。而中共"十七大"正式将社会公平正义确立为国民财富分配根本原则，尤其是2008年3月我国人均GDP跨越3000美元门槛，实则意味着我国正式拉开了步入"社会病"多发期的序幕。如何调整国民财富分配体制从而为国家的进一步发展和改革，构筑起一张安全网，以化解发展和改革过程中因深度调整既有利益格局而引发的深层次社会矛盾和不稳定、不安全因素，从而使社会治理体系和社会治理能力现代化，以适应进一步深化市场化改革的需求，显然是事关我国未来很长一个时期现代化建设的重大战略性发展和改革领域。面对这一社会治理体系建设严重滞后于经济体制改革，社会治理体制机制与国家政治经济体制严重失衡的局面，我们预测到欧美等发达国家以及香港等发达地区专业化的社会服务，不仅是化解我国未来发展和改革过程中复杂社会矛盾的基本手段，更是转变政府社会管理职能和供给公共服务方式的必然趋势和作为战略性新型产业——高端服务业的有机组成部分。因而，我们主动与刚刚进入深圳开展本土化专业社会工作尝试的香港社会服务研究中心谋划有关专业化的社会工作实务培训教材事宜，并于2009年策划并出版了中国内地第一本关于专业社会工作本土化实务的《先行先试：深圳专业社工闪光点》，初步介绍了专业社会工作本土化的"深圳模式"，同时也开始了具体到各相关领域的专业社会工作本土化培训教材，即此后被确定为2013年度国家出版基金图书项目的《社会工作实务手册》的编撰工作，至2012年4月28日中共中央、国务院批准颁行由民政部牵头，涉及中央18部委的《社会工作专业人才队伍建设的中长期规划》（2010－2020），明确将社会工作专业化，尤其是社会工作人才的专业化，确定为国家社会管理体制现代化、国家社会管理能力现代化的必要基础和前提条件，并明确提出至2020年我国专业社会工作者必须达到145万人的战略任务之际，本项目涵括的6种图书已经初步编撰完成并进入文稿的修改阶段。

从国家发展和改革的大局出发，认真学习、贯彻落实党和政府的发展与改革战略，前瞻性地思考国家发展与改革的方针政策，从相对被动地策划选题，转而向积极主动地谋划国家发展和改革的重大理论和实践议题和出版项目转变，使项目及时因应国家发展和改革的主导趋势和重大诉求，不仅是2013年度国家出版基金图书《社会工作实务手册》项目谋划成功经验，也是本项目成功运用过程导向的项目管理逻辑起点。

二、从结果导向到过程导向的项目流程管理

出版物的重大性和优秀性，不仅指涉其文化价值的重大性、文化内容的先进性，而且也体现为表现形式和表达方式的优质化水平，其中出版物的质量，包括设计、排版、编校以及印制、装订质量等，无疑都是出版物优秀性和优质化的基本内涵；而从结果导向的图书质量管理，转变为图书出版全过程的项目流程管理，无疑是确保项目优秀性和优质化的基本手段。为此，立足于项目价值的重大性，在项目谋划之初，我们即以申报2013年度国家出版基金图书项目为目标，初步确立了突破《图书质量管理规定》所规定的出版流程管理基本框架，将项目过程管理幅度前移至项目谋划、书稿编撰和修改过程等图书出版乃至传播的全流程，从结果导向

书里书外

到过程导向的项目流程管理,不仅确保了出版物价值的重大性,而且也是出版物优秀化、优质化的基本保障。

为使本项目全面贯彻和落实党和国家的发展改革精神,顺乎社会治理体系建构和完善的总体趋势,在项目谋划之初,我们就多次组织参与书稿编撰的香港资深社工督导,深入学习和体会国家发展和改革的基本国情民意和政策方针以及"以人为本"的宪法精神和中共"十四大"以来所确立的建立健全社会主义市场经济体制的战略思想,尤其是中共"十六届六中全会"《关于构建社会主义和谐社会若干重大问题的决议》,在使来自香港的编撰者,明确社会治理体制和社会治理能力现代化,尤其是促使政府转变社会管理职能和公共服务供给方式问题重要性和本项目价值的重大性,从而极大地增强其对项目图书编撰工作的神圣感和使命感,从根本上为本项目图书的优秀性和优质化,奠定了内涵基础。

在本项目图书初步编撰完成之后,考虑到香港作者汉语普通话表达与中国内地的差异化问题,尤其是专业术语表达的不一致问题,我们立即组织粤港两地在校的社会工作专业研究生,集体对书稿进行了一轮联合修改,在确保内容不失真的前提下,全面解决了两地专业术语、语言文字的差异化问题。在改稿人员的选择方面,我们尽可能地选用既懂粤语、又有较好汉语普通话表达能力的在校社会工作专业的优秀研究生,从而进一步提升了书稿的专业水平和语言文字水平。

为确保图书的优质化,在本项目图书被确定为2013年度国家出版基金资助项目之后,我们组成了由社长为项目领导小组组长,总编辑为总协调人,项目负责人具体负责,抽调最有经验的文字编辑、校对人员、美术编辑、技术编辑、质检人员,组成项目工作组,集体研讨版式设计、封面设计、印制方案,并交互式开展编辑、审读和校对工作,以此为前提,又在条例规定的"三审三校一读"基础上,增加一个校次,此项工作选派最资深的校对人员完成。然后再由责任编辑和质检员通读蓝样,完成印前检查。随后,责任编辑会同技术编辑,亲往工厂监管印制、装订和包装过程,抽检印制质量,从而保障了本项目图书的优质化。对本项目全部图书的质量检查结果表明,图书整体差错率为0.22/万,总体评估为优秀品,其中有两种图书近乎0差错。

三、从营销策划向成果分享的推广传播谋划

尽管理论型的社会工作教育，早在 20 世纪 90 年代初期就已经成为高等院校的一个专业，但中国内地各高校社会工作教育向实务领域的根本转变，却是 2012 年之后的事情。而本项目的谋划，更是发端于中共中央、国务院批准发布《社会工作专业人才队伍建设的中长期规划》（2010－2020）之前。既没有政策依据，又没有相关教育机构承接，政府的相关管理机构，包括民政部社会工作司，省（市）级民政厅（局）尚处在筹备或设立过程中，如何宣传、推广和传播，使其产生应然的社会影响和效益，显然是项目谋划最为重要的环节之一。

为达到宣传、推广和传播，扩大本项目的社会影响，我们在项目谋划之初就请求中央人民政府驻香港特别行政区联络办公室社会工作部与国家民政部、广东省民政厅相关领导及机构联络和协商，使项目得到了中央及地方政府主管部门及包括中国社会工作协会、广东省社会工作师联合会、深圳市社会工作者协会等相关专业机构的支持。时任国家民政部分管社会工作的副部长（现任国家民政部部长）李立国同志，于 2009 年即为我们先期出版的《先行先试：深圳专业社会工作闪光点》撰写序言；而国家民政部时任分管社会工作的副部长罗平飞同志，更专门为本项目图书撰写了序言，为本项目图书的宣传推广和传播，奠定了政策性基础。本项目图书正式出版前夕，我们更在广东省民政厅社会工作处的支持和协调下，会同香港社会服务发展研究中心、广东省社会工作者联合会，共同谋划并于 2013 年 6 月 28 日成功举办了"《社会工作实务手册》新书发布和分享会"，广东省民政厅社会工作处处长李进民同志、中山大学党委宣传部部长丘国新同志到会致辞。会上特邀著名社会学学者、中山大学社会学与人类学学院院长蔡禾教授，著名社会工作专家、香港大学梁祖彬教授就专业社会工作的现状及发展问题发表了专题演讲；而来自香港，参与本项目图书撰写的资深社工督导团队以及本土的优秀社工，分别就本项目图书所涉及的正向心理学、社区、医学、家庭、学校和禁毒等专业社会工作领域的实务工作，对本项目图书发表了导读性质的宣讲，从而使本项目图书受到

了来自珠江三角洲地区约40家优秀的专业社会工作机构代表、各地级市政府主管社会工作机构代表、专业协会代表的一致认同和好评。来自中央和广东省的7家平面、影视和网络媒体的记者，对这一分享会进行了报道。

为体现国家出版基金图书项目的公益性，同时也为了扩大本项目图书的社会影响，我们还谋划并开展了一些图书捐赠活动。比如向广东省民政厅捐赠本项目图书200套，价值5.2万元，用于扶持粤东、粤西、粤北11个非经济发达的地级市的专业社会工作发展；还分别向民政部社会工作司、中国社会工作协会、中国社会工作教育专业委员会捐赠了一批本项目图书。目前，我们正在与广东省负责援建的政府机构洽谈，准备向新疆、西藏等边疆少数民族地区捐赠一批本项目图书，以扶持这些地区的专业社会工作发展，为边疆少数民族地区的稳定发展尽一点绵薄之力。

四、从粗放到精细的项目经费管理

项目经费管理，是国家出版基金项目管理的重要组成部分，这一过程，同样开始于项目谋划之初，并贯穿于项目实施的全过程。在申报并获得国家出版基金资助之前，本项目已经谋划和运作了两年多，到立项之际，本项目图书书稿的编撰工作基本完成，书稿的修改也已接近尾声，而且已经进入设计编排及编审校等出版流程。因而，进入出版流程之前的所有项目经费，都是我们自筹解决的，这其中包括了广东省委宣传部专项资助的5万元。在获得国家出版基金资助的26万元经费之后，我们立即就项目经费管理问题展开专题讨论，并在确定将原定32开本双色套印，改为16开四色印制，从而进一步提升出版物档次，使其更加优质化的前提下，组建了专门的项目经费领导小组，并严格依据《国家出版基金经费管理条例》和立项通知书上的规定，依据严守条例、严格程序、务实优质的原则，制定了项目经费管理细则，并迅速组建项目经费管理小组对项目经费实施专项管理，专款专用，确保了将项目经费的每一分钱都用在了实处。

五、结　语

立足于价值的重大性和优秀性，实现从选题策划到项目谋划的根本转变，对项目实施全流程谋划和全流程管理，坚持前瞻、务实、勤俭、优质原则，无疑是我们确保2013年度国家出版基金图书项目《社会工作实务手册》成功运作的基本管理经验和心得体会。

书里书外

怎样做好编辑工作

张礼凤*

2014年2月份,收到刘学谦编辑的信息,说为了庆祝中山大学出版社成立30周年社庆,出版社准备出版一部文集,希望现在的或曾经在出版社工作过的同仁,把从事出版工作的心得、感想或体会写出来,既是对自己工作的一次总结,也可给后来者提供一些有益的指导或与他们分享其经验成果。作为在中山大学出版社工作多年的出版人,我责无旁贷,当时便应允了她的邀约。可几个月匆匆就过去了,提起笔,一时竟不知从何写起,思来想去,觉得还是谈谈怎样做好编辑工作这个话题吧。

个人认为,要做好编辑工作,主要应该做到以下几点:

首先,要敬业。凡在某一行业取得成绩的人,一定是爱这个行业的人。编辑这行也是如此。要做好编辑工作,必须热爱这个职业。只有对编辑工作执著,对编辑事业热爱、全身心地投入,才能在你遇到困难时坚持下去。因为编辑这个行业有它的特殊性,从策划、组稿、审稿、封面设计乃至营销方案和市场推广,常常是一个人在战斗,其中的酸甜苦辣只有自己知道。成功了,大家欢欣鼓舞;失败了,只有甘苦自知。因此,如果没有一点敬业精神,没有对编辑工作的热爱,很难在这行坚持下来,更难做出成绩。

其次,要练坐功。编辑工作是个细活,只有静下心来,才能集中、专注于书稿的审读,才能积极运用你所掌握的知识润色语言文字,有的放矢地将手中的书稿做成你所希望的图书。可以说,见异思迁、心猿意马是编

---

* 作者曾为中山大学出版社编辑。

辑工作的大忌。因此，一旦你选择了编辑这个行业，就要做好思想准备，付出努力，练好坐功。

再次，要博学。作为编辑，能成为某一学术领域的专家当然最好，但编辑首先应该是出版领域的专家，即编辑必须具有广博的知识，成为通才。这就要求编辑平时要多读书，既要读自己感兴趣的书，又要读自己没兴趣甚至讨厌但必须读的书；多与本专业的专家学者们交往，如经常参加本专业的学术会议、研讨会等，及时了解本专业的最新动态。在读书以及与专家学者们的交往中，不断增加自己的知识量，扩充新的信息，进而培养起自己对编辑职业的敏感度。另外，编辑也要勤查词典，再博学的编辑也有不懂的问题，也有未涉及的领域，碰到自己不能肯定的问题，编辑要善于、勤于查词典，这样才能使自己编辑的图书不犯或少犯错误，从而确保自己编辑的图书成为优质图书，真正成为人们的精神食粮。

又次，要慎加工。编辑在审读加工书稿时，既要对书稿中存在的问题提出自己的修改意见，润色书稿中的语言表达，更正书稿中的错误；又不能按自己的理解，大刀阔斧地改动书稿，改变作者原有的结构、语言风格。编辑应该把握好加工的度，在保留作者原有结构和语言风格的前提下，能不改的尽量不改，必须改的才改动。涉及结构调整的，或者改动大的，要与作者协商，征得作者的同意。

最后，要和作者做朋友。编辑要把自己的作者当作朋友，像朋友一样真心诚意地对待作者，即心诚。这主要体现在以下方面：及时审读作者的书稿，对达到出版要求的图书要及时以电话、邮件等方式告知作者，及时按图书出版合同高质量出版图书，及时支付作者的稿费，及时将作者的样书送给作者，平时多打电话或用邮件联系作者，及时了解作者的需求，等等。所有这些，也是对作者应有权益的尊重和保护。我想，只要出版社和编辑做好了这些，作者也会真心诚意地对待出版社和编辑，把编辑看作朋友。为报知遇之恩，作者以后的书稿自然愿意交给这样的编辑，也乐意长期和出版社合作下去，甚至多写几部优秀的书稿。可是在现实中，有些编辑将这些看作"小事"，如审读作者的书稿时拖拖拉拉，心情好时就看点，不想看时就不看，导致图书无法按合同约定的时间及时出版，编辑与作者关系紧张；或者图书出版后，迟迟不支付稿费给作者，搞得作者很不高

书里书外

兴；或者迟迟才将作者的样书送去，使作者完全失去了很快见到图书出版时的那种喜悦和先睹为快的惬意。所有这些，都是编辑工作中的大忌。

　　作为编辑，我想，能做到以上几点，一定是个优秀的编辑，一定会敏感地发现既有经济效益又有社会效益的图书，也一定能做出精品图书，那他的图书将来获奖也是必然的了。

畅销书与产品创新

熊锡源

2001年9月,《淘金式巧攻大学词汇·4级分册》刚上市的时候,市场对它究竟会有什么反应,我们心里并没有底,就像是厨师端出了精心制作的菜肴等待食客的评判一样。幸好发货一个月后,不论是主渠道还是二渠道,要求添货的电话纷纷打来,我和合作伙伴们才放下了心中的包袱,大喜过望之际,也开始策划该书的姊妹篇。后来,《淘金式巧攻大学英语词汇·6级分册》《淘金式巧攻考研英语词汇》等书就陆续问世了。这些被称为"淘金系列"的图书构成了大学英语教辅类图书的一个重要品牌,十多年来成为在校大学生口口相传的经典,长销不衰。该系列的《淘金式大学英语双频词汇·4级分册》于2005年获得2003—2004年度中南地区大学出版社优秀畅销书奖。到2014年,《淘金式巧攻大学词汇·4级分册》已经重印达50多次,总印数超过50万册。

回想这套书的策划、编辑过程,我们可以从市场图书如何才能畅销的角度给出一点思考,那就是,想要做好市场畅销书,究竟需要考虑哪些因素呢?或者换种说法,图书的市场意识究竟包含哪些要素?

简单地说,一本图书若要畅销,策划制作者必须要考虑以下几个方面的因素:创新的产品、精心经营的品牌、精确定位的市场以及体贴周到的服务意识。

本文将从《淘金式巧攻大学词汇》的策划、组稿说起,讨论畅销书产品的内容创新问题。简单地说,图书产品的创新,要依赖对市场的分析,要有自己独特的理念或创意,要尽力吸收他人之长,还要尽量利用新的技术为读者提供最好的价值。

书里书外

一、市场格局分析

在策划"淘金"系列词汇书的时候,我们对当时市场上的各种英语词汇书做了一些调查。当时市场上卖得比较好的英语词汇书主要有以下几种:刘毅的词根词缀法记忆单词系列、新东方的词汇书以及星火公司生产的词汇系列。这些词汇书为什么能够畅销?它们各自有什么特点?新做的词汇书,如何才能在这样"三足鼎立"的格局中找到突破口?这是策划新的英语词汇书必须要研究的问题。

研究发现,这三种畅销书有一些共性,不过,这样的"共性"似乎对新产品的开发不能提供什么参考价值:它们都按照字母顺序排列单词(词汇书嘛,不就是把单词按字母顺序排列吗?);除了一些有新的义项的词汇(所谓"熟词生义")以外,很多都剔除了中学阶段需要掌握的单词。

我们更关注的是这三种词汇书各自的特色。他们之间最重要的差别是编写理念上的。刘毅的词汇书以词根、词缀为纽带,把各层次的英语单词结合起来,在一定程度上帮助学生认识单词、记忆单词,这对一些在单词记忆的泥沼里挣扎的学子来说,有一定的吸引力。新东方词汇书,讲究"简洁"。在它的词汇书里,往往就只给出单词、音标和义项,偶尔提及"记忆法"。星火的词汇书,则强调"全",主要是词义和用法上的"全"。一个词条可能就占据三四页的篇幅,读完相关词义、用法说明、记忆法或"口诀",正常情况下就已经能够让该词条在读者眼前出现十几次、几十次,也就自然而然能够记下该单词了。三种受欢迎的图书,体现的是三种不同的单词学习理念,因而各有自己的"粉丝"。

与编写理念相关,这三种词汇书针对的读者对象也各有不同。刘毅的词汇书以词根词缀来分析单词的内在结构,对于记忆包含很多拉丁词根的长单词来说很有用。因此,对"高端"读者,比如说英语专业高年级学生、学习理工科的研究生等而言,它们很有市场。新东方的词汇书,针对其培训对象,与其培训教材以及学生学习的明确目的有关系。比如说,出国留学的学生要参加什么考试,相关考试会用到什么词汇,新东方就直接编写这样的词汇。星火以记忆口诀和讲解词汇用法为特色,针对的是普通大学生。

针对这样的词汇书市场格局,我们如果也想进来分一杯羹,该如何着手?我们的词汇书要有什么样的创新?

为此,我们又深入大学生群体,试图确切了解学生的英语词汇学习过程。在翻阅学生购买的英语词汇书的时候,我们发现,除了一些优秀学生,对大多数学生来说,他们购买的词汇书都是没有读完的!他们开始买书的时候,可能会满心期望,雄心勃勃,结果,厚厚的词汇书买到手,一般人却只读到书本的三分之一而已!能够把整本书都背完的,寥寥可数!

各家词汇书的编写理念都有自己的道理,也都有其卖点,然而,面对这样的读者现实,实际上,他们各自的编写理念都有些落空。

既然新的词汇书不能改变读者"读一半"或者"读三分之一"的现实,那么,我们可以利用这样的现实啊!

创新就在不经意间产生了。

"既然大多数学生在参加考试前只能读完一本词汇书的1/3~2/3,那么,词汇书的编排,就应该把考试中最需要掌握的单词放在前面,把次常用的单词和不常用的单词排列在后面。"

"问题的关键,就在于找出考试大纲规定的词汇中,哪些是最常用的,哪些是次常用的,哪些是不常用的。"

突破口找到了。下一步,就是用一定的技术手段,实现新产品的突破!

二、分频优选,沙里淘金

做英语词汇书,第一步是要根据编写目的确定收录多少词汇、收录哪些词汇;第二步是确定按什么顺序编写这些词。这是英语词汇书策划阶段需要考虑的两个基本问题。

首先,收哪些词?

为了回答"收哪些词"的问题,我们只能依据全国大学英语四、六级考试委员会制定的大学英语四、六级考试大纲和教学要求("教学要求"列出了相应的词汇表),依据历年来的考试真题。

书里书外

　　大学英语四级的教学要求是，考生掌握的词汇量应达到4500个单词和700个词组；相应的，六级的教学要求是5500个单词和1200个词组。这两个词汇表都包含了中学阶段要求掌握的3500个单词。换句话说，如果中学阶段英语学习基本功扎实的话，备考大学英语四级只需要额外再学习1000个单词，六级是2000个单词。大学阶段的学习要求中超出中学阶段的这些单词，就是我们这本词汇书的主要条目。

　　另外，我们还必须把历年来所有的四、六级考试试卷看作一个词汇的数据库样本，看这些试卷中出现的词汇都有哪些。可以想见，在历次四、六级考试中，最活跃的词汇依然是中学阶段学过的"基础词"，如像a, the, for, that, it之类的功能词以及普通词汇。剔除掉"基础词"，在中学阶段都必须掌握的3500个词汇中，还有大约500个词是处于学生掌握"临界范围"的，这些词必须要加强学习。

　　此外，历年试题中还出现了一些超出考试大纲要求以及教学要求的词汇，这些词汇（超纲词）大多是学生们进一步学习英语所必须掌握的，也有收录的必要。

　　因此，《淘金式巧攻大学英语词汇》包含了如下词条：中学阶段需要掌握的500词、四、六级考试大纲中相对于中学阶段而言新增的单词，历年考题中出现的"超纲词"。这样，《淘金式巧攻大学英语词汇·4级分册》和《淘金式巧攻大学英语词汇·6级分册》就分别收词约2000个和2500个。

　　其次，如何编制词序，从而使没能读完整本词汇书的同学也能够从容应考？

　　既然相当一部分学生不能在应考前背完整本词汇书，那么，如何让他们"先记最有用的单词"呢？这就需要我们统计各词条单词在历次考试中出现的频率。"最有用的单词"就是在历次考试中出现次数最多的单词！

　　词汇学中，有一个分支专门研究词语的频率。以汉语为例，世上总共有多少个汉字，恐怕没有人说得清。《现代汉语词典》"收各类单字13000多个"，收词条69000余条。而《扫除文盲工作条例》认定的"脱盲"标准是"农民识一千五百个汉字，企业和事业单位职工、城镇居民识二千个汉字"，就"能够看懂浅显通俗的报刊、文章，能够记简单的账目，能够书写简单的应用文"了。所以，教小孩认字不是从字典的第一页开始一个字一个字地往后认，而是把"最常用"的字先认，次常用的字后认。哪些字常用，哪些字不常用，依据的是数据库样本中该字的出现频率。

我们要编写词汇学习书，要让学生"优先学习、记忆最需要记忆的单词"，也同样需要遵循"高频率词优先学习"的原则。这样，我们就可以在单词排列上打破字母顺序排列的常规，把要收录的所有单词按照"重要程度"做出区分，让学生优先学习最重要的词汇。即使他们时间不够、来不及看完全书，也能够上场应考！

区分"常用词"、"次常用词"和"领会式掌握词"的办法是，把历年来所有的大学英语四级考试和六级考试的试题全都收集起来，用计算机软件统计这些词汇在考试中出现的频率，并对照一些专门的英语词频表做出微调。（因为我们的统计样本是历年大学英语四、六级考试真题——后来统计的样本还扩展到考研英语真题、专业英语考试试题等，因此，我们得到的"词频"与普通英语词频统计表常有差异。）

以"4级分册"为例，我们就把需要收录的单词分为"四级考试中的高频词汇"、"六级考试中的四级高频词汇"以及"次常用词汇"和"领会式掌握词汇"。我们把这种从大量语言资料库中搜索词频的过程称为"沙里淘金"。

在得到相关单词的词频后，我们按照词频高低顺序排列它们，并按照大约每课30～35个词语的幅度，把全书分成60课。这样的单词排列，就与当时市面上所有其他词汇书都不同，打破了按字母顺序排序做单词书的惯例，是一种单词学习方法上的创新。

三、融会贯通，推陈出新

确定需要收哪些词、确定好怎样编排这些词，这仅仅是这本词汇书策划过程的一个前提条件。如何根据大学生的心理特征，使他们乐意使用这本词汇书学习，这才是策划编辑过程中的核心问题。

为此，我们以前期的市场调研为基础，决定做一本融合市场上各家词汇书优点的新书，并在我们的书中，突出"经典用例"的作用，使整本书

书里书外

的语言变得适合学生口味,充满新鲜活力!

从内容上看,这本词汇书的每个词条,都体现了我们的编写理念:融会贯通,推陈出新;经典词例,增长见闻。

首先,本书融合了前面提到的几种市场畅销书的特点。本书各词条,首重"简洁",释义简明,例证最多三条,"短语搭配"和"惯用表达"不做阐述。这样兼顾了词汇用法的学习和简单易记的要求。至于"记忆法",则成为本书出版以后编写"姊妹篇"所重点解决的问题;作为本系列初始阶段的第一批产品,仅仅主推"分频记忆"这一理念。

其次,本书特别强调例句的知识性,强调例句内容与学生感兴趣的热点问题的切合。比如以下例句:

"有些地方每年端午节过后都会将龙舟沉到河下面。"(beneath 条)

"有的国家可能被打败,但绝不能被征服。"(defeat 条)

"奔腾 IV 处理器在英国现标价约为 800 英镑。"(price 条)

"棕榈树的树干是中空的。"(hollow 条)

这样的例句,点点滴滴都是百科知识,是充满正能量的"心灵鸡汤",是对学生感兴趣的明星的言行点评,或是来自中外名作名言。这样的句子对大学生来说,本身就具有很强的吸引力,很多读者来信都对书中的例句赞不绝口。

四、统筹兼顾,精益求精

在确定了本书的词条、编写顺序、编写内容后,为了最好地把本书的学习理念传达出来,我们还在图书的附文、版式、装帧设计等方面付出大量心血,集思广益,多轮讨论,力求做到完美。

首先是附文。"前言"详细而简明地列举了本书的主要特色;本书是本词汇书,为了凸显"词汇记忆"书的特点,强调记忆与重复,每课之后配以历年考题形式的词汇练习;在书的末尾,还附有"词汇索引"方便读者查阅单词。

其次是版式。48开本,有口袋书的性质,便于学生随身携带。双色印刷,红黑两色,红色突出显示词条内容(辅以随书附赠的塑料红膜,可以用作自测的工具)。每个词条都有显著的图标,用灰色底块突出显示释义的内容,不同字体区分不同的功能,编排活泼。

最后是装帧设计。封面的设计别出心裁,用一只青蛙举杠铃的形象,突出"四两拨千斤"的寓意;形象很突兀,却很显目,非常能够抓住眼球,在市场上有很高的区分度。(后来,随着这一系列图书影响力的提升,该青蛙的形象也卡通化,更迎合新一代大学生的心理。)

五、结语

如何做出有创意的文化产品?如何使自己做出来的产品能够受到市场的欢迎?对这样的问题,每一个编辑出版人可能都在思考着,每个人都在给出自己的答案。

"淘金式巧攻大学英语"系列问世十多年来一直畅销不衰。回首总结当初策划这套书的"初心",依然很有感触。分析市场,了解市场,这不是一句空话;了解读者需求,为读者量身打造产品,也不是一句空话。然而,具体地操作起来,我们得到的是一个个或成功或失败的个案。

但愿这样的个案能给我们更多的启迪,为我们做出更优秀的文化产品提供能量。

下篇

书外：读书人的回眸

评《中国文化概论》*

方克立　曹耀明

"近几年席卷全国的文化讨论热潮，激动了无数年轻的心灵，引发了不少异彩纷呈的议论。轰轰烈烈，沸沸扬扬，大凡有点文化的人，都在谈论文化！都要谈论文化！都可谈论文化！可谓充分体现了文化的'民族性'和社会性。"——这是李宗桂同志在《中国文化概论》一书中对近年来在全国范围内热烈开展的文化讨论的一段生动的描述。持续数年的"文化热"，近来虽然有些"降温"，但是并没有也不会真正"冷"下来。因为，随着经济、政治体制改革的深入，必然日益深刻地触及人们灵魂深处的文化心理结构问题，文化观念的冲突和变革，势不可免。它不仅引发了学者们持久的研究兴趣，而且受到全社会广泛的关注。

大家都在谈论文化，并不等于说所有的人都有明确的文化概念，都能正确回答什么是文化，什么是中国传统文化，它的基本特质是什么，应该怎样认识和解决传统文化和现代化的关系等问题。概念混乱不清的问题，在文化讨论中已经明显地表现出来了。

至于认识、观点的歧异，本来是正常现象，但却给关心文化而又不十分入门的人一种眼花缭乱、无所适从之感。因此，现在很需要有一本书，能够对文化讨论中的各派观点，以及它们所涉及到的文化学理论问题，中国文化的基本特质、主体内容、发展流变、未来前景等问题，作一概括性

---

* 本文曾发表于《哲学研究》1989年第1期，作者为南开大学哲学系教授。

《中国文化概论》作者李宗桂，责任编辑谭广洪，1988年出版。获1988年度中国图书奖和第三届全国优秀图书奖；1989年获1987—1988年粤版优秀图书编辑奖；1992年获国家教委第二届优秀教材奖中青年奖。

的介绍和评述，为关心文化讨论的人们提供一个入门的向导。李宗桂同志的《中国文化概论》在此时应运而生，必然受到广大读者的欢迎；特别是它本来就是教学相长、集思广益的产物，已在课堂上引起青年学子的强烈共鸣，它的出版将产生的社会效果就是不难预料的了。

什么是文化？什么是中国传统文化？历来中外学者就有不同的理解和界说。有人认为，文化是人类所创造的物质文明和精神文明的总和，它有物质的、制度的、心理的诸层面。传统文化不仅表现在各种程式化了的理论形态方面，而且广泛地表现在人们的风俗习惯、生活方式、心理特征、审美情趣、价值观念等非理论形态方面。作者本人倾向于从观念形态的角度来界定"文化"，不同意把它的内涵讲得过于宽泛。他所理解的中国传统文化，是指中国古代思想家所提炼出的理论化和非理论化的、并转而影响整个社会的、具有稳定结构的共同精神、心理状态、思维方式和价值取向等精神成果的总和。正是根据对文化和中国传统文化概念的这种理解，作者精心地安排了全书的内容结构："上篇"除了概述中国文化的流变和分期之外，着重具体分析了中国文明发展的特殊道路和作为它的深刻背景的中国封建社会经济结构和政治结构的基本特征；"中篇"展开了对中国传统文化的主体内容——儒、道、墨、法、佛教各家思想的"史"的阐述和"论"的解析，并对中国民族心理、社会习俗、知识分子人格模式产生了重要影响的尊先王、重传统的观念，科举取士的制度等等都作了细致的分析；"下篇"则在分门别类考查的基础上，从总体上对中国传统文化的结构、核心、类型、特点和基本精神，作一批判的审视，最后落脚到对传统文化和现代化关系问题的理性回答。不难看出，这一结构体系中蕴涵了十分丰富的理论观点和知识内容，不同文化层次的读者都可以从中获得许多教益。

若仅从书名来看，《中国文化概论》作为一部高校的通识性教材，似乎还不太像一部严格意义的学术专著。但如果考虑到40年来国内还没有出版过一本同类的教材和专著，那么，作者开创的辛劳和探索的收获就比较容易被人们理解和重视了。作者在研究文化学理论和中国文化问题的过程中，有不少独到的心得和体会，都贯注进了本书的内容之中。因此，这本书不是一般的教材，而兼有学术专著的性质。例如，作者在将"文化"

这一概念界定在观念形态的范围之后,具体探索了它在中国思想史上的源头,认为《周易》"贲"卦《象传》讲的"观乎人文,以化成天下",已经具有从观念形态谈文化的意味。中国传统"以文教化"、"以文化辑和于内"的思想,虽然和西方近代所说的"文化"概念涵义不尽相同,但是却有着非常久远的历史渊源。又如,作者在列举了当前关于中国传统理想人格讨论的五种观点之后,提出了与众说皆不同的个人独立见解,即认为中国传统理想人格是"君子"。这种君子人格是由传统文化主体内容的儒、道、墨、法、佛诸家人生哲学相互碰撞、相互渗透而熔铸出来的,其中又以儒家圣贤理想人格为根基。其主要内容有:深沉的历史责任感,自强不息,关心他人,讲求道义,注意整体利益,强调个体价值,等等,这实际上就是汉民族的理想人格。作者的这一体认,当然也是以先前的思想资料为立论基础的。

《中国文化概论》用了一半篇幅来概述中国传统文化中各重要流派及其代表性人物的哲学、政治、伦理思想,而这些内容在一般中国哲学史、中国政治思想史、中国伦理学说史教科书中是讲得相当详细的。

怎样从文化的视角,即从它所表现出来的精神风貌、心理状态、思维方式和价值取向,能够反映出一定时代本民族的理论思维水平的角度,准确地抓住每一种学说的思想精义和本质特征,以及它在中国传统文化心理结构中的特定地位,并不是一件容易的事情。

重复上述教科书的内容或者在其中挑挑拣拣,都不能把握文化精神的精华。李宗桂同志严格按照他给传统文化所下的定义,在这方面进行了大胆的探索。譬如,在讨论儒家时,他着重分析了孔子的"仁学"、孟子的"性善论"和荀子"隆礼重法"的思想,认为它们共同表现了人情化的伦理亲情的特点和对主体道德完善的追求的倾向。儒家学说经过长期的社会选择,以及与其他学说的相互斗争和融合,最后终于凝聚为民族精神的主体内容,对我们民族的理想人格、思维方式、价值取向等均产生了极为深远的影响。又如对道家的论述,他在揭示了道家代表人物的精神风貌和概述了道家思想在各个时期的发展流变之后,特辟一节专门探讨了"儒道互补"的内在原因,从阳刚和阴柔、进取和退守、庙堂和山林、群体和个体、恒常和变动、肯定和否定的互补即相反相成,肯定道家思想也有其特

定的精神价值。它在伦理哲学的理想境界和人生态度方面，填补了儒家思想留下的空缺；它提供了一种抗拒逆境的精神力量和消融精神苦闷的途径，从而抑制了宗教因素在中国固有文化中的滋长；它使中国文化具有很强的涵容、理解和消化外来文化的能力，等等。这些论述都是富有启发性的，对于把握中国文化的精神特质有重要意义，它使本书具有不同于一般中国哲学史、思想史教科书的特有的魅力。

"一切历史都是现代史。"——作者在书中最后一章引用了克罗齐的这句话。意在指出，前面所论述的中国文化的各个方面，并不是已经没有生命的、供人赏玩的古董，而是至今仍深刻影响着我们国家民族发展的精神因素，它在今天的现代化建设中仍然起着适应、促进和冲突、阻碍的两重性巨大作用。作者回顾了"五四"以来关于东西文化、传统文化和现代化关系的各派观点，指出了近年来出现的"文化断层论"和"儒学复兴说"的不切实际和思想谬误，特别是对产生于20世纪20年代、至今仍有相当势力和影响的现代新儒学思潮，作了比较详细的分析和介绍。作者肯定现代新儒家在如何使传统中国走向现代化、中国文化怎样和西方文化结合这两个基本点上，既不因袭传统，又不全盘否定传统，力图保持民族文化的积极精神，树立自尊自守的独立人格，自信自强的主体意识，有不少值得借鉴的地方。同时又指出他们鼓吹的"儒学复兴"说与当代中国发展的趋势是相悖的，把这种理论作为中国未来思想文化发展方向的蓝图，存在着诸多问题：第一，把内涵丰富的中国文化简单地归结为儒家文化，是一种"以偏概全"的做法；第二，过分强调文化因素在社会发展中的作用，仍局限于传统文化"借思想文化以解决问题"的旧框架，是传统的"重道轻器"思维方式的重现；第三，贬低甚至否定了"五四"新文化运动批判封建主义的正确方向和启蒙意义，忽视了儒家思想对中国社会发展的消极影响的一面。所以，"儒学复兴"说不符合当代中国社会的实际，因而是行不通的。这种基于当前研究成果和客观冷静分析之上所得出的结论，是比较具有说服力的。

本书的一个突出优点，就是它的作者以一个青年学者特有的敏感和明快，善于及时捕捉文化讨论中的各种最新信息和资料，把它们充实到自己的论著中去，使之具有强烈的现实感和较大的可读性。书中论述的每一个题目,几乎都是文化讨论中的热门话题。

作者尽量将过去和当前学术界流行的各种观点汇集起来,扼要地介绍给读者,包括港台和海外学者关于中国传统文化的论述。如在"中国传统文化结构诸说"一节中,就介绍了八种流行的观点,充分展现了当前学术界对这个问题的研究现状和水平。由于它是成书于文化讨论开始数年后的今天,作者的介绍比较全面,对一些问题的探讨已经摆脱了文化讨论早期曾经出现过的简单化倾向,这无疑对广大青年学习、研究中国传统文化问题是非常有益的。当然,本书除了介绍各种观点之外,作者也博取众长,断以己意,在前人研究成果的基础上,提出了自己对中国文化诸问题的系统看法,在这个意义上也可以说本书是在文化讨论中交出的一份总结性的答卷。中山大学出版社适时地出版了这本书,表现了编者敏锐的眼光,也为文化研究的繁荣做了一件有意义的工作。至于这本书它应该得多少分,评阅人是广大的读者,我们期待着社会对它的评判。我们相信,文化问题的研究还会深入下去。李宗桂同志的《中国文化概论》仅是一种努力和尝试,今后必将有更多新的答卷和研究成果不断问世。

文化研究的综合性成果*

——李宗桂著《中国文化概论》评介

冯达文

李宗桂同志取得硕士学位后的两三年间，在认真讲授《中国哲学史（唐以前部分）》和《中国文化概论》的基础上，笔耕不辍，很快写出30多万字的《中国文化概论》（以下简称《概论》）一书（中山大学出版社出版）。他在教学和研究上的这种奋力精神实在令人赞叹！

《概论》分为上、中、下三篇。全书显示出从纵横各个方面、层面把握中国文化的宏大气派。上篇着重探讨中国文化的一般发展过程、特殊道路和社会经济政治背景。在对中国文化发展阶段的裁定上，作者把殷周时期称为"孕育期"，春秋战国时期称为"雏型期"，秦汉时期称为"定型期"，宋明时期称为"强化期"，从清代到"五四"时期称为"转型期"。这样的阶段划分与特征的概括，除对隋唐时期有所忽略外，无疑大体上是恰当的。中篇是对中国文化建构与发展具有重大意义的儒、道、墨、法、佛等各家各派思想及其文物化、制度化的微观分析。作者在剖析中既展现了这些派别的基本精神风貌与演变特点，又把这些风貌在人格上的表征作了刻画和比较。他认为，儒家的理想人格是"圣贤"，道家的理想人格是"隐士"，墨家的理想人格是"义侠"，法家的理想人格是"一种向外追求、注重实际""积极入世，奋勇进取，以统一天下为己任"的"英雄"，佛家的理想人格是超尘绝俗、泯灭七情六欲的"超人"，等等。作者这里

---

* 本文曾发表于《中山大学学报》1989年第1期，作者为中山大学哲学系教授。

对各家各派的理想人格所作的这样一种概括与刻画,尽管不一定为人人所认同,但是,理想人格作为"能表现一定学说、团体以至社会系统的社会政治伦理观念的理想的、具有一致性和连续的、典范的行为倾向和模式"(《概论》第101页,以下凡引注该书,只注页码),无疑能够帮助我们概括而形象地领悟一种学说、一种文化思想的基本精神。下篇是对中国文化的整体、宏观上的概括和把握,涉及中国传统文化的结构和核心、传统理想人格、价值取向和社会心理、传统的思维方式、传统文化的类型与特点、传统文化的基本精神和传统文化与现代化的关系等近几年来国内外学者极其关注的问题。作者一方面详细介绍了学者们各自不同的观点或主张,另一方面又阐发了自己独立的见解。这对我们弄清中国文化的特质与价值,很有启迪意义。

"什么是文化?"历来众说纷纭。依文化学奠基者泰罗的说法:"文化是一个复杂的总体,包括知识、艺术、宗教、神话、风俗以及其他社会现象。"依梁漱溟先生的说法:"文化,就是吾人生活所依靠的一切。……文化之本义,应在经济,应在政治,乃至一切无所不包。"依照这些说法,文化就是社会中的一切现象,那么为什么不以"社会"的概念囊括之,却偏偏要造出一个"文化"的概念来呢?《概论》作者正是考虑到文化研究的这种困惑,提出了自己的看法:"文化是代表一定民族特点的、反映其理论思维水平的精神风貌、心理状态、思维方式和价值取向等精神成果的总和。"这个定义,正如作者所说的,是倾向于从观念形态的角度给出的。而事实上观念形态恰恰正是文化精神的集中表现。因此,以此为定义,虽然不一定全面,却抓住了文化的精髓和核心。

《概论》全书正是依照这一定义展开的,作者在分析了具有观念形态意义的儒、道、墨、法、佛等各家思想之后,概括地指出:"从整体上看,中国古代哲学的特点主要有:着眼伦理本位;关心现实政治,发扬主体意识,富于辩证思维,强调整体观念;偏重直觉思维;流于经学态度;重视人际关系。这些特点对中国传统文化产生了深刻的影响。"(第25页)这一概括可以说是把中国哲学与中国文化的主要内容,包括它的长处和弱点,比较清楚地勾画出来了。

"着眼伦理本位"(我个人称之为关系本位),这无疑是中国哲学,特

别是儒家哲学的突出特点。"与西方社会不同,中国文化跨入文明的门槛时,保留了氏族制的残余。统治者利用氏族血缘观念和亲情关系,发展了宗法制。宗法制在西周已完备,成为社会结构稳定的因素之一,影响了此后整个中国古代社会。"(第265页)在氏族——宗法制的社会体制下,个人的存在被认为是特定族类给出的,因此,每个人也只有把自己的一生奉献给族类,才有价值。这里不容许有任何"自我"。个体自我是孤独的、有限的,族类才是普遍的、永恒的。个体自我必须把自己的一切(包括婚丧嫁娶、生儿育女)纳入族类发展的长流中去,他才能超越有限,走向无限。那无限的境界,也就是"与天地参"的境界,有限个体与天地合一的境界。

个体自我立志于超越有限而走向无限,这本身便蕴含有一种自强不息的精神。"正是这种自强不息的精神,凝聚、增强了民族的向心力,哺育了中华民族的自立精神和反抗压迫精神,以及不断学习、不断前进的精神。"(第349页)另一方面,个体为了实现对自我的超越,同时又必须不断抑制个人欲求的萌动,必须不断加强对自身心性的修养。自强不息的精神、心性修养的精神,都属于主体意识范畴。可见,"高扬主体意识",诚然也是中国哲学、中国文化精神的基本特点。

从认识的角度看,个体抑制自我欲求以纳归族类的过程和价值取向,本质上即体现了一种以族类整体的建构为目的追求,从整体着眼判定各个个体(部分)的特质与意义的辩证的致思过程与偏重整体把握的思维方式。正如本书作者所指出的,这种整体意识,一方面,"构成了我们民族集体至上的思维趋向和共同心理,对于维护国家统一和民族团结,起了重大促进作用。不过,在一定条件下,在客观上也压抑了个人的发展。政治领域国家至上的意识,曾被封建统治者利用,作为要求劳动人民做出无谓牺牲的口实"(第268页)。任何一种定型的认识方式、致思趋向在不同的客观条件、不同历史背景下都会起着十分不同的作用,表现出价值功能的多重性。《概论》作者对中国传统的"整体观念"的这种两面性的评价,我认为是可取的。

与整体观念相关的是"直觉思维"。在中国传统哲学中,"整体"的确立,不是在对部分分解研究的基础上,借助一定的结构关系组合而成的。"整体"完全是凭直接经验给出,凭直觉印象体悟到的。这使中国哲学、中国传统思维缺乏严格的论理形式,并影响了中国古代科学的发展,因而无疑地主要是一个缺点。但是,不能因为中国哲学表达思想不取概念的体系而取形象、象征的方式,就把中国哲学贬斥为只停留在原始思维"集体表象"的阶段上。实际上,中国哲学的这种表述方式与它对整体、完全、无限、绝对的本体追求有关。依中国哲学的理解,任何语言、概念都只能把握个别、具体、相对、有限的事物("名则有所分"),因此,任何概念都不可能真正对本体做出界说("言不尽意")。人们绝不应该在概念给定的内涵中去理解本体,只有超越概念,才能把握本体;形象大于概念,人们与其用概念系统去定义本体,不如用形象的比喻、象征的手法去描述本体。可见,在这种情况下的象征手法,已经不是原始时代那种还不懂得运用抽象概念的象征思维。《概论》作者指出:"原始思维中的象征,停留于感性直观,一般意义如(文学手法)的象征,执著于物象,而传统思维方式上的象征,则虽来自感性直观却又超越了感性直观,它将思想寄寓于物象,而不停留于物象,物象只是思想的载体,只是思想家们表达思想的工具。"(第316页)这里对中国传统思维方式、思维特质与水平的评价,也是比较科学的。

作者依上述对中国传统哲学、传统文化的基本特点所作的分析,判定中国文化在类型特征上属"趋善求治的伦理政治型",其基本精神是以人文主义为内核。关于这种文化与现代化的关系,作者既不赞赏"文化断层论"对传统文化所抱有的"沉重的失落感",也不赞同现代新儒家所倡导的"儒家复兴"说。作者认为,这两种倾向都是片面的。"实际上,传统文化与现代化的关系,或者说传统文化在建设现代化国家中的作用,如同前文指出的中国文化的基本精神一样,具有两重性,它既有与现代化相冲突的一面,又有相契合的一面。这种两重性,是由中国文化基本精神包含的两重性所决定的。"(第379页)只要承认本书对中国文化的基本特点、基本精神所做出的分析,就必然要同时承认它对传统文化与现代化关系所做出的这种价值判定。

应当承认,全书还存在若干疏漏之处。譬如,关于文化的定义似乎就还有某种偏差。在这点上我比较赞同郭齐勇、邓晓芒的观点:"从概念的内涵上来说，'文化'的本质就是'人化'。"[1] 所谓"人化"，一方面指人由自然向社会的生成与转化，另一方面又指社会人的本质力量的对象化，或自然界的"人化"（人工化）。人由自然向社会生成，使自身摆脱了愚昧性、野蛮性、动物性，变成有人性、有人格追求、有人类智慧、文明甚至有教养的人，由此，自身被"人文化"了；反过来，有智慧、文明与有教养的人以自己主体的力量改造自然外界，使自然外界打上人的印记，成为人的本质力量的体现，从而也成为文化的征象。这两个方面，在我看来正是文化的原意义。如果从这一角度来考察文化，那么对观念形态（即精英文化）的文化评判，就包含有一个它如何把握人与自然的关系，以及这种把握所达到的广度、深度，所提供的价值的问题。在这些问题上本书虽有所涉及，但还比较单薄。本书显然比较局促于人与人、集团与集团、阶级与阶级的社会关系的层面上，而未能凭借今天更加开阔的视野来校正以往的一些定论。

与这一点相关的是，本书没有把文学艺术的文化特质、价值与功能作为一个专门问题来予以探讨。文学艺术作品也许不能归属于理论形态，但恰恰是它比理论形态更早地表现了人的文化，即人由自然向社会的生成过程；况且，文学艺术也有它自身的理论形态。如中国历代文论、画论中所传达出来的审美观念，就十分集中地表现了对人性、人格尊严、人的本质力量的肯定与赞赏。可惜，本书在这些方面涉及不多。当然，我们对一位年轻的学者不应要求过苛。希望作者今后不断努力，取得更好的成绩！

参考文献：

[1] 郭齐勇，邓晓芒. 文化学内核刍议 [J]. 哲学研究. 1988（5）.

下篇 书外：读书人的回眸

《中国方术大辞典》评介*

冯丽容

由中山大学古文献研究所副研究员陈永正等几位中青年学者编纂、中山大学出版社1991年9月公开出版的《中国方术大辞典》，是迄今为止我国出版的第一部方术大辞典，是近年来广东学术界在传统文化研究方面取得的一项重要成果。它出版后，受到广大读者的欢迎，在第四届全国书市上成为最畅销书之一。下面就《中国方术大辞典》的几个特色，谈谈我的看法。

一、内容全面，门类齐全

这部辞典共收方术条目25类6393条，字数达120万，规模宏大，内容全面，门类齐全，汇集了大量古今有关方术的资料，比较系统地介绍了方术的三个部分：预测术（包括占卜术和星相

---

* 本文曾发表于《中山大学学报》（社会科学版）1989年第1期。

《中国方术大辞典》作者陈永正，责任编辑杨权，1991年出版。1992年获1991年度广东省图书印刷质量优秀产品；1993年获1991—1992年中南地区大学出版社优秀图书一等奖，1993年获中南六省（区）书籍装帧设计第七次年会封面设计三等奖；1994年获全国大学出版社优秀畅销书荣誉奖；1995年获大学版协首届书籍装帧设计封面设计二等奖（封面设计方楚娟）。

术)、长生术(包括外丹术、内丹术和气功养生术、服食术、辟谷术、房中术等)、杂术(包括内容庞杂的各种方术。如远古的巫术以及后世道教的法术等等)。该辞典还列专类介绍有关方术的人物和著作,书末附有中国方术大事年表。《中国方术大辞典》对古代方术作了客观的介绍,使读者从中掌握真实可信的方术的基本知识,了解方术所包含的内容及其演变发展的概要。如查阅"甲骨卜"部分就可以帮助阅读卜辞,从而了解商代的政治、经济、军事、文化、科技等状况;查阅"气功养生术"部分就可了解气功养生术的主要内容及它是如何发展起来的。可见,对每一方术项目作全面系统的介绍,是这部辞典的一大特色。

二、实用性

衡量一部辞典的价值大小,不但要看它的内容收集得全面与否,释义是否准确,还要看它的实用价值如何。这部辞典的编纂者的态度是严肃的,释词是严谨的,尽管编写这部方术辞典没有先例可循,而有关方术散见于历代文献中,资料零碎不全,没有什么权威性的解释,但是编者能经过认真研究,沙里淘金,去粗取精,去伪存真,选择了6000多个词目,不但对有关专门术语作出客观的描述,还尽可能给予深入浅出的解释,因而有较高的学术价值。中山大学中文系曾宪通教授说:"十多年前,我参加战国、秦汉简书整理工作时,就碰到不少有关方术的问题,苦于无法解决,很盼望能有一部有关方术的专门辞典,如简书中的'禹须臾'、'五色五术'等,是早已失传的方术材料,如果不了解方术的源流,就无法解决这些问题。"[1]可见,这部辞典的出版是具有较大的实用价值的。

《中国方术大辞典》中记载了许多自然科学的资料,如方术中的外丹术即炼丹术,在我国起源很早,记载炼丹术的著作,数以千计。炼丹术士鼓吹服食神丹金液能长生不老、不死,这当然是荒唐的,但是客观上说,正是这种炼丹术,是近代化学的先驱。对中国炼丹术的研究,国际上正方兴未艾,美、英、法、日等许多国家的汉学家都很重视,我国更应该很好地利用这一方术资料进行研究。

近些年来,一些医务工作者结合医案和临床经验,从相面、相手、相体术中筛选出一些资料，丰富了诊断学和保健养生学；一些气功师对传统的气功、炼丹、养生术进行发掘整理，为生命科学的实验发展而努力探索；一些环境科学工作者也在对风水术作去伪存真的研究；……所有这些科学实验活动，都极需要方术辞典的帮助。20 世纪 70 年代以来，我国相继发掘了多批考古文物，其中不少涉及方术的内容，但由于方术多年来没有得到科学界的应有重视，使这一些考古材料的整理、研究和出版，进展缓慢。科学工作者迫切盼望有一部内容全面的方术工具书以作参考之用。

今天，我们要把我国建成具有高度物质文明和高度精神文明的国家，对人民进行破除迷信、宣传唯物主义、批判唯心论和形而上学，我们也需要有一部有关方术的、内容全面的系统的工具书籍。

《中国方术大辞典》的出版，正好满足了以上各方面的需要，因而本书具有很高的实用价值。

三、开拓性

方术过去一直被学术界所忽视，很多人对它很陌生，认为它神秘莫测，有的则认为它是邪门歪道的骗术，全是封建性的糟粕，属于扫荡之列。

其实，方术是古人用他们的智慧和愚昧编织成的一张大网，其中精华与糟粕并存。我们不能用其某些应验而忽视它的虚幻，也不能因其中的虚幻而全盘否定它的价值。众所周知，我国的古文字材料大量存于甲骨卜辞中；古代的天文学是由星占术脱胎出来的；中国的四大发明之一——火药的发明出自于炼丹术；服食术促进了人们对某些药物药性的认识，形成了许多方剂，大大丰富了中国古代医药学的宝库；辟谷术、气功养生术、内丹术对探索生命的奥秘及对人体科学的发展产生着深远的影响；中国古代地理学也是由堪舆术发展起来的。

总之，方术对中国社会的影响源远流长，正如刘逸生先生在《中国方术大辞典·序》中指出："它是中国传统文化的伴影，曾经严重地影响着、控制着人们的思想和行为……直到现在，方术还没有绝迹，仍然是个需要我们认真对待的问题。"要了解中国古代的政治、经济、科学文化，就必

须了解中国古代的方术。

然而,中国学术界过去大多认为方术是不能登大雅之堂的旁门左道,因此对它的研究甚少,现在《中国方术大辞典》的出版,填补了我国学术界的空白,为"中国方术学"的建立奠下了基石,具有开拓性的意义。

四、融知识性、学术性、科学性于一体

中国方术的资料是非常丰富而庞杂的,许多内容还带有神秘甚至是迷信的色彩。因此,要把方术各方面的内容,通过词目释文正确地介绍给读者,其难度可想而知。但是该辞典的编者以严肃而科学的态度来解释条目,很好地处理了一些容易引起误解的问题。编者在卷首《中国的方术》一文中,介绍了中国方术的起源、方术的概念、内容以及其演变的过程,并运用辩证的科学的观点,分析了方术中的精华与糟粕、香花与毒草,提醒人们注意。如编者在介绍房中术中指出:"房中术反映了古人对性医学、性卫生、性心理、性生理、优生优育、妇科学、男科学等一系列问题的初步认识。限于历史条件,像大多数传统文化一样,它的内容也是鱼龙混杂、良莠不齐。今天,我们研究古代的房中术,应该以科学的态度,分析的眼光,扬弃其糟粕,吸收其精华。"这样,既能使读者增长了方术知识,又做到了宣传唯物主义,批判唯心主义,对现代医学和性科学的发展,是会有所帮助的。王起教授指出:"《中国方术大辞典》是一部严肃的学术书籍,它提供了不少在别的辞书中找不到的重要资料。举个例说,我注释《西厢记》中'返吟复吟'一语,一直未能很好了解其义,错了几十年,直到看了《中国方术大辞典》,才知道它的确切解释,今后在修订《西厢记》时应作订正。"[2]

可见,这部辞典不仅给人们提供了方术的有关知识,还帮助人们分清科学与迷信,为科学提供有价值的学术资料,它不愧是一部融知识性、学术性、科学性于一体的工具书。

五、客观书证丰富,图文并茂

释义是辞书的主要内容,应当尽可能全面。要客观地展现词义的历史演变情况,作出科学可信的解释,就需要援引书证。正如王力先生在《字典问题杂谈》中所说:"字典解释字义,举例很重要。一部没有例子的字典就是一具骷髅。"[3]而援引书证不但要准确,有时为了释义透彻,还必须引用两个甚至三个书证,《中国方术大辞典》在这方面已作了努力。如"本性"条的释文,先指出词的含义是指"先天之性",它和"本心""本体""本源""法身"等词的同义关系,然后举了《坛经》《玄肤论·质性论》《性命圭旨》等书证,就把"本性"一词解释得比较透彻。

在单纯用文字作解释还不易于说明或不足以使读者明白的情况下,编者采用了图解法,即插入一幅图画(或图形、图表等),使图、文相配,视图明意。如"十二宫",是相术家据以测断祸福和命运的分布于颜面的十二个部位。虽然文字已作解释,但如何分布,读者还不大了解,通过图解法的帮助,在图形上加以指明,就易于理解。

本书也有不足之处。某些条目只有释义,没有引文,使读者不知道该条目的释文的依据,无从查考,如"刀卦""水仙术""水占"……就只有简单释义,没有例证及说明。附插图也少了一些,如能配以更多插图,将更有助于读者了解条目的意思。释文的详略程度也欠平衡。

总的说来,瑕不掩瑜,《中国方术大辞典》不失为一部有学术价值和实用价值的工具书。不足之处,《中国方术大辞典》再版时当能加以改进。

参考文献:

[1][2] 广东省新闻出版局图书管理处. 专家学者谈《中国方术大辞典》[J]. 图书审读简报. 1992(4).

[3] 辞书研究[J]. 1983(2).

书里书外

蔗糖在明末清中期
中外贸易中的地位[*]

——读《东印度公司对华贸易编年史》札记

季羡林

　　《东印度公司对华贸易编年史》是一部长达141.7万字的长篇巨著，是一部非常有用的书。著者是美国人马士（H. B. Morse），区宗华译，林树惠校，章文钦校并注，中山大学出版社1991年出版。此书完全根据东印度公司的原始档案编纂而成，资料来源是可靠的。涉及的时间是1635—1834年（明崇祯八年—清道光十四年），整整200年，几乎包括了整个东印度公司的历史。本书叙述的最后一年，1834年，下距鸦片战争6年。当时天朝大国这一只纸老虎还没有被戳破。大清皇帝和大臣们依然懵懵懂懂，对外部世界几乎全不了解。英国派使臣来华商谈贸易问题，觐见清帝，华方要求跪拜，英人不肯，从而惹出了不少的纠纷。此书中对此事有详细生动的叙述，读者如有兴趣，可以参阅。

　　一提到东印度公司，大家就会想到鸦片。事实确是如此，但又不完全

---

[*] 本文曾发表于《北京大学学报》（哲学社会科学版）1995年第1期，作者为北京大学中文系教授。

《东印度公司对华贸易编年史》作者（美）马士（H. B. Morse），区宗华译，责任编辑刘翰飞，1991年出版。1993年获中南六省（区）书籍装帧设计第七次年会封面设计二等奖；1995年获大学版协首届书籍装帧设计奖封面设计一等奖（封面设计朱霭华）。

如此。从本书的叙述中可以看出,东印度公司建立的目的是做生意和推行殖民主义。做生意是贸迁有无,双方生产什么东西,缺什么东西,商人就从中贸迁,藉以营利。货物中最初并没有鸦片,连茶叶都没有。随着时间的推移,先出现了茶叶,接着又出现了鸦片。有很长一段时间,这两种东西占了压倒一切的垄断地位。

东印度公司做生意的地区很广,涉及的国家和地区很多,但是最主要的是英国、印度和中国。公司贸迁的物品,主要产自这三个国家,但也有不少是产自其他地区的,能否赢利是决定去取的关键。物品,除了上面说的茶和鸦片以外,种类繁多,我在这里不一一列举,因为那不是本文的写作目的。我在本文里只谈蔗糖。

在众多的物品中,蔗糖占的地位并不重要。但是,从文化交流这个角度来看,蔗糖却是一件非常有意义又非常有趣的物品。在这方面我曾写过几篇文章:

一、《唐太宗与摩揭陀》,《文献》1988 年第 2、第 3 期。

二、《一张有关印度制糖法传入中国的敦煌残卷》,见《季羡林学术论著自选集》,页 253—279。

在前者中,我讲了在制糖技术方面,中国和印度互相学习、互相促进的过程。此外,还有一些短文,比如《cini 问题》(《社会科学战线》,1987 年第 4 期),《再谈 cini 问题》(《文史知识》,1994 年 2 期)。这些文章进一步对这个问题进行了探讨。在后者中,我讲了印度生产白砂糖的技术。读者可以参考。

现在这一篇札记,可以说是对上举诸文的一个补充,我从另一个侧面对中、印、英三国在蔗糖方面互通有无的情况做了介绍。原书是"编年史",也就是说,严格按照年代顺序依次叙述的。我这一篇"札记"当然也按照年代顺序,把书中提到的有关砂糖和冰糖的记载择要记录下来。读

书里书外

者从中自然就能够看到蔗糖在明末到清朝中期中国对外贸易中所占的地位。

1637年（明崇祯十年）

英国派出了一个船队，共有四艘船和两艘轻帆船，由威德尔和蒙太尼率领，到了广州。是年9月8日，船员鲁宾逊用28000八单位里亚尔，购买糖100担。（本书汉译本第一卷，页23，以下只标页码）。这是东印度公司档案中首次提到购买中国糖。这一件事情表明，当时英国一定是需要中国糖，否则商人绝不会购买的。

下面，页27：是年12月20日，四艘船之一的"凯瑟琳号"驶回英伦，购得了一批中国货物，我现在抄在下面，看看英国人究竟对什么中国产品最有兴趣：

糖，12086担。

冰糖，500担。

青干姜，800担。

散装黄金，$30\frac{1}{2}$（？）（请参看原注），价值4333八单位里亚尔。

织物（丝和缎），24盒。

生干姜，100担。

苏木（墨西哥产），9600块。

瓷器，53桶。

金链，14条。

丁香，88箱。

下面再抄货品单时，只抄糖与冰糖，其余全免。

页31："蒙太尼和中国商人交易可注意的特点，就是没有得到18世纪中国贸易主要组成部分的中国产品。购到的舱货包括糖（750吨）及干姜（50吨），后来发现苏门答腊和印度比广州的便宜；同样还有从墨西哥进口的苏木，从万丹或巴达维亚进口的丁香等。"这一段引文很有趣，但不十分清楚。它是否想说，苏门答腊和印度也产糖和干姜，而且比中国便宜？

页35："从威德尔的投机以来的27年间，糖的市价由每担$3\frac{1}{2}$涨到

$4\frac{1}{2}$ —6 八单位里亚尔。青干姜由 $7\frac{1}{2}$ 涨到 14—18。这次航行是失败的。"

页 41（第四章 台湾与厦门）："1672 年（清康熙十一年）6 月，由中国帆船'骆驼号'领帆，派遣'归来号'及'试验号'前往台湾和日本。他们在台湾尝试了差不多一年，发觉情况对贸易不利，因为'国王'独占了糖和皮革贸易。"这说明，清初台湾生产的糖已经能进入国际市场。下面页 44，又说到郑成功（台湾王，国姓爷）独占了台湾的主要商品——糖和皮革的贸易。页 46，又讲到，糖是台湾土产。页 47—48，讲到一艘于 1680 年从伦敦出发的船，上面载着宽幅绒布、粗绒、长发绒、火药、火机毛瑟枪等显然是英国产品，来到台湾，想把这些东西卖掉，以其资金来购买"〔日本的〕铜、糖及其粗货"运往苏拉特；而"精细货"则运往伦敦。

1689—1690 年（康熙二十八—二十九年）"防卫号"在澳门

页 77—78：英国以厦门为贸易据点的企图落了空。1689 年 7 月，马德拉斯总办事处命令"防卫号"前往广州，准备装运糖及其他产品远销波斯。从这里我们可以看出，英国船装运的中国糖等货品，并不一定都运往伦敦，也做转口贸易。此船于 9 月 1 日在澳门或香港附近一个地方下碇，船上一些人乘一只长小艇赴广州。12 日黄昏，他们到了东莞，这里以出产中国最好的糖而著名。13 日，他们到了广州。10 月 1 日，他们和中国商人订约购买糖 10000 担，每担银 1.70 两；白铜 3000 担，每担银 3.70 两。（页 79）

1699—1700 年（康熙三十八—三十九年）"麦士里菲尔德号"在广州

页 104：作者引用洛克那的叙述来说明中国货物出口的税率。其中：
糖（价值 1.20—2.30 两）税率每担 0.100 两。与糖并列的诸货物中有茶，可见此时茶才进入中英印贸易领域。

1703—1704（康熙四十二—四十三年）舟山和厦门

页 131：1704 年 1 月 4 日，"凯瑟琳号"启航。船上载有：
冰糖，800 担，每担银 4.00 两。
糖，2500 担，每担银 2.50 两。

这是第一次在糖外还提到冰糖,中国生产的冰糖也出口了。

1704 年(康熙四十三年)广州

页 133:"斯特雷特姆号"于是年 8 月 18 日驶入黄埔。9 月 8 日,把载来的绒布和长毛绒卖掉,换得了铜、白铜和糖。

页 134:此船从印度马德拉斯开往中国的途中,运了一些鸦片到亚齐出售,每巴赫(亚齐重量 200 斤)售得银 220 两。这是第一次关于运鸦片的记载,以后泛滥成灾。

1716 年(康熙五十五年)

页 155:"马尔巴勒号"载运铜、白铜、糖、明矾和"樟脑"经马德拉斯。

1724 年(雍正二年)

页 170:预定开赴孟买的"艾尔斯号"载有:

糖,2500 担,每担 3 两。

冰糖,500 担,每担 6 两。

页 175:大班订购:

糖,1500 担,每担 2.80 两。

冰糖,1500 担,每担 5.80 两。

同上表相比,请注意糖与冰糖的价格。

页 176:中国商人卖给大班的货物是:

糖,4000 担,每担 2.90 两。

冰糖,1800 担,每担 5.90 两。

案:此事发生的时间,据原书是在 1723 年贸易季度。

页 179:1724 年 7 月 22 日,"麦士里菲尔德号"驶抵澳门。8 月 7 日,与中国商人签订合约,货品中有:

糖,1000 担,每担 3 两。

冰糖,250 担,每担 5.80 两。

1732 年(雍正十年)禁止鸦片

页 212:1 月 15 日,"康普顿号"出发往孟买,舱货中有:

白糖,1999 担。

冰糖,847 担。

1733年2月17日,船抵达孟买,船上的粗货在这里和苏拉特公开叫卖:

白糖,每40磅苏拉特蒙德4卢比2安那。

冰糖,每40磅苏拉特蒙德6卢比9安那。

请注意:英船运中国糖到印度去叫卖。

页219:1733年买办购买伙食合约,中有:

糖,每担2两8钱。

冰糖,每担4两4钱。

1739—1740年(清乾隆四—五年)东路航线

页270:1739年8月1日至10月31日,三艘船的账目中有冰糖、水果和糖。这大概是船员消费掉的,不是做生意用的。

页272:"哈林顿号"运回伦敦的物品中有:

冰糖,112担。

原书前面讲"运回伦敦",后面又讲"到孟买"。大概是四艘船中,只有这一艘到孟买,时间是1740年。

1751年(乾隆十六年)

页293:广州平均物价中:

糖,每担3.05两。

冰糖,每担5.50两。

1784年(乾隆四十九年)"休斯夫人号"事件

页417:九艘船的回航货物中有:

冰糖,325担。

1792年(乾隆五十七年)

页521:散商船,20艘:

糖,593担。

冰糖,47担。

页522:瑞典船,1艘:

糖,4担。

　　　　丹麦船,1艘:

糖,3985担,每担5两。

冰糖，598 担，每担 10 两。

　　荷兰船，1 艘：

糖，4814 担，每担 5 两。

页 523：美国船，4 艘：

糖，4576 担，每担 5 两。

　　热那亚船（英国人的），1 艘：

糖，3930 担，每担 5 两。

冰糖，115 担，每担 10 两。

　　托斯卡纳船（英国人的），1 艘：

糖，3930 担。

冰糖，2000 担。

1793 年（乾隆五十八年）对法战争

页 526：对商馆人员给予的日常补贴中有：

糖，$\frac{1}{2}$ 斤。

1799 年（嘉庆四年）禁止鸦片："天佑号"事件

页 640：从孟买派来了三艘船，指挥的私人贸易的货物中有糖。

从本书的很多地方可以看到，商船上的人员允许进行私人贸易，其份额有一定的规定。

1801 年（嘉庆六年）英国人威胁澳门

页 671：安波那订购的商品中有糖。

页 672：回程的商船，为了航行方便，都要有压舱的东西，例如铁等。"伊丽莎白号"的压舱货物中有糖和硝石等实重货物。此次共装入糖 203 吨。广州的委员会规定："除有特别命令外，不能从中国运糖。"上文说到："本地出产的物品，合乎实重名称的，我们只能选择糖。"我的理解是，英国不是不需要中国糖，而是在广州作为压舱货物不必用糖。下文还提到武夷茶也曾一度作为压舱货物。

1809 年（嘉庆十四年）清剿海盗

页 107（第三卷，下同）："丽贝卡号"满载食糖而严重漏水，因此，把它的舱货卸在澳门。第二天（6 月 29 日）中国商人茂官要求剌佛让中国当局查明船上所卸之货是否为食糖。

羡林案：在第三卷中，有几件与糖无关但又有意义的事情，我想附带抄在这里，供有兴趣者参考。

页192提到钟表和音乐匣子（留声机？）等，可见英船也输入这样一些西方产品。

页254—301：1816年（嘉庆二十一年）记载了英国使臣觐见中国皇帝关于行跪拜礼方面的一些争论，从中可以看出清廷的自高自大。

页325：提到土耳其鸦片，可见东印度公司运来中国的鸦片，不限于印度产的。

第 四 卷

1821年（道光元年）"急庇仑号"和"士巴资号"事件

页6：由美国人运货至欧洲大陆的贸易数字，其中有肉桂、食糖等等，往美国10107担，往欧洲1200担。食糖的确切数量不详。在这里值得注意的是美国人也参加到这个贸易活动中来。

页13：9月17日，主席收到圣海伦娜岛总督赫德森·洛爵士的公函，说拿破仑已于5月5日逝世。委员会立即将订货单的供应品减半——南京布、茶叶、食糖等——送至海伦娜岛，因为预料戍军将会减少。想不到拿破仑的死竟会影响到中国食糖的输出。人世间的因果关系真错综复杂到令人难以置信。

页24：本年广州出口贸易的货物中，其他商品项下，不列颠，散商，价值2044618元，下面有一个小注：包括食糖，100259担，746230元。这里明确说明，"其他商品"包括食糖。下面还有很多表，表中有"其他商品"这样的字眼，恐怕其中会包括食糖的，我无从断定。从这里也可以看出来，同茶叶、生丝、丝织品、南京布、白铜等比较起来，食糖不是主要出口商品。

1824年（道光四年）

页105：美国的广州出品货分配表中有：
食糖，往美国3749担，往欧洲，没有。

1825年（道光五年）

页125：美国船只运出广州出口货表中有：

往美国：食糖，18510担，价值157335元。

往欧洲：食糖，2545担，价值21472元。

1826年（道光六年）

页149：美国船只输出货物表：

往美国：食糖，2664担，价值22664元。

往南美洲和桑威奇群岛：食糖，1850担，价值15900元。

页150：董事部投资预算，孟加拉投资：

到英伦：食糖，111360镑。

1827年（道光七年）

页166：董事部投资预算，孟加拉投资：

运往英伦：食糖，111360镑。

页170：英国船只广州出口货表：

运往英国：食糖，2140担，19260元。

1828年（道光八年）

页192：美国船只广州出口货表：

运往美国：食糖，2245担，20187元。

运往欧洲：食糖，2400担，21600元。

1829年（道光九年）

页209：广州出口贸易货物表中，其他商品，运往不列颠，散商，价值2746719元，有小注：原注（下同）：包括食糖，172195担，1439737元。运往美国，222895元，有小注：包括食糖，4925担，44325元。参阅上面1821年的叙述。

页210：美国船只广州出口货表中有：

运往美国：食糖，2623担，23607元。

页212：董事部供应投资商业的资金预算表：

食糖，167040镑。

1830年（道光十年）

页259：美国船只广州出口货表中有：

运往美国：食糖，3000担，27000元。

页261：广州出口贸易货物表中有：

运往不列颠：散商，食糖952520元；运往美国，食糖27000元。

1831年（道光十一年）

页286：广州出口贸易货物表中有：

食糖，不列颠，散商，560349元；运往美国，10544元。

1832年（道光十二年）

页350：美国在广州的出口贸易货物表中有：

运往美国：食糖，4000担，价值36000元；

运往欧洲：食糖，700担，价值6300元。

请注意：美国船也运中国糖到欧洲去。

页352：广州出口贸易货物表中有：

食糖，不列颠，散商，221885元；美国，42300元；其他国家，264185元。

1833年（道光十三年）

页381：广州出口贸易货物表中有：

食糖，不列颠，散商，264140元；美国和其他国家，无。

1804—1828年（嘉庆九年—道光九年）

页404：美国船只输出广州货物表中有：

糖及冰糖：

1804—1805	1990担
1805—1806	124担
1806—1807	885担
1807—1808	1690担
1809—1810	1026担
1812—1813	540担
1815—1816	918担
1816—1817	8350担
1817—1818	12517担
1818—1819	42662担
1819—1820	49759担
1820—1821	2664担

1821—1822	15499 担
1822—1823	6421 担
1823—1824	500 担
1824—1825	3749 担
1825—1826	22240 担
1826—1827	4514 担
1827—1828	2100 担
1828—1829	2243 担

第五卷补 1742—1774 年

1762—1764（乾隆二十七年—二十九年）

页 529：供应圣海伦娜岛的补给品（茶叶、糖和瓷器）。请参阅上面 1821 年（道光元年）关于圣海伦娜岛和拿破仑的叙述。

页 535：1764 年广州流通货物价格表：

冰糖，泉州　　　每担 5.6 两
　　　交趾支那　　每担 5.2 两
糖　　　　　　　每担 4.5 两

请注意：这里指出了福建泉州产的冰糖，还有交趾支那（越南）产的冰糖，后者比前者便宜。这也许能说明，质量大概稍差一点。

1768 年（乾隆三十三年）

页 557：供应圣海伦娜岛的补给品（茶叶和糖），分别由 12 艘船装运，发票价值共计 2229 两。请参阅上面 1821 年和 1762—1764 年的叙述。

1774 年（乾隆三十九年）

页 625：广州流通货物价格表中有：

糖，　　每担 4 两
冰糖，交趾支那，此处无货。
冰糖，泉州，每担 9 两 4 钱。

"札记"到此为止。

我以目下超过 10 行的速度，翻检了这一部长达 140 多万字的巨著。我不敢保证一无遗漏。小小的遗漏肯定会有的，但是无关大局。我要讲的是蔗糖在明末至清 200 年间从东印度公司这一个角度反映出来的地位和作用,我"札记"的材料足以充分说明这个问题了。

我认为,这一篇"札记"基本上是资料性的东西,因此我没有旁征博引,展开来讨论。这一项工作留待其他地方去做。

这一篇"札记",虽然是资料性的东西,但倘加以仔细分析,也能够反映出一些比较重要的问题。我在下面举出几项来,稍稍加以说明:

一、时间长达200年,极能说明问题。

二、与糖有关的贸易涉及的国家和地区有:中国、印度、英国、美国、瑞典、丹麦、荷兰、波斯、日本、苏门答腊、越南(交趾支那)、墨西哥、葡萄牙、海伦娜岛等等。

三、在中国境内涉及的地区有:广州、厦门、澳门、台湾、宁波、东莞、泉州等等。

四、糖的种类只有糖与冰糖两种。

五、在这200年间,糖和冰糖的价格逐步上涨。这是完全合乎规律的。1637年(明崇祯十年),糖的价格是28000八单位里亚尔购糖1000担。1704年(清康熙四十三年)冰糖价格是每担4.00两;糖,2.50两。到了1832年(道光十二年),食糖价格,每担9元。在将近200年的长时期内,涨价的幅度不算太高。

六、1764年(乾隆二十九年),泉州冰糖每担5.6两,而交趾支那冰糖则是5.2两。这是否说明,中国冰糖的质量比较高?

七、英国人和其他欧洲人对中国产品的兴趣,是逐渐形成的。丝和丝织品一开始就有,而茶叶则是后来才有的。运入鸦片也不是一开始就有。

八、中国人喜欢的西方产品有绒和自鸣钟以及留声机之类。

总之,我认为,糖也是一种文化载体,同其他物品一样。糖的贸易实际上含有文化交流的因素。我研究糖,不是从科技方面下手,而是从文化交流的角度着眼。上面讲的200年内的糖在国际贸易中的地位,可以当作一小幅文化交流的缩影来看。

1994年3月15日

文章写完后,偶然翻阅《文史知识》(李侃主编,柴剑虹副主编,中华书局出版)1994年第2期,吴孟雪:《明清欧人对中国舆地的研究》(二),页58。文中讲到1585年(明万历十三年)西班牙人门多察印行了

书里书外

《大中华帝国史》。书中说:"中国物产丰富,各地物产不同,从荔枝、白糖、丝绸一直到棉花、羊毛、小麦、稻米等等,应有尽有。"足证在明代,西方人对中国生产的白糖已经闻名,把它与闻名寰宇的丝绸并列。这可以说是对我这一篇"札记"的一个补充。

1994 年 3 月 18 日

下篇 书外：读书人的回眸

简评《中国早期方术与文献丛考》*

李家浩

中国古代方术包括数术和方技，带有浓厚的迷信色彩，过去很少有人去研究它。自20世纪70年代以来，出土了几批战国秦汉时期方术方面的文字资料，如马王堆汉墓帛书《阴阳五行》《刑德》《五星占》《天文气象杂占》《相马经》《五十二病方》《胎产书》《养生方》和竹简《合阴阳》等，睡虎地秦墓竹简《日书》、放马滩秦墓竹简《日书》和九店楚墓竹简《日书》等等，于是在中国学术界掀起了一股方术研究热。虽然研究的人很多，但大多数人是想到这片尚

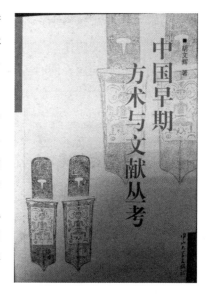

未开发的荒地来"淘金"的，声势很大，成绩却不很理想。而胡文辉的《中国早期方术与文献丛考》却是一部有真知灼见的著作。我在这里举两个例子，以见一斑。睡虎地秦墓竹简《日书》甲种有一篇标题为《岁》的文字，讲的是"岁"每月徙居一方，一年十二个月徙居四方三周，并以"岁"所徙居的方位占断吉凶；月名是楚国特有的月名。这篇文字很引人

＊本文曾发表于《中国文物报》2001年4月18日，作者为北京大学中文系教授。

《中国早期方术与文献丛考》作者胡文辉，责任编辑裴大泉，2000年出版；2001年获中南地区1999—2000年度优秀专著三等奖。

注目,有好几位学者进行过研究,不是把"岁"解释为岁星,就是解释为虚构的与岁星相应的太岁。众所周知,岁星一年一徙,十二年右行一周天;与岁星相应的太岁也是一年一徙,十二年左行一周天。简文的"岁"一月一徙,很显然,它既不是岁星,也不是与岁星相应的太岁。清人孙星衍曾经说过,古代的太岁有三:年太岁、月太岁和旬中太岁。年太岁一年一徙,月太岁一月一徙,旬中太岁一旬一徙。《淮南子·天文》把月太岁又叫作"大时"或"咸池"。文辉君《释"岁"》一篇,根据《淮南子·天文》,指出简文《岁》篇的"岁"就是又叫作"大时"或"咸池"的太岁。此外,还指出睡虎地秦简《日书·迁徙》"正月、五月、九月,北徙大吉……"和《越绝书·外传·记军气》"一、五、九,西向吉……"等,也都是根据又叫作"大时"或"咸池"的太岁占断吉凶的。不仅解决了《岁》篇的问题,同时还解决了其他相关资料的问题,十分精彩。正月七日为"人日",这是大家都知道的。记得我的老家湖北沙市,把"人日"叫作"人生日",到了这一天傍晚,家家户户都用盆子反扣在地上放鞭炮,以求吉利。至于"人生日"的来历和意思,却不甚清楚。后来看到学者说"人日"与《旧约》的上帝七日创世神话类似,虽不能断定其说之是非,但总觉得十分新奇。等读到文辉君《"人日"考辨》,才知道"人日"的真实意思。该文以无可辩驳的证据,证明"人日"是指在新年正月七日这一天占候人的一年灾祥,跟所谓的上帝七日创世神话无关。看来新奇的说法,不一定正确可信。总之,我认为文辉君的《中国早期方术与文献丛考》是一本高质量、高层次的学术著作,资料翔实,思辨缜密,见解新颖。

广谷大川异制 民生其间者异俗*

——评《岭南历史人文地理——广府、客家、福佬民系比较研究》

李海东

岭南作为一个独立的地理单元,一般指五岭以南的广东、广西、海南三省区。岭南是我国人类的发祥地之一,其历史地理的发展,深受襟山带海地理环境的影响,自然条件地区差异明显,经济发展不平衡,文化丰富多彩,极富地域特色。

《岭南历史人文地理——广府、客家、福佬民系比较研究》一书是国家自然科学基金项目"岭南广府、客家、福佬民系的历史人文地理比较研究"的成果,是司徒尚纪教授研究岭南文化地理的又一部力作。该书的出版获国家自然科学基金研究成果专著出版基金资助和广东省新闻出版局 2001 年度重点图书补贴。该书以民系及其地域为架构,主要

---

* 本文曾发表于《中山大学学报论丛》2003 年第 5 期。
  《岭南历史人文地理——广府、客家、福佬民系比较研究》作者司徒尚纪,责任编辑李海东,2001 年出版;2002 年获广东省优秀图书、期刊、作品奖三等奖。

书里书外

运用历史人文地理的理论和方法,首先阐述岭南各民系形成的历史地理基础,他们变迁、分布和发展的历史变迁,对比他们对环境感知和对土地、矿产、海洋等资源的开发利用方式差异和利弊得失,进行各民系地区城镇体系、交通网络、聚落等物质文化的特质和风格比较,继而对比其语言、风俗、宗教等精神、制度文化层面上的异同,阐述各民系文化圈接触与整合的形式和后果,最后提出评判民系历史人文地理格局的地位和作用,建立民系人文地理新格局的对策和措施。

该书为我们展示了一幅绚丽的岭南历史文化地理图景:在岭南,广府系形成最早,定型于唐宋,占据了土地肥沃、交通便利的珠江三角洲平原和沿海低地,立足于商品生产和建立基本经济区,形成经济优势和空间效应,其稻作文化、商业文化、蓝色文化发达,风俗中融入大量古越人遗俗。次为福佬系,形成于唐宋,占据了潮汕平原,形成以精耕细作农业为主的高效率资源和空间利用方式,同时注重捕捞、养殖水产,发展海上运输和贸易,海洋文化发达,富有闽文化特色。客家系来得最晚,形成于宋元,只能进入交通闭塞的山区,以山地农业为主,矿冶业比较发达,村落聚族而居,建筑形式以大屋为主,保留着浓重的中原文化传统;但迫于人口和环境压力,导致经济滞后和人口外迁。但经过长期的社会经济发展,尤其是建国后的社会主义建设,使得三大民系的文化差异在不断缩小、趋近。

该书有如下一些特色:

第一,开我国民系历史人文地理研究先河,有创新意义。

在我国的民族研究中,以往偏重少数民族研究,对汉民族研究不多;在汉民族研究中,又偏重整体性研究,对其各个组分及组分的对比研究不足。而民系与文化不可分割,民系研究实质上又是区域文化研究。目前对岭南民系历史地理研究甚为薄弱,有些领域几乎空白,间或有民族、人类或考古学者从事过民系研究工作,但限于个别民系或偏重于其历史、语言等方面研究,没有或很少涉及他们赖以生存、发展的地理因素及其空间组合;已有成果分散或仅为片段,缺乏系统、全面、深入地对岭南民系历史地理的研究。该书是我国第一部民系历史地理著作,论述了岭南汉民族三大民系的形成、发展,分析比较各民系物质文化、精神文化和制度文化的特质和风格，阐述各民系文化圈接触和整合的形式和后果，提出建立岭南民系人文地理新格局的对策与措施。该研究属民系历史人文地理研究，而历史文化地理又是21世纪地理学和社会学发展的方向和重点，在理论上具有创新和填补空白的意义。而且该书借助文化圈概念及其划分，最先总结民系文化圈接触形式及其文化整合效应，并鲜明指出应充分估计民系历史人文地理差异的正面、负面效果，提出建立既保持民系文化特色又适应新形式的民系区域互补的人文地理网络的必要性，以及应采取的对策和措施。由此该书又有极强的实践意义。

第二，运用多学科方法，内容全面，综合性强。

该书内容以历史人文地理为主，涉及文化人类学、文化生态学、历史学、农史、建筑史、文化史、区域史等，以自然科学为主，多学科交叉、渗透，涵盖面广。除了使用历史文献资料分析，从中梳理出各民系形成、演变和迁徙历史外，还借用民族学、民俗学等比较方法，界定民系性质、差异和联系；使用文化生态学方法，比较各民系适应、利用和改造环境与资源的历史过程、特点和规律；使用地理空间分析方法，复原民系历史分布、迁徙和聚落格局；使用区域对比方法，确定各民系所在区域的历史人文地理特点和异同，以及建立新人文地理网络的依据；实地调查，解剖典型民系区域特色。而且，该书将现代地理学空间分析、计量地理方法引入区域历史地理研究，有助于推动历史地理学方法革新；提出建立民系历史人文地理网络概念，将使民系研究更完整和系统，也为同类研究提供范例。

第三，研究区域典型，有示范作用。

岭南是我国汉民系分布最广、情况最复杂的地区，又是改革开放先行地区，社会经济发展不平衡。近年来不少地区制定的各种发展战略因忽视了区域文化背景和特色，而缺乏应有的深度或有失完善。越来越多的证据表明，区域经济水平的差异，深层原因还是文化差异。该书将研究选题落实到此地域，在实践上有很强的指导意义和现实意义。其成果提出既保持和发扬民系文化特色和优势，又要因地制宜、区别对待，并提出缩小民系差异的对策和措施，对加深对岭南区情的认识，制定科学合理的区域发展战略或规划，提高中华民族、民系的凝聚力都有重要现实意义。

第四,立论有据,见解精到,论说有力,考证周详,材料翔实。

一定的自然人文景观对塑造特定地区的群体面貌有着巨大的催化作用,以往一些研究论岭南历史人文面貌时,往往停留在史料堆砌上,多限于现状描述。作者浸淫岭南区域历史地理和文化地理数十年,胸怀岭南,在长期积累的基础上,钩沉古籍,并努力做到实地考察,用实证材料直接为不同民系以及之间的历史与现状做出科学论断,并以个人的专业素养和笔触,从当代交叉学科时代的要求出发,不仅复原了岭南各民系历史人文地理面目,反映了各民系历史发展、开发利用资源、创造民系文化的过程、特点和规律,而且就不同地域的民系所具有的特质为制定区域社会经济文化发展战略提出具体意见。其考证周详,见解精到,而且从实践中来,到实践中去,体现了学术研究为社会发展服务的宗旨。

总之,该书从经济生活、城镇建筑、语言、习俗、观念形态、社区结构、行为方式等诸多方面,探讨了岭南文化特色和风格形成的地理基础及其演化过程,不但有较高的学术价值和文化积累,适合地理、历史、社会、文化、民族、方志、文史、规划等研究和实际工作者,以及相应专业的大专院校师生、决策人员、地方干部等使用和参考,而且该书文风朴实,通俗易懂,一般读者也可阅读,可作为认识岭南区情的乡土教材,有利于将人文研究精髓转变为社会共同的财富。

西学话语与中国立场*
——评王岳川教授主编《中国后现代话语》

稽春霞

从 20 世纪到 21 世纪，世纪更替也带来了思想文化的更新，其中中国当代学术发生的重大转型尤为引人瞩目，无论是知识分子的价值论争问题，还是现代学术的规范化问题；无论是消费主义问题的讨论，还是自由主义和保守主义问题的论争，都在当代学术界产生了非同寻常的重大影响，而这种转型的关键在于后现代文化的冲击。后现代主义作为一种当代世界性的文化思潮已经来临。它不仅已经越来越引起西方和东方各国学者的注目，而且使中国学者也从不同方面进行价值判断，对其在中国当代文化上的影响作出恰当分析。因此，后现代文化问题不仅是了解世纪思想转型的钥匙，也是当今世界的学术史研究的重要内容。

北京大学王岳川教授是中国后现代研究的代表性人物。他出版于 1992 年的《后现代主义文化研究》和译文集《后现代主义文化与美学》，是中国这一领域研究得最早的成果。他致力于后现代后殖民主义文化在中国的播撒、消解和吸收过程以及其丰富而复杂的理论表现形态，堪称当代中国研究后现代主义文化的领军人物。他先后出版的六种有关后现代的著作，立足中国立场，切入到后现代主义文化的核心，不仅有宏观的理论把握，也有细微的分析论证，其研究成果已为学术界高度瞩目。可以说，中国的

---

* 本文曾发表于《社会科学战线》2005 年第 1 期。

《中国后现代话语》作者王岳川，责任编辑稽春霞，2004 年出版。

后现代研究已经成为世界后现代文化中的一种重要现象。经过了十余年的现代与后现代的学术思想论辩,王岳川教授从学术史的角度,将这种西方思潮进入中国以后所产生的文化过滤、文化吸收、文化拒斥、文化变形展示出来,说明中国文化在文化对话中的接纳与吐故的文化姿态。

在后现代社会,"话语"已经改变了我们对语言、社会环境、权力系统和社会理性运转之间关系的思考方式,重视后现代话语在中国的播撒和过滤,成为"理论旅行"之后的必要的问题清理。由王岳川教授主编的《中国后现代话语》,从世纪之交中西学术交汇与当代中国文化的关系上,分析西方后现代思潮与中国学术文化体系建构的复杂关系,不仅注意到了现代、后现代后殖民思维拓展打破僵化格局的积极意义,也注意到当代西方学术文化话语思想价值观的消极意义,对这些思潮在当代中国文学艺术等领域的新的文化表征作出了深刻反思。是一部在后现代研究领域兼具总结性和前瞻性的重要著作。

选集编订最重学术理念,《中国后现代话语》注重历史意识和问题意识,以此将最近十多年以来的众多学术论文裁略取舍,形成一部历史脉络清晰、问题彰显充分的学术史著作。约略而言,本书有以下重要的文化理论特征。

其一,以学术思想交锋展示后现代学术史中的清明理性:文化引进与文化输出

《中国后现代话语》不仅有一种全景式的学术关怀,而且极为关注后现代前沿学者之间的学术争锋。从以下名单就可以看到历史风貌之一角:王岳川、刘小枫、徐友渔、张志扬、周宪、曹卫东、盛宁、张法、王一川、陶东风、孙津、赵一凡、章国锋、朱立元、余虹、郑敏、王宁、陈晓明、岛子、尹鸿,还有港台和海外学者如曾庆豹、赵毅衡、罗门等。在西方曾出了一本英文版的《后现代主义和中国》,所收不足10人,其中还有外国人。而这部《中国后现代话语》则收了30多人的代表性论文,可谓全面展示了后现代主义进入中国后的多种流派此起彼伏的文化景观。全书分上、中、下三编,第一编为"后现代主义哲学景观";第二编为"后现代主义文化美学";第三编为"后现代主义文艺形态"。汇集当代中国知名学者对后现代问题的讨论,将各种不同的观点并置一处,使人们从这种

文化论争的张力中,看到文本后面的精神意向,展示当代学术史的轨迹,将处于剧烈变化的世界文化大潮中的中国学者的对话智慧和前沿足迹,完整地呈现在读者面前。王岳川教授认为,中国学者研究"后学"的真实目的在于:通过"后学"研究发现后现代后殖民主义对西方现代性霸权的批判,使"边缘话语"得以获得某种发声的可能性,使西方中心主义的合法性受到质疑,使第三世界同第一世界对话和互动成为可能。因此,研究后现代后殖民主义不是目的,相反通过这种研究,应力求找到让几个世纪以来不断被边缘化的中国文化自己发言的机会,寻求中国形象和中国文化身份的重新阐释和重新确立,进而在中国知识界重新发现和创造中国文化的魅力中实行"文化输出"。

其二,凸显思想对话中的问题意识:话语交织与文化策略

中国"后学"问题是当代世界"后学"问题的一部分。中国"后学"关注的问题以及"后学"自身存在的语境相当复杂,只有充分弄清西方后现代后殖民问题,才能深入分析中国后现代后殖民问题的症结之所在。大体上说,中国的后现代与后殖民主义者热衷于从理论到理论、从抽象到抽象的横向移植,使得当代中国的问题日益平面化。理论的膨胀与文本分析的萎缩,导致20世纪90年代以来的中国当代文化逐渐成为一种话语泡沫和丧失了真实感的文化操作。"后学"的问题让我们明白,当代问题绝非一种单一模式可以透视的,这种呈现交织状态的话语纠缠,致使问题的任何解决都变得相当棘手。后现代后殖民问题的复杂性在于,面对这一问题的同时,又必得面对民族主义和中国现代化问题,以及当前的边缘话语和全球化语境问题。这使当代文化策略往往顾此失彼,从一个极端走向另一个极端,很难有平和的心境和健康的心态,以及长远务实的文化战略措施。王岳川教授把这种后现代主义文化进入中国后产生的学术症候进行了大致的归纳,收入《中国后现代话语》中的许多论文都是围绕"问题"展开的,内容涉及到后现代主义哲学、文化美学、文艺形态等多个方面。如现代性与后现代性的关系、现代学与现代性的关系,以及在后现代思维和语境影响之下的中国诗歌、小说、戏剧、音乐和电影等如何调整、充实、改变和提高自身的发展战略?如何融入全球化的语境又同时不失其言说立场?如何在迎合这种思想潮流的同时引领这种思想潮流的发展方面?

等等。所以《中国后现代话语》志在将重大而迫切的问题呈现在读者面前，让当代学术界和思想者充分正视这些问题，从而通过共同的努力，将复杂而多变的后现代主义理论与中国的哲学、文化美学和文艺形态进行合理的化合，为科学合理而又富于人文精神的文化战略措施的制订提供堪加斟酌与勘察的理论基础。

其三，西学话语研究中的中国立场：发现东方与文化互动

每一种研究背后都有一种立场。在后现代研究中，不少人在全盘西化中迷失了自己的立场，流连在别人的思维和语境中，跟着别人说话，忘记了"我"和"我"赖以生存的民族土壤；还有的人坚持一种相当彻底的民族主义立场，以完全排外自守，成为一种极端的保守主义。王岳川主编的《中国后现代话语》之所以在"后现代"前面冠以"中国"二字，其意图正是以一种文化对话的立场开始清理西方问题和中国问题，在后现代后殖民语境中提出重新"发现东方"的思想和立场。本书中编和下编收集了不少后现代主义与中国的话题，如张法《后现代与中国的对话：已有的和应有的》、陈跃红《后现代思维与中国诗学精神》、贺奕《不幸的类比："后现代主义"理论的中国市场》等等，都是以中国立场来诠解后现代主义的文化内涵。而王岳川教授则以"发现东方"来表示他西学话语研究中的中国立场。所谓"发现东方"包含三个层面的问题：第一是中国如何面对全球化问题，因为"发现东方"和中国"文化输出"都是在全球化语境中提出的新问题。第二是为什么说要"发现东方"，东方不是在那儿吗？谁去发现？怎样发现？发现什么？发现它干什么？好像这个问题有悖常识，似乎"发现"（discovery）是说不通的。但是，中国在地球上存在不等于她的存在历史和新历史中的意义得到了恰切的理解，也不等于说对她一个多世纪的形象误读和价值抹杀可以成为不再追问的事实，更不等于西方对中国的看法就可以成为永恒不变的定论。"发现"是探索和重新解释，是对历史尘埃的拂去，是对被遮蔽的形象的重新清理，是对歪曲的文化身份的重新恢复。第三是如何在坚持"文化拿来"中，走向"文化互动"。文化输出不是要"拯救"西方文化，而是尽可能减少西方对中国的误读。其实"输出"不是"冷战"，而是主动寻求对话，再差的文明、再低的文化地位也需要通过对话而有自知之明。"输出"是一种不再满足于西方文

化单边主义规训的态度而寻求文化双边主义对话的善良愿望。发现东方还在于"东方"在西方中心主义眼里一直是被看和被征服的对象,"中东"成为西方的石油资源争夺场,"远东"的日本已经脱亚入欧,而中国则在诸多方面被日韩文化所遮蔽,因此发现"东方"具有重新确立中国在亚洲的文化重镇的地位,确立"汉字文化圈"与西方文化交流互动的主动势态的重要意义。说到底,"发现"是对民族自信心的发现,对虚无主义的拒绝,对未来中国发展可能性的展望,对新世纪中国形象的重塑和前瞻。所以《中国后现代话语》的中、下编收录了多达23篇论文,其强烈的东方特别是中国立场和对于全球文化的强势介入态度都是脉息可闻的。

其四,学术史科学发展意识:群体描绘与意义追问

《中国后现代话语》附有按年度排列的从20世纪80年代初至2003年中国学者对后现代主义研究的著作和论文目录,构成了完整而清晰的中国后现代话语的学术史脉络。作为一部当代学术思想史论,《中国后现代话语》必然要关注那些具体研究者细微繁琐、充满差异甚至对立的个体性言述,但是这些个体化问题又往往将研究者引向后现代谱系的支节或无关紧要的末梢上去。是让"他者"的思想符合我的整体性论述,还是让我在"他者"弥漫的言说中去努力梳理其零散的思想,成为一个很难处理的"问题"。当然,这还关系到研究界面的扩大,即不仅需要中肯评价西方后现代思潮,还要关注港台和海外华人的后现代论述,并对中国大陆具有激进、辩证、保守等多派的后现代言说加以描述。王岳川教授的解决方法是对大陆、香港、台湾和海外的后现代言述群体地图加以描绘,并大致按每个人不同的态度观点和不同的派别进行归类,使人得以透过这些漩涡般复杂的问题获得对思想潜流走向的某种确认。他对那种跟踪式的学术报道或对某个热点的炒作,对那种将个别问题年鉴式列出论战各方的此起彼伏的发言方式不感兴趣,而坚持只对某些有学术推进意义的观点在历史尘埃落定后进行冷静地梳理。通过中西对话和文化互动,进入意义追问并契入更大的人类话语思考中。无疑,这份相当详尽的后现代在中国的学术史资料,会引领我们参与到那种话语紧张冲突和彼此话语的对话交融中去。

研究世界前沿学术问题,但是坚持中国立场,这就是王岳川教授《中国后现代话语》给我们的启示。

学术在争鸣中臻于至善*

——评《历有争议的陈炯明》

由段云章、沈晓敏、倪俊明编著，中山大学出版社 2006 年出版的《历有争议的陈炯明》一书，是一本颇具"争议"的学术著作，也是值得一评的学术著作。

陈炯明是民国时期广东政坛的风云人物，说是历来甚有争议的重要角色。比如，他在清末立宪运动中是否"投机革命"？1911 年"三二九"黄花岗起义是否"逃跑"？于民国初年督粤之布政是否得当？他对广东"二次革命"失败的责任何在？中华革命党时期走南洋是否另树一帜？漳州之治是否自治"示范"之举？回粤驱桂可另有隐衷？北伐失败归因何在？其联省自治主张属

---

* 本文选自中共广东省委宣传部出版处、广东省新闻出版局新闻出版管理处编写的《广东出版物审读简报》2008 年第 4 期。

《历有争议的陈炯明》作者段云章、沈晓敏、倪俊明，责任编辑邹岚萍，2006 年出版。

何等旗号？1922年"六一六"兵变应如何评说？陈氏与中共、共产国际（俄共）的关系如何？上述疑问为陈炯明研究提供了广阔的争议空间。

传主的事功本身存在争议，学者见仁见智，乃至"众说纷纭"，实属正常。

但由于历史的原因，在国民政府时期，孙中山的旗帜成为正统和主流意识，特别是蒋介石渗入了个人的"动机"，从中"推波助澜"，一切核心价值均以孙中山的"标尺"为取向，非此即彼，以至在陈炯明的评价问题上呈现了僵化、绝对化。中华人民共和国成立后，毛泽东于1956年发表《纪念孙中山先生》一文，阐明中国共产党人是孙中山先生事业的继承者，为这一领域的研究确定了"基调"。因之，对陈氏的评价也基本上难以突破旧有的藩篱。虽然偶有学人作过某些微观的探索，提出过不同的看法，却不足以"左右"成见。

前述之学术背景，加上对有关陈有的史料挖掘不够（在很大程序上，人们了解陈炯明往往以《陈炯明叛国史》一书为依据），以至关于陈炯明的学术研究，很难论争起来，几十年来基本上沿袭成说，这是可以理解的。

今天对陈炯明的研究，应该有所改观——如果说，囿于史料的阙如，20世纪90年代前对他的争议泛于天马行空，那么，随着《陈炯明集》（1998年版）、《孙文与陈炯明史事编年》（2003年版）的问世，此后的争议便是学术态度的分野，这是令人关注的焦点。因为对陈氏的研究已与现实政治无关，也不涉及是否坚持四项基本原则的问题。学人应取心平气和的态度，实事求是的学风，秉笔信史，功罪千秋。

对陈炯明的评价，关键在于孙中山与陈炯明的关系。应该指出，陈炯明不是"完人"；同样的道理，孙中山也不是神。对孙陈关系的学术探究，应该以事实之是者是之，以事实之非者非之。具体而言，孙陈关系的研究，应该遵循如下原则：（一）不应以孙陈的是非为是非，应视二者是否符合世界潮流、时代发展和人群需要；（二）于复杂纷繁的社会氛围中，理想相同或相近而所择之方式、步骤各异乃属正常现象；（三）孙陈矛盾仍可视为进步阵营中的"内部矛盾"；（四）孙陈两者的分裂主要是政治主张上的分歧，似乎不能无限上纲到两个阶级的"你死我活"的斗争

书里书外

（1922年6月16日的炮轰总统府可一次"政治震慑"的"极端"手段）。

　　治史不能曲学阿世，学术不该作无米之炊。鉴于历史人物和事件往往具有多面性、多重性和矛盾性，并有一个发展变化的过程，如在资料整理上有所回避或曲加掩饰，都必然有失历史真实，易于产生错觉和误解；而全面、系统、准确资料的提供，则能为客观研究创造必要前提，俾能开展实事求是的研究得出较切合历史实际的正确认识。

　　历史上黄兴、章炳麟等人与孙中山都曾各执己见，一度形同水火，但事后握手，仍是同志。孙陈关系也有"惊人相似"之处，直到孙中山辞世前，不断有好心人士居间调停，孙陈间存在着和好与合作的基础，而且孙陈两人的书信中亦均表示愿意和好。然而，孙氏坚持要陈氏写一氏悔过书，陈氏则坚决不从，终至神离貌亦不合，这不能不说是历史的遗憾。

　　要之，《历有争议的陈炯明》乃是一本值得推荐一读的学术著作，所辑论文可以说是对过往成说的一种"颠覆"，这种"颠覆"完全由扎实的史料基础而构建——作者均是《陈炯明集》和《孙文与陈炯明史事编年》的编著者。这里，姑且把他们的学术观点视作"一家之言"，而此一家之言决不是异端歧说、洪水猛兽，它对于开阔人们的学术视野，触发学者的探索思维，深化这一领域的学术研究，推动社会科学的繁荣，无疑是大有裨益的。如是，学术在争鸣中必将臻于至善。

从哲学、宗教学及人类学角度看地域社会与信仰习俗*

休 桑

宗教人类学是人类学研究的一个分支领域，也是人类学中最受重视、积累最为丰厚的一个学科。宗教人类学可以认为形成于19世纪后半期的英国，其标志为泰勒所著《原始文化——关于神话、哲学、宗教、艺术和风俗的发展的研究》（1871）。之后的半个多世纪里，西方人类学早期的宗教研究主要关注无文字、相对孤立的小型社会的宗教文化。

20世纪中叶以后，随着现代人类学开始将农民社会、工业及都市社会纳入学术视野，宗教人类学也开始研究文明发达地区居民的宗教文化。西方人类学的宗教研究涉猎广泛、门类严整，其研究内容包括世界各地几乎所有宗教现象，在材料挖掘、方法论开发和理论概括方面都具独到之处。

中国人类学的宗教研究起步较早，在20世纪前半期就曾有过显赫成果。20

---

*《地域社会与信仰习俗——立足田野的人类学研究》作者王建新、刘昭瑞，责任编辑裴大泉，2007年出版。

书里书外

世纪 50 – 70 年代，因特殊的政治历史背景而陷入停顿，直到 80 年代后半期才开始逐渐恢复和发展。近 20 年来，中国宗教人类学的学科建设有了很大发展、各类论著数量不断增加；但其内容主要集中在依赖资料的比较研究、概论导论及国外学说的翻译介绍，较少立足于田野调查、以新鲜事例挖掘和理论方法开发为目的的宗教民族志研究。

我们认为，通过十多年的努力，中国的宗教人类学研究已经基本完成恢复工作，并且在介绍、引进和学习国外人类学的理论方法等方面取得了空前的成果。目前，我们并不缺乏理论，我们缺乏的是利用引进和学到的东西所做的实质性宗教研究。我们需要脚踏实地地挖掘新资料、在理论方法上进行独立的创新，从而以自身的研究建树逐步确立在国际宗教人类学研究领域中的话语权。

鉴于这种问题意识，论文集的执笔者们都试图立足于各自的田野工作现场，从与各地社会文化生活的具体关系入手，对各地的信仰习俗进行了人类学分析。与国内外同类专业书籍相比，这本论文在资料的挖掘方面，有全新、系统、深入等特点，在理论方法方面也能从各自研究的立场出发于国内外相关学科的理论方法形成对话。既有一般作品所难以达到的资料的广度和深度，又有非单篇学术专著所能涉及的综合性理论视角，并且写作风格灵活、多样，可以满足从专业到普及等各种不同阅读对象的学习要求。

社会需要情况

从目前国内教学、科研、生产和培养人才方面看，对此书的需要情况如何？

目前，国内宗教人类学研究正在蓬勃发展，各类读物，特别是介绍国外信仰习俗及相关研究的译著、概论和导论之类的专业书籍数量不少。但在研究和教学的实践中，我们越来越迫切地感到，需要一部适应宗教人类学专业本科及研究生教学的教材或文集，向学生们展示本学科挖掘新资料，进行理论和方法论创新的研究事例。并且，从民族学、民俗学和宗教人类学整体发展情况来看，我们也急需一部有能够充分体现专业特色的、分量和理论指导意义的教材，或说专业参考书。

岭南学学科的初步构建

嵇春霞

华南师范大学岭南文化研究中心(以下简称"中心")是广东省普通高校人文社会科学重点研究基地,担负着厘清岭南文化的发展历史、梳理岭南文化的学术格局、重塑岭南文化的辉煌的历史使命。

"中心"推出一套冠以"岭南学"之名的丛书,来展示其学科理念和研究实绩。"岭南学丛书"由中心主任左鹏军教授主编,包括五种著作:《黄遵宪与岭南近代文学丛论》(左鹏军)、《广东方言与文化探论》(邵慧君、甘于恩)、《岭南人物与近代思潮》(宋德华)、《岭南近代文化论稿》(刘圣宜)、《古代广东史地考论》(颜广文),2007年年底由中山大学出版社出版。五种著作涵括文学、语言、文化、历史、地理等众多领域,在时间跨度上则以近代为核心,追源溯流,形成了纵横兼具的学科体系。

《黄遵宪与岭南近代文学丛论》为作者近20年来关于黄遵宪与岭南近代文学主要研究成果之呈现。依其内容,厘为三辑:一为黄遵宪研究,含黄氏诗歌创作、文学思想、文化心态、品藻人物、政治态度、晚年思想等问题之专题论述,黄遵宪研究史之回顾评价;二为岭南近代文学家与文学现象研究,含太平天国文学主张,何曰愈、丁日昌、何如璋、沈世良、叶

衍兰、汪瑔、容闳、胡曦、梁启超、黄节诸家之论述,澳门《知新报》与"诗界革命",报刊传播与岭南近代文学,岭南近代文学历史地位之探究;三为岭南近代文献之考辨匡补,含新见丁日昌、黄遵宪、梁启超集外诗文之考证披露,《黄遵宪文集》、《黄遵宪集》、《清诗纪事》疏失之匡正补充。本书兼具考证与义理之长,创获颇多,在黄遵宪与岭南近代文学研究中特色鲜明,具有重要的学术价值。

《广东方言与文化探论》以广东各地方言(尤其是粤语)语音、词汇、语法研究为主,兼及词语考释、方言与文化之关系,旨在探讨与呈现广东方言特性,深入认识广东方言特点,为总结具有汉语特色的语言学理论提供有价值的参考。全书分四编:第一编着重研究粤语语音特点,加深对粤语总体特点和各地特色的认识;第二编探讨粤语词汇与语法特点,对广东部分地区方言的单复数形式、词汇系统、人称代词、形容词重叠以及特殊句式进行详细考察;第三编对一些重要词语的语源进行探究,追寻粤语词语的发展变化;第四编讨论广东方言与文化的关系,回顾和展望20世纪80年代以来的粤语研究与广府文化、潮汕文化研究。本书对提升方言在文化建设中的地位,更好地开展岭南文化研究具有颇为重要的参考价值。

《岭南人物与近代思潮》以洪秀全、康有为、梁启超、孙中山等四位界碑式的人物为主要研究对象,分别对太平天国思潮、维新思潮、君主立宪思潮和民主革命思潮进行了深入探讨,依据翔实史料展开系统论述,尤多针对学界不同观点所发争鸣意见。对不少重要学术问题,如拜上帝教与中西文化的关系,维新派政治纲领及君权变法主张的评价,康有为大同三世说的演变,孙中山早期思想的特性,等等,俱能力陈新见。书中对岭南人物当年发表的富强论、变法论、新民论、近代化论、民主宪政论等所作的评介阐释,展示了不同历史阶段时代脉搏的跳动,同时表现出鲜明的现实文化关怀。本书在岭南人物与近代思潮之关系的研究中,显独到之处,成一家之言,具有独特的价值。

《岭南近代文化论稿》在近代中西交汇、古今嬗变的背景下,论述岭南文化的多元结构、独特品格、历史价值和积极意义,从多方面考察和探究岭南文化在近代风云激荡中的深刻变化与历史转换,力图展示岭南近代文化的独特历程。本书分为四章：第一章宏观综论岭南文化的属性、内容、特点与发展变化等问题；第二章专题研讨岭南文化与西方近代文化的关系；第三章分析西学东渐对中国近代改革思潮的影响与作用；第四章对发生了全国性乃至世界性影响的岭南近代人物洪仁玕、康有为、梁启超、丘逢甲、孙中山等进行个案考察。在此基础上，从多方面分析了岭南成为近代维新、革命思想发源地的时代与地域渊源，展示了岭南深厚的人文底蕴和开拓进取的精神风貌。

《古代广东史地考论》试图从历史地理学角度探究和解决古代广东后来居上、到明清时期逐渐跻身于全国先进地区行列的问题。循此思路展开以下专题的考察：探讨古代广东驿道交通与社会发展的关系，古代广东驿道驿站的管理特点，从而印证"路通与财通"的辩证关系；指出古代广东社会追赶全国先进水平发端于元代、基本完成于明中后期的事实，探讨了元朝统一广东、元明易代之际、明代中期等几个关键性历史时期中央集权统治与广东社会状况、社会关系和民族融合等问题；鉴于重要人物在历史发展转换中通常发挥关键作用并产生重大影响，本书也选择了一批杰出历史人物为研究对象，既有治粤大吏，又有粤籍官员，还有明末清初坚持抗清的仁人志士。以此展示古代广东的社会变迁与历史进程。

该丛书将对岭南文化的总体把握与对岭南人物的个案研究相结合，注重文献发掘与田野调查相结合，从文学史学、古典文献学、方言学、文化学、历史学、地理学等多学科对岭南文化的重要现象与关键问题作了颇为全面系统的研究，并进行学科规范意义上的"岭南学"的探索和建构，其多视野、多领域、多角度、多层次的研究特色，自然一新学人耳目。本丛书是从地域文化学意义上建立独立规范的"岭南学"学科体系与探索"岭南学"研究范式的首批成果，具有以下四个方面的特色：其一，展现岭南学的近代内涵。其二，初现岭南学的学术格局。其三，彰显岭南学的名家魅力。其四，拓展岭南学的文化视野。

"岭南学丛书"只是岭南学学科建设的第一步，相信随着研究的深入，作为具有鲜明特色的岭南学将会以广博而深刻的内涵，引起更多学人的关注。

书里书外

历史的感性记忆和生命经历

邓启耀

拥有这样父母的人是值得自豪的:父亲是"不喜欢战争,亦反对不义的战争,却绝不害怕战争"(李汉魂,见第一章)的抗战名将,母亲是收养了3万战争难童的"院长妈妈"。李浈就拥有这样的父母。继《花开梦怀》之后,李浈教授又整理出版了这本回忆录。前一本为父亲李汉魂将军而作,这一本当为抗日战争时领导广东省儿童教养院的母亲吴菊芳而作。但这两个名字不仅仅属于李浈。无论是经历过还是没有经历过20世纪的那些苦难,人们都不应该忘记这两个名字,因为这两个名字代表着义勇和博爱。

《幸余生——抗日时期难童人生纪实》*的主要内容由抗日战争难童和他们的"院长妈妈"及救援人员叙述起。然而,当我读完这些由他们的"个人笔记"和访谈录音综合整理的回忆录,发现这并不仅仅是关于抗日战争时期难童的故事,而是关于中国20世纪约70年历史的记忆。

他们叙述的历史大多开始于1938年。伴随着日本侵略者的枪炮声,数以

---

*《幸余生——抗日时期难童人生纪实》作者李浈,责任编辑王睿,2009年出版。本文作者为中山大学传播与设计学院副院长、中山大学人类学系教授。

万计的中国儿童沦为孤儿。和以政治事件、统计数字及理性分析为中心的史书或学者叙述不同的是,作为一种个人记忆,难童们的叙述是感性的、直接来自身体和心灵的经历。留在他们视觉记忆中的是"日本仔泼汽油放火烧屋"、"端着上刺刀的枪要你男的女的脱光衣服在他面前通过"、"随意抓过路人来做靶子练柔术把人摔得死去活来"、父母或亲人"被鬼子抓去开膛暴尸野外"(难童文干,见第二章);留在他们听觉记忆中的是警报器凄厉的尖啸、飞机刺耳的俯冲声和炸弹震耳欲聋的爆炸,"四面枪炮之声大作,是时婴孩嚎哭,妇女悲鸣……眼看大好家乡瞬成地狱"(难童关铨和,见第二章);他们难忘身上长满虱子头上长满疮的日子,难忘因极度惊惧而尿湿了裤子的感受,难忘倒卧路边时灰尘和身体腐烂的气味;更让他们刻骨铭心的是无家可归的孤独、惨遭杀戮的恐惧、任人凌辱的羞耻,"见不行'鞠躬礼'的老人就杀"(难童向桂新,见第二章),连"小孩路过哨卡想绕过不行礼就被抓住狠狠打耳光","8岁表妹,隔塘的70多岁老妇婕四妈也给奸了……鬼子奸后,还捅下阴一剑"(难童关铨和,见第二章)。他们最小的年仅3岁,最大不过10来岁,便被迫目睹太多的死亡、暴行和罪恶,经历逃难、离散、饥饿和病痛……

战乱中仅留下少量有关难童的照片和纪录片,但只需看看孩子们骨瘦如柴的身躯和他们失神的眼睛,你便可以看到地狱。

是爱拯救了沉沦。1939年,吴菊芳女士在广东省领导了一个救援活动,组建儿童教养院、保育院和妇女生产工作团,收容殉国军人的遗属和沦陷区流离失所、无人照顾的难童。吴菊芳与这段历史的结缘是感性的:"当我踯躅行于韶关的大街小巷,看见那些面有菜色的妇女,尤其是那些因战火痛失家园的无依无靠的儿童卧于街边,身躯瘦弱睁着一双流露企盼的大眼望着我时,我不禁怅然泪下,心中一阵阵涌起难以抑制的伤感。同是天涯沦落人,都是自幼痛失母爱。我一岁痛失母亲,更深切地体会到母爱对孩子的重要。如今我已身为人母,我的母爱要给子女,我的母爱更应给千百万饱受战争摧残的无辜难童们,'幼吾幼以及人之幼'。"(吴菊芳,见第二章)她和抢救队员"冒着炮火,把孩子从父母的尸体旁边领回来";又忙着为孩子们洗澡喂食,忙得"汗水顺着前额往下流淌",经常挺着大肚子为难童到处奔波的吴菊芳因此被叫做"院长妈妈"(她曾因怀

书里书外

孕时就读中山大学被人戏称"中大附中")。让人难忘的不仅是这类寻常或不寻常的事,还有具体到肤觉的细微感受。一个难童回忆了和"院长妈妈"的一次接触:"(院长妈妈)慈爱地把我抱起来,我像她的小女儿一样把手搭到她的脖子里,那样感受着她的爱抚,是多么的甜蜜和温馨!这种感觉一直深藏在我这个孤女的心上。"(难童江流芳,见第三章)在生命都显得太微不足道的年代,有人记住了一次抚摸!这样的个人感受也许永远不会记入公共史册,它却使我无来由地感动。那个年代太多欺辱,太多悲惨,太多残酷,独独缺少爱抚。"院长妈妈"让失去母爱的孤女得到了人最需要的、值得一辈子珍藏的记忆,十分感性的记忆。它在个人生命史中不是微不足道的,在一个群体的集体记忆中不是微不足道的,在人性的"大历史"中也不是微不足道的!

这位"妈妈"即使在外有强敌、内有冷眼、心力交瘁的时候,依然竭其所能,"救得一个算一个,尽人力以补救天时",虽然"也知道多收一个就多一份负担,就多一层压力,就多一种困难,但国难当头,何能考虑个人得失,尽一份力,尽一份心,可慰自己的良心"。(吴菊芳,见第三章)为了这些远远超出预计的难童,"院长妈妈"到处奔走筹款募捐,马不停蹄。而她自己不足6岁的爱儿,病了整整89天,却"未好好地陪他看病,未好好照料他",等她风尘仆仆赶回家,爱儿已经病逝。"惊闻之下,如堕冰窟,四肢麻木,心口痛裂。回到家,惟抱起尸体痛哭⋯⋯"(吴菊芳,见第二章)难童们都明白,"院长妈妈"是为了他们,献出了自己的儿子。他们自发送来山花和信,信里说:"院长妈妈,您失去了一个儿子,我们成千上万的学童都是您的孩子。您不孤单,您不要悲哀!"(吴菊芳,见第二章)直到半个多世纪后(1992年),那些白头发、坐轮椅、拄手杖的老人见到远渡重洋来看望他们的吴菊芳院长,还依然热泪盈眶地大声喊她"妈妈",而她,"站在出口的门旁边,拥抱了到会的近1000多个她的孩子"。这是一个令人动容的时刻。这一年,"院长妈妈"80岁。

难童与"院长妈妈"的历史,如果只链接1938年和1992年的某个瞬间,会是一个非常完美的结局。被记录下来的历史往往是这样表述的。

但生活并不凝固在某个你愿意选定的瞬间。

1945年,八年艰苦抗战终于结束,共同抗敌的不同阶级并没有产生人民期待的联合政府。内战又打了4年，这个时候阶级利益高于一切。难童的苦难还得延伸。熬过九死一生的难童还没有完全从抗日战争中长大成人，就被抛入内战的漩涡。他们或是主动投军，或是被人拉了"猪仔兵"，在两个对立的营垒中互相射击。"日本仔"把他们变成孤儿，而内战却让他们不得不消灭同胞，使他们的孩子变成孤儿。"中间路线是没有的"，要不就只有失业、饥饿、被杀或被时代遗弃。难童或自谋生路，或变成战士，儿童教养院无事可为，"院长妈妈"便和丈夫（这个抗战胜利即被解职的"抗日将军"）一道，远离政治漩涡，以病避居海外。

1949年，阶级较量也有了结果，然而，战争并不因为内战的停止而终结。为了巩固新生政权，"没有硝烟的战争"无处不在。"脱裤子、割尾巴"、"反右"、"大跃进"、"文化大革命"……一晃就近30年，也是那一代难童最珍贵的青壮年时代。没有被敌人或同胞消灭的难童，继续面临着被同志消灭或消灭同志才能生存的处境。一次接一次的"运动"给人的教育是什么呢？"从那以后，我猛然觉醒，从赞成变为反对！从反对变成报复！报复的心理支撑着自己思想和行动。于是……"（难童向桂新，见第七章）诚实的人学会撒谎，温和的人变成斗士，善良的人冷漠无情。为了使自己不致沦入每次"运动"都必须被揪出的那百分之五至十"规定指标"的"坏人"行列之中，人性极度扭曲，整个国家像疯了一样，今天你整我，明天我整你。"中间路线是没有人敢走的"（难童向桂新，见第七章）。不革别人的命，自己的命就会被革。

苦难在延伸，在更深之处延伸。

对于绝大多数中国人来说，20世纪是个冷酷的时代。

那是一个可以将人对人的信任，对生活的信心彻底摧毁的时代。抗战、内乱、阶级斗争、政治运动，一个接着一个；出卖同胞、诬陷同志、残酷斗争、无情打击、杀人、被杀或整人、被整，一天连着一天。

日本人杀中国人，说是因为民族斗争；中国人杀中国人，说是因为阶级斗争；同一个阶级的人自相残杀，说是因为路线斗争；同一条线上的人彼此迫害，说是因为思想斗争或意识形态的斗争。大屠杀、种族灭绝、阶级报复、划线站队、狠斗私字一闪念、灵魂深处闹革命……是那个世纪不同时期的关键词。

是的,为了利益、权力甚至观念之类不可或缺无法一统的东西,人类历史上不能没有"斗争"。斗争常常是推动历史发展的动力,但人类历史也不能没有"和合":国家与国家、民族与民族的和平与合作,阶级与阶级、阶层与阶层的和解与合作,党派与党派、群体与群体的和谐与合作。"和"是太平盛世的平衡器,现在也正在成为新时代发展的大趋势。有许多东西我们过去无法摆脱,现在和将来也难以摆脱,如利益,如生存,特别是涉及国家利益、民族存亡的大事,我们不能一厢情愿讲"和",讲愚善。但有一种力量总让我们热泪盈眶,这就是爱。爱如水一样柔弱,也如水一样强大。它贯通天地,渗透万物,让世界充满生机和力量,而缺少它的地方必然是荒漠。它可以抚平创伤,就像被"院长妈妈"抚慰的孤女一样;也可以抚平沟壑,就像那些真正的伟人一样。中间道路其实是有的。政治家们(而不是只会谋取集团利益和权力的政客),为什么不可以通过和平,通过一种更博大的爱,举重若轻,化解矛盾,去尝试抚平人类的冲突和仇杀呢?哪怕像"院长妈妈"一样,管你爱听不爱听,也要不断地对重权在握的人唠叨一句:"不能再整人了!"(吴菊芳,见第八章)

"和"是中国文化的精神,也是世界和平的理想。"和",无须"同",无须同于一个恃强凌弱的"共荣圈",无须同于一条强加于人的思想戒律,无须同于一种独一无二的霸权声音。这就是真实的和谐社会,这就是"和而不同"的多元世界。

难童叙述的一切似乎都属于历史了,但似乎它们又不完全成为历史。通过叙述和倾听,叙述者和倾听者各自经历了、分享了历史,叙述者和倾听者更重构了历史事实后面的社会真实。无论是名人还是普通人。也许,我们工作的意义在于,倾听和记录那些没有被倾听和记录的普通人的故事。而复现或重构普通人的历史,需要有更多人文的关怀、人性的关怀。对于那些或许并不惊心动魄的日常生活进行关注,通过以一生为代价的生命经历来反思历史、拷问人性,发现平凡故事之后的意义就是我们工作的意义,因为这正是我们这个世界最普遍的社会真实和生活真实。

恰如"院长妈妈"所说:"往事已矣,大家只有朝前看,往前走,浩劫之中谁能幸免,劫乱之后,谁能奋起。"(吴菊芳,见第八章)

2009 年 1 月于中山大学

《影响人类健康的常见人兽共患病》*序言

钟南山

从远古时代捕猎动物作为食物、驯养动物作为助手,到现在饲养宠物作为伴侣、开发实验动物用于科学研究,人们的生活与动物的接触越来越密切,但这种密切接触,正是人兽共患病传播的桥梁。

人兽共患病是指人和脊椎动物由共同病原体引起,又在流行病学上有关联的疾病。历史上,人兽共患传染病给人类和动物带来过沉重的灾难:斑疹伤寒曾几乎摧毁了整个雅典城,欧洲的几次鼠疫大流行导致了几千万人死亡,狂犬病到今天死亡率仍接近100%。

近年来,人兽共患病仍然频频暴发:欧洲疯牛病时有发生,全球禽流感的消息也不时传出,而近日甲型H1N1流感也在全世界造成巨大影响。人类密切接触的动物如猪、马、牛、羊、犬、鸡以及老鼠、蚊子等很多动物携带的多种疾病可以传染给人类。

在2003年发生的"非典"疫情,也是人兽共患疾病的一个典型,在

---

* 《影响人类健康的常见人兽共患病》作者陆家海、栾玉明,责任编辑张礼凤,2009年出版。本文作者为中国工程院院士、教授。

书里书外

这场斗争中,我们发现,除了发现病人、及时隔离和治疗、保护医务人员、做好流调等工作以外,一个很重要的工作就是做好群众的健康教育工作,把预防"非典"的知识告诉群众,让群众懂得怎么预防"非典",特别是切断及管理SARS冠状病毒通过动物传播给人类的途径。

人们对这类疾病的认识普遍不足,很多人往往在引起大流行时才对这些疾病有所耳闻。在这个意义上,我认为《影响人类健康的常见人兽共患病》具有针对性和时效性,它的出版将有力地推动我国人兽共患病知识的普及,让每一位读者都有所收获。

下篇　书外：读书人的回眸

神秘的猿猴社会

杨　捷

日本京都大学灵长类研究所博士研究生、中山大学人类学系教师张鹏和日本京都大学灵长类研究所渡边邦夫教授联合编写的《灵长类的社会进化》*一书业已由中山大学出版社出版。这本书是目前国内第一本系统介绍灵长类知识的著作。

本书从灵长类社会生态学的全新视野解释人类社会进化和家庭出现的过程。灵长类是"众生之灵、众生之长",包括360余种种类。其中人类代表了最进化的种类,而懒猴和眼镜猴等原猴类则代表了最初级的种类,维持了6500万年前早期灵长类的原型。本书讲述了近年来国内外对这些灵长类生态学的研究进展,提供了较为全面的灵长类社会生态学知识。作为高级科普读物,本书适合于对野生动物社会生态和人类起源感兴趣的读者群,有利于读者们了解神秘的猿猴世界和人类社会起源的背景。

猿猴也有社会吗？在申报《灵长类的社会进化》这一选题的时候,出版社的几位同仁曾提出过这样的疑问。通过仔细审读原稿,得知猿猴虽然不具有人类运用语言和政治的能力,但是他们的社会行为非常发达,具有

---

* 《灵长类的社会进化》作者张鹏、（日）渡边邦夫,责任编辑杨捷,2009年出版。

书里书外

非常稳定的社会秩序和多样的社会结构。灵长类学是人类学的支撑科学，也是生物学与人类学间的桥梁科学。各国学者对灵长类社会学的研究已经进行了长达60余年，就是希望通过研究猿猴的社会了解人类社会起源的背景和机制。为此国际上建立了日本京都大学灵长类研究所和德国马普人类进化研究所等综合性研究机构，美国哈佛大学人类学系和英国剑桥大学动物学系等权威院校也都设立了灵长类社会进化的研究方向。国际上比较经典的教科书籍有 Primate Societies（Smuts 等著，1987）和《灵长类社会的进化》（伊谷纯一郎著，1987）等。

而国内目前仍缺乏类似的综合性灵长类书籍。以往出版的书籍都是涉及单个物种的个人研究集，例如北京大学出版社出版的《金丝猴的社会》（任仁眉著，2000）等。《灵长类的社会进化》一书则突破了这种模式，书中通过讨论不同研究者关于原猴类、新世界猴、旧世界猴和类人猿等物种的研究，总结了从灵长类社会到人类家庭的进化轨迹。书中介绍的灵长类生态研究和进化理论有利于推进国内的灵长类学研究，也对国内古人类学学者、文化人类学学者、社会学学者、动物学学者等的研究有一定的参考价值。

猿猴有着什么样的社会呢？通过本书的讲述，我们可以发现，其实猿猴社会的多样性一点也不亚于人类社会。我们常常讨论亚洲人、欧美人、非洲人的社会和行为差异，而这种讨论都仅仅局限在人类这一个物种。人类以外还有其他360余种灵长类，他们亦有着多样的社会关系和复杂的社会行为。

《灵长类的社会进化》共分十四章：第一章阐述了人类学学者对人类家庭起源的争论和形成家庭的五大条件。第二、第三章阐述了灵长类的起源背景和社会行为背景。第四、第五章阐述了初期灵长类的社会进化，也就是原猴类从夜行性到昼行性、从单独生活到集群生活的变革。第六章到第十三章阐述了高等猿猴类的社会进化轨迹，各章以典型的物种为代表描述了每个阶段灵长类社会的特征，包括猩猩的单独生活、长臂猿的一夫一妻社会、长尾叶猴的母系一夫多妻社会、大猩猩的父系一夫多妻社会、日本猴的母系多夫多妻社会、狮尾狒狒的母系重层社会、埃及狒狒的父系重层社会、黑猩猩的父系多夫多妻社会。根据上述灵长类社会的进化轨迹，

第十四章作为本书小结强调，灵长类的社会进化受到系统和环境的双重影响，归纳了灵长类社会的进化机制，并勾勒了人类社会出现的社会背景。

为了增加可读性，书中增加了较多的灵长类动物图片，略去了繁琐的科研数据图表。书中重点介绍有代表性的物种，不仅有利于引进成熟的科学理论，也有利于使读者对该物种有更加全面的认识。随着国内爱护动物意识的普及，相信更多的读者会喜欢阅读野生动物社会生态方面的知识。

猿猴如何形成多样的社会呢？在多姿多彩的灵长类社会中，为什么长臂猿一定要生活在一夫一妻的社会，为什么黑猩猩一定要生活在多夫多妻的社会呢？《灵长类的社会进化》对这些问题都有详细的阐述。本书有两个理论框架。一方面是今西锦司在《生物社会的论理》（1949）中提出的社会系统进化论，这一理论认为灵长类每一个物种都有其固有的社会结构，而且这些社会结构有着连续的进化轨迹，可能与物种进化的过程相关。另一方面本书提及了近年来西方灵长类学者强调的社会生态学理论，灵长类的固有社会形态受种群息环境、种群密度等生态学因素的影响会有一定的可塑性。所以在探讨人类家庭起源的论述中，我们可能也需要考虑我们的祖先猿人的固有社会形态是什么，当时的生态环境对形成早期人类社会有什么影响等方面的问题。

本书的写作风格颇有特色。作者运用拟人的写作手法，恰当地描述了猿猴生动而拟人的行为特点。从猩猩社会中的孤独压抑、长臂猿求爱的甜美忠贞、狮尾狒狒二雄的委曲求全到黑猩猩雄性间的残酷屠杀，作者邀请读者们一起进入神秘的猿猴社会，体会他们的喜怒哀乐。

书里书外

薛肥林瘦辨红楼*

叔 仍

中国古典小说名著,没有哪一本书像《红楼梦》这样,争吵得这么厉害。关于钗、黛孰优孰劣的问题,也一直是《红楼梦》研究中聚讼未结的一桩公案。清末资料记载,就有朋友间因对宝钗、黛玉意见不合而"几挥老拳"的。不过,虽然对钗、黛的辨析贯穿了《红楼梦》研究的整个历程,但从未有人将此论题作一个全面系统的考察与分析。因之,曾扬华先生的《钗黛之辨》一书,有首创之功。

本来,褒黛贬钗或褒钗贬黛,由于经历、教育、情性的不同,每个人都会有不同的回答。文学鉴赏的结果,或有高低之别,并无对错之分。但专业的文学研究,更注重是对作者原意的推求。然而,在作者是谁尚待确证的情况下,推考作品原意,是否可能?

《钗黛之辨》一书提出,问题的关键在于,我们需要对作品有一个整体的把握。《红楼梦》含蓄有味的艺术个性,体现在大至情节、小至人名等诸种事项上,而对于人物塑造,则正以钗黛最为典型,作者并没有直接说谁好谁坏,它不像《三国志通俗演义》,曹操是坏的,刘备是好的,一清二楚。因此数百年来,形成了拥林派与拥薛派这

---

* 本文摘自"金羊网"——《羊城晚报》2009年12月15日。

《钗黛之辨》作者曾扬华,责任编辑裴大泉,2009年出版。

两大阵营,并衍生出钗黛合一的折衷派。

不过,如果我们仔细寻觅,就会发现,在那些看似没有什么褒贬的寻常事件下面,还是有作者情感暗流在涌动的。"金玉良姻"和"木石前盟"的命运差异;潇湘馆和蘅芜苑,一个"翠竹遮映",一个"仙草藤蔓"的居住环境;怡红夜宴时牡丹与芙蓉的不同酒令,"不足之症"与"从胎里带来的一股热毒"以及那剂极其寒凉的海上方……这些不经意的描写,原来,都有着不可言说的委婉心曲,而小说中人物的七情生动之微,就这样从筋节窍髓中生动细致地解剖出来了。作者对《红楼梦》中大大小小的人物、情节、细节、物项信手拈来,一一细加考证,但又和作品紧密扣合,是与文学鉴赏结合起来的文学考证,把研究著述也作得趣味横生。

顺着作者的这把庖丁之刀,我们又看到,本书又从二人与书中其他人物之间的纷繁复杂的关系中,来辨析这两个人物。因此,贾母是否舍黛取钗?贾母为何对湘云不甚亲热?王熙凤这个精明的当家人又如何?人物关系一一被抽丝剥茧,随着一系列全新的更为合理的解释的提出,最终,在恍然大悟之余,我们又不免生出当年脂砚斋就曾屡次发出的"几被作者瞒过"之叹!而在丝丝入扣的"辨析"中,相信读者或会有终于捉拿到"真凶"的喜悦。不管你是否一定认同作者的最终结论,但这一推理的过程,一定会让红学爱好者们有不断回味的餍足之感。

《红楼梦》的研究已有100多年的历史了。近年来的研究,倾向于曹学、版本学、探佚学、脂学这些外围的探讨,并以此作为"红学"研究的基本范畴,而小说本身谈了些什么,却似乎越来越少人关心。在经过无数专家学者及红学爱好者文学的、政治学的、伦理学的、人生哲学的形形色色的解读之后,这部小说是否还存在继续开掘的空间?相信是不少人困惑的问题。本书在辨钗析黛之余,也启示我们:作品本身,仍然有大量可以挖采的东西。而"红学"在相当长一段的外围打圈之后,是否应再度回归到作品本身?毕竟,这是一部小说;毕竟,我们目前最易得,也最可信的原始资料,也是这部小说。

书里书外

古本《尚书》研究的重大进展*

——读《古本〈尚书〉文字研究》

叶玉英

今文《尚书》诘屈聱牙，素称难读。古本《尚书》由于夹杂了许多古文和俗字，就更加古奥难懂了。《尚书》学有不少聚讼千年的难题，如《尚书》的源流，今古文《尚书》经文的去伪存真，各种不同版本的古本《尚书》之间的源流关系，古本《尚书》文字的释读、文本的阐释，等等。林志强先生迎难而上，向难题挑战，在21世纪开初就确定了古本《尚书》的研究课题。令人欣喜的是，经过多年的刻苦钻研、辛勤耕耘，他的努力终成硕果——《古本〈尚书〉文字研究》面世了。

《古本〈尚书〉文字研究》以顾颉刚、顾廷龙合辑的《尚书文字合编》为主要材料，进行以下几个方面的研究：一是《尚书》源流与古本《尚书》；二是古本《尚书》的序列及其源流关系；

---

* 本文选自《龙岩学院学报》2010年第1期。本文作者为厦门大学中文系教师。
《古本〈尚书〉文字研究》作者林志强、曾宪通，责任编辑裴大泉，2009年出版；2011年获中国大学出版社图书奖第二届优秀学术著作奖二等奖。

三是古本《尚书》的文字特点以及古文与俗字、俗字与经书的关系；四是对 22 个古本《尚书》隶古定字进行考释，并以此为基础总结出隶古定文字的形音义特点，揭示隶古定的作用以及隶古定字诡异的原因；五是古本《尚书》俗字研究；六是上博简、郭店简引《书》与古本《尚书》校议；七是新出材料与《尚书》文本的解读；八是据古本《尚书》论卫包改字。这些研究对于《尚书》学、文献学、文字学等学科来说，都是很有意义的，主要表现在以下几个方面：

一、从文字学的角度对古本《尚书》文字现象进行专题研究，在国内外尚属首创

古本《尚书》中的特殊文字，既保留了许多古字形，也产生了不少新写法，有的可能还是独此一家的特殊字形，它们上可追溯商周以来的先秦文字，中可联系汉魏碑刻印章，下可联系楷书和俗字，对于探讨汉字的源流演变，具有不可忽视的价值。但以往的《尚书》文字研究多为校证和考订，显得零散不系统。林志强先生接受过系统的古文字学和文字学研究的训练，有文字学研究的专长，他从文字学的高度对古本《尚书》的文字现象进行历史的、动态的考察，观察细致，研究深入，因此创获颇丰，所得成果也非常重要，主要有：第一，揭示了孔传《尚书》文字的流变轨迹。作者对 65 个古本《尚书》中的特殊文字进行了字样调查，制成构形异同表，并进一步梳理每个字异体之间的关系，考察其演变的轨迹。其论证翔实清晰，证据确凿，令人信服。

第二，总结分析了古本《尚书》的文字特点。林志强先生指出：从总体上看，古本《尚书》的文字特点是正体楷字、隶古定字和俗字兼而有之，存古形、显新体、示变化，体现出怀旧与趋新兼备、尊经与从俗并存的风格。具体来说，则有以下几个特点：一是异体繁多，一字往往有多种不同的写法。这是由于隶古定字缺少规范，且古本《尚书》抄手非一所造成的现象。二是讹混。有形近义同相混、单纯义同相混、形近义不同相混三种情况。三是古本《尚书》在抄写的过程中，常见使用"＝"符。"＝"符在古本《尚书》中的作用有三：表示字、词的重复，表示一个字

中相同偏旁的重复，表示偏旁的省略。

第三，作者考定了古本《尚书》中的22个隶古定字，并进一步分析了隶古定字在形音义上的特点。在形体方面，隶古定文字在解散篆体的过程中产生了象形裂变、偏旁讹混等现象；在语音方面，隶古定的因声假借非常普遍，而且有些假借似乎已形成定势，有着长期沿用的系统，存在一定的变化规律；隶古定文字在意义上的联系主要表现为同义字的替换，大致有四种情况：一是有关形义的替换，二是有关音义的替换，三是单纯义同义近的替换，四是形音义的综合作用。研究隶古定文字也要形音义三者相结合，不可偏废。至于隶古定文字诡异的原因，主要有笔画变异、偏旁移位、以借字为本字等。这些看法对我们今后进一步研究古本《尚书》中的隶古定文字以及其他传世典籍中的隶古定字具有重要的指导意义。

第四，作者还论列了9个（组）俗字之例，指出古本《尚书》中俗字的构形有草书楷化、构件或笔画的简省和增繁、偏旁讹混以及改换声符等四个特点。《尚书》中的俗字表明"经书不用俗字"只是一个神话。

二、对《尚书》古写本的研究推进了一大步

在书中，林志强先生为我们厘清了《尚书文字合编》所收唐写本和日本古写本的序列及其源流关系，得出不少重要结论，主要有：

第一，日本古本写中，内野本和上［八］本渊源甚密，足利本和上［影］本如影随形。不过，四本同出一源，皆来源于唐写本。这说明敦煌等地所出的《尚书》写本和传入日本的《尚书》古抄本，实为一系，前者是源，后者是流。

第二，敦煌等地所出之编号不同的古本《尚书》或为一本所裂，或为前后相承。如伯3605、3615、3469、3169乃一本所裂，抄写时间当在高宗时或高宗后。伯5543、3752、5557原亦一本，乃天宝改字前一年写本。至于各本的抄写年代先后关系读者可参看该书第17页"古本《尚书》抄写年代简明表"，便可一目了然。

第三，在卫包改字之前，《尚书》传本已经出现今字本，而改字之后，古字本还仍然有所留存，卫包改字并非古字本和今字本的分水岭。作者所

论，证据确凿，当无可易。

三、启发我们重新思考古书流传和孔传本古文《尚书》真伪问题

通过作者的研究，我们对古书流传有了更加深刻的认识。通过梳理二十余种《尚书》古本的序列以及它们之间的源流关系，林志强先生指出："古书的传抄是在承继旧本又有所变化的过程中进行的。我们现在看到的古书，肯定不可能完全保留其原来的样子，但也不可能面目全非。"[1] 书中对隶古定字和俗字所作的个案分析和疏证，为我们揭示了古书传抄过程中抄手在文字使用上的主观性所造成的用字上的复杂性及其给后人解读带来的困难；作者还对卫包改字的问题作了深入细致的探讨，认为古本《尚书》中文字的古今之变并非全是卫包所为。同时指出，《尚书》在流传过程中，在尊经观念并不严格的情况下，必然有古今杂糅的传抄之本，必然有今字之本以逐渐取代古字之本，当然也有古字本在不绝如缕地延续着，其情况并非如后人所想象的那样非此即彼、简单纯粹。凡此皆表明，古书的流传过程是很复杂的，其文本会因时因地或多或少地发生一定的变化，经典的传抄也一样。

东晋初梅赜所献的孔安国《古文尚书传》，自宋代吴棫、朱熹开始备受怀疑，特别是清代阎若璩《古文尚书疏证》论定孔传本为伪书后，长期以来学术界的主流看法是将孔传本古文《尚书》视为伪书。近年来，随着郭店简、上博简中有关《尚书》文字的发现，古文《尚书》的真伪问题又一次成为学者们关注的热点。林志强先生的研究生动、细致、翔实地揭示了古本《尚书》流传过程的复杂性。他指出，就目前所获得的新材料而言，确实还不足以证明古文《尚书》是真正的先秦传本，但像《尚书》这样历经诸多波折的古书，要完全保留先秦的模样也是根本不可能的，因此我们不能简单地以真、伪来评判孔传本古文《尚书》。我们今天看到的孔传本古文《尚书》是"层累形成"的。

四、语言文字学研究和文献研究相结合

上述第三点的研究，涉及古书流传的通例和《尚书》传本的源流，已经可以看出其中所具有的文献学意义。除此之外，本书的文献学意义还表现在以下两个方面：

第一，将文字研究和文献整理有机地结合起来，为走面向文献整理的文字研究之路提供了范例。作者将上博简、郭店简引《书》中能与古本《尚书》直接对应的12句文例进行对校，不但有文字学上的分析，还有文献校勘上的讨论。如"小民亦惟曰怨咨"句，作者在逐字分析了"小"、"惟"、"曰"、"怨"诸字在形体上的异同之后，说："末尾之'咨'，今本《缁衣》、上博简、郭店简皆无，《尚书》传本此字当是后加，原因当是传《尚书》者误解上句'咨（资、晋）'之义而归上读，故于下句末增'咨'字以求对称。可见今本《君牙》确是经过后人的改造加工。"[2]

第二，注重运用语言学的方法解读文本，有语法分析，有语意指向和句法层面的考察。语法分析如《大禹谟》："帝曰：'俾予从欲以治，四方风动，惟乃之休。'"其中"惟乃之休"句，内野本作"惟女之休"，足利本、上［影］本同。上［八］本作"乃"，旁注"女"。虽然"女（汝）"、"乃"均是第二人称代词，但在从语法的角度看，还是有区别的。句中"乃"或"女（汝）"是做"休"的定语，而"乃"做定语按例是不能加"之"的，可见此句作"女（汝）"要比作"乃"更为妥当，当以古本作"女（汝）"为是。这是古本胜于今本的一个例子。[3]作者又指出："汉语意合的特点，有的时候需要将语义层面和句法层面分开看，透过表面的不同来考察其深层的含义。"例如，《君陈》："凡人未见聖，若不可见；既见聖，亦不克由聖。"此句《礼记·缁衣》作"未见聖，若己弗克见；既见聖，亦不克由聖。"上博简《缁衣》第10-11简作"未见耴（聖），女（如）丌（其）弗克见；我既见，我弗胄耴（聖）。"郭店简《缁衣》第19简作"未见聖，如其弗克见；我既见，我弗迪聖。"其中明显的异文是："凡人"二字，《礼记·缁衣》以及上博简、郭店简均无，而《礼记·缁衣》之"己"、楚简之"我"又不见于今本《君陈》。其中的差异,值得考察。作者对《礼记·缁衣》和楚简中的"其"、"我"、"己"的指代作用进行语意分析后指出:这些词都不是特指某个人的自己,而是泛指"任何人"的自己,在指称上与今本《君陈》的"凡人"实际上没有太大的区别。故今本《君陈》增加"凡人",删除"己"、"我",只是使前后语气一贯,而不是改变句意。《君陈》的这个句子,可以看出《尚书》的文本在传承的过程中确实经过增删调整,这是无可怀疑的。[4]

以上所论为笔者拜读《古本〈尚书〉文字研究》之后的一点心得体会,聊记数语,与博雅君子共同分享。由于笔者学识浅陋,难识真金,未能真正把握书中要旨,所以本文只是抛砖引玉,希望有识之士关注此书,关注古本《尚书》研究的这一重大进展。

当然,正如林志强先生在结语中所说的,古本《尚书》的研究并未就此结束。他认为古本《尚书》中无论是文字的考证、文本的解读,还是《尚书》学史的研究,都有很多问题没有解决清楚。目前,清华简中的《尚书》材料引起了学术界的广泛关注,此书之出,可谓正当其时。我们期待作者和有志于此课题的学者能带给我们更多新的创获。

参考资料:

[1] [2] [3] [4] 林志强. 古本《尚书》文字研究 [M]. 广州:中山大学出版社,2009.

书里书外

追踪峥嵘岁月，书写辉煌篇章

嵇春霞

一个鲜为人知的地方，一个群英荟萃的地方，一个功勋卓著的地方，一个令人难忘的地方，这个地方就是中国核试验基地——罗布泊。半个世纪以前，一代又一代的中国科技人员，在昔日的文明古国楼兰、当今的死亡之海罗布泊，历尽艰辛，用原子裂变到聚变释放出来的巨大能量，打破了西方的核垄断，改变了中国的命运，也改变了世界的格局。

中山大学出版社 2011 年 12 月出版的《"零时"起爆——罗布泊的回忆》*一书，成就了共和国"两弹一星"伟大事业不可或缺的篇章。本书以其别样的叙述方式和丰富的信息内容而呈现出独特的价值。

一、丹心照大漠，血汗写真情

本书由 100 多位作者共同编写而成。他们中有中国核试验事业的策划

---

*《"零时"起爆——罗布泊的回忆》作者陈君泽、龙守湛，责任编辑嵇春霞，2011年出版。

者、组织者、指挥者、执行者、参加者、见证者,有基地司令员、政委等高级领导,有研究所所长、研究室主任等重要组织者,有中国核试验的主力军——广大的技术人员、专家、教授等骨干成员,有在特殊环境下成长起来的军旅作家、诗人、高级记者、摄影家,也有在艰苦条件下培养出来的第二代接班人,等等。写作者年纪最大的与最小的相差60岁,作者之众、视觉之广是空前的。

本书是历经磨难的战友们怀抱一颗无怨无悔的纯洁之心、用真诚而朴素的语言写成的。写的虽然只是一段人生经历,但饱含着作者对生命的深刻感悟。她记载着当年鲜为人知的历史,记载着战友们默默无闻、无私奉献的精神和他们当年的苦与乐,当然更记载着战友们共同创造的伟大业绩。他们——托起蘑菇云的罗布泊人,既是拥抱千载难逢机遇、前无古人后无来者的幸运者,也是历炼了史无前例的艰辛,在死亡之海、生命禁区"伴着那骆驼刺,扎根那戈壁滩",创造出了中华民族乃至于世界历史上具有划时代意义的伟大奇迹的创造者。

没有他们亲手创造的奇迹,就没有这本"回忆录"。

二、追踪峥嵘岁月,呈现历史真相

本书共四编。第一编光辉历程,概说了"两弹"试验成功的发展历程;第二编史无前例,告诉读者许许多多在罗布泊核试验中第一次发生的故事;第三编难忘岁月,作者回忆在艰辛岁月所做出的努力与奉献、人生情怀以及充满生活气息的趣事;第四编岁月如歌,作者以诗词言志,叙事抒情。书中真实地展现了我国"两弹"试验成功的发展历程、"两弹"试验鲜为人知的故事以及一代又一代核试验参加者的岁月人生与他们艰苦奋斗、百折不挠、无私奉献的伟大精神。读者可以透过时间隧道回望当年振奋人心的伟大事件和伟大时刻……

该书第一编用了四章的篇幅,展现了中国核试验的发展历史。

书里书外

1. 面对严峻考验,做出英明决策

"中国人民站起来了!"毛泽东主席于1949年10月1日在天安门城楼向全世界庄严宣布。中国的历史,从此开创了崭新的篇章。但是,第二次世界大战结束后,世界形成了以美国和苏联为首的两大阵营,军备竞赛乃至核军备竞赛愈演愈烈,整个世界处于战争威胁与核恐怖之中。中国人民时刻面临着巨大的危险。

落后就要挨打,这是历史留给我们的经验与教训。于是,从1946年在延安窑洞所说的"原子弹是纸老虎"到1954年在新中国的首都北京所说的"这是决定命运的哟",毛泽东主席思考长达8年之久,终于在1955年1月15日主持召开了有刘少奇、周恩来、朱德、陈云、彭真、彭德怀、邓小平、李富春、薄一波参加的中共中央书记处扩大会议,做出了中国发展原子能事业的战略决策。这给中国的国防事业带来了绚丽的春天。

2. 冲破技术封锁,展现民族气节

1957年,中苏签订《国防新技术协定》;不久,由苏联援建的重水反应堆和回旋加速器在中国原子能研究所正式移交使用。但是,好景不长,1959年6月20日,苏共中央突然致信中共中央,通知暂缓向中国提供原子弹的样品和设计的技术资料。1960年7月16日,苏联政府照会中国政府,要撤走在华工作的全部专家。这使中国的核试验面临挫折、困难与挑战甚至半途而废的危险。

但是,中国共产党和她带领下的中国人民没有动摇奋发图强的意志和决心,站起来的中华民族艰难而坚定地走自己的路。早在新中国成立前夕,一批又一批海外学子怀着科学救国的愿望,回到了祖国。他们是钱学森、钱三强、王淦昌、赵忠尧、郭永怀、彭桓武、邓稼先、程开甲、朱光亚……当苏联撤走专家的时候,正在莫斯科杜布纳联合核子研究所工作的周光召、吕敏、何祚庥等20多位中国专家也愤而回国。1989年,江泽民同志在中南海对钱学森说:"从当年冲破重重困难、毅然回国的老一辈科学家身上,我们看到的是中华民族的气节和自尊心。"这个评价背后的历史内涵是沉重的,也是闪着爱国的光芒的。

3. 成功完成核试验,打破西方核垄断

中国核试验工作者,在没有借鉴、没有经验也没有资料的情况下,靠着自力更生与自主创造,冲破了赫鲁晓夫的技术封锁,用近乎原始的工具完成了第一颗原子弹的理论设计。从此,拉开了中国核试验事业的序幕。

"1964年10月16日15时,在世界的东方,在有5000年文明的古老的中国,在积弱了100多年曾经受尽帝国主义欺凌的大地上,在沉睡了1000多年的罗布泊,发生了一起震惊中外的伟大事件:中国第一颗原子弹爆炸成功!从此,改变了中国的命运,同时也改变了世界的格局。"这是该书中最振奋人心、最使人扬眉吐气的话语。

三、弘扬民族精神,书写辉煌篇章

中国第一颗原子弹研制的开拓者之一、中国核武器核试验事业创始人之一、中国"两弹一星功勋奖章"获得者程开甲院士说:"记住那个年代,就要了解那个年代——那个年代的环境,那个年代的艰辛,那个年代的人和事。"本书的组织者与策划者正是本着记住那个年代与传承那个年代的精神来进行"回忆录"征稿、编辑等工作的。

1. 传承优良传统,弘扬民族精神

本书第二、第三编的87篇文章与第四编选编的16人的诗词,展现了核试验工作者艰苦奋斗的奉献精神、严谨的工作作风;同时,也反映了中国科学家对于强国梦的追求。

在那茫茫无际的戈壁荒原,为了祖国的核试验事业,中国核试验工作者,走搓板路、住帐篷、喝苦水、吃沙饭、斗风沙、战严寒,他们以高昂的斗志,大无畏的精神,战胜了各种艰难险阻,克服了一个又一个意想不

书里书外

到的困难；他们运用科研和试验手段，依靠科学，顽强拼搏，奋发图强，锐意进取，突破了一个又一个技术难关。他们为锻造祖国的核盾牌，以国家意志为最高意志，以国家利益为最高利益，牢记使命，不负重托，以试验场为家，以艰苦奋斗为乐，以核试验事业为荣。为了中国的核试验事业，他们付出了多少心血，做出了多大牺牲，他们参与了无数次惊心动魄、惊天动地的核试验，他们创造了感人肺腑的光辉业绩和可歌可泣的英雄壮举。"数风流人物，还看当年。"马兰人的精神，正是当今时代所应该传承与弘扬的。

2. 构建精神丰碑，书写辉煌篇章

本书中的诗文精彩纷呈，例如《我从原子弹爆炸的烟云中穿过》、《面对生与死的考验》、《为了神圣的使命，知难而上》、《为核试验事业奉献智慧和力量》、《春雷》、《凯旋》、《值得回味的记忆》等，从不同的主题、不同的角度完整而又系统地再现了中国核试验工作者的精神与智慧，为中国的核试验事业书写了辉煌的篇章。

从第一颗原子弹到第一颗氢弹试验的成功，中国仅仅用了两年零八个月的时间，其速度之快远远超出了西方大国的想象，因为美国用了七年零三个月、苏联用了四年、英国用了四年零七个月的时间。

"两弹一星"的成功，培养和造就了一支具有较高水平和优良作风的科技队伍，促进了国家科技进步和现代工业的发展；书写了中华民族振兴史上最伟大、最辉煌的篇章，对中华民族在当今世界的前途和命运产生了决定性的深远影响。

中国核试验基地原参谋长、基地原司令员马国惠少将在发给该书首发式的贺词中说：本书向世人深刻揭示了马兰人坚定信念与思想过硬的政治素质、艰苦奋斗与无私奉献的献身精神、顽强拼搏与勇攀高峰的进取精神、团结协作与集智攻关的团结精神、顾全大局与严格要求的自律精神……本书丰富的精神内涵犹如一座丰碑矗立世人面前。

结　　语

　　为了那撕破天幕的火球，为了那冲天而起的蘑菇云，中国核试验工作者在被称为"死亡之海"的罗布泊畔走过了"献了青春献终生，献了终生献子孙"的人生历程。

　　他们创造了历史，也创造了自己。蘑菇云下，在惊天动地的巨响中，走出了一代又一代的英雄……

　　"青丝化作西行雪"、"深情铸成边关恋"！他们，是让中国挺起脊梁的一群，祖国不会忘记，人民不会忘记，向这群有风骨的罗布泊人致以崇高的敬意！

书里书外

言之有物的人，言之有物的书
——简评《报纸突围》*

梁 玮

我喜欢言之有物的人，言之有物的书；言之有物的书，总是值得一读。从这本《报纸突围》可看出作者倾下的心力、付出的苦工可谓不少。

也因此，对于我等关注纸质刊物数字化转型路径的读者而言，此书读来可谓酣畅淋漓、拳拳到肉——这是我等屡读言不及物、云里雾里、大言无象之"大作"所久违的阅读快感。尤其以作者深入英国报业亲身观察、收罗一手信息以馈读者的踏实与细致，实属不易；也是读者和我等相关的研究者的福气。

我想，最能慰藉作者的不过就是我想说的：这是一本好书。

然而无论倾注了怎样的心力，作为作者的遗憾总是有的，作为读者的遗憾也是有的。某不才、不避，试举一二如下：

---

*《报纸突围》作者王正鹏，责任编辑王润，2010年出版；2011年获中国大学出版社图书奖第二届优秀学术奖二等奖。本文作者为兰州大学新闻系副教授。

第一，基于作者的细致观察和亲力思索，本书本有机会和可能成为纸本图书与数字技术对接、呼应的极有价值的探索和先例，然而十分可惜，本书没能践行如书中所言的尝试。我想作者必然还掌握有大量的数据、分析没能在此书中尽情展现，有些想法恐怕关于字纸媒介所限不能尽展，但完全可以用数字化技术付诸实现。例如使用手机二维码，即可将感兴趣的读者方便地导向专题网站，音、视频及其他数据都可与读者进行有益的传播。

第二，对于国内的读者而言，外刊的版面、设计难得一见。若能在此书中再多些图、表的直观展示，恐怕效果更好；如若图片的清晰度能更高表现出更多细节，那就再好不过了。

第三，作者本人有在国内媒体供职的实践，如果能在外媒的做法、经验和国内媒体的现状之间进行更多的对接、评比，恐怕效果非凡。当然这样做必然因具有所指而引来不快，进而引来麻烦，属于强人所难的要求了。

以上是本人诚心正意的看法和意见。同时对作者报以更大的期待，我给评价 5 星，意指作者还会有更好的论著问世。在此期待。

书里书外

功夫不负有心人
——《芜野东南的民族丛书》入选国家重点图书出版规划项目始末

何国强[*]

《芜野东南的民族丛书》共 7 本，于 2011 年入选国家"十二五"重点图书出版规划项目，2012 年入选国家出版基金项目。此书由中山大学出版社嵇春霞副编审策划与申报，本人组织 11 位作者完成写作，于 2013 年年底出齐。抚摸着这套丛书，看着美观大方的封面，往事像帆船一样驶来。

那是 1996 年的夏天，我们在青藏高原的民族学研究刚刚起步，先是在雅鲁藏布江流域探索，过了 6 年，将研究重点放在青藏高原东南部，陆续带领研究生去那里做调查，又过了 8 年，写出一批厚实的论文，这时，出版成果的欲望也日益强烈。于是，我与中山大学出版社编辑嵇春霞沟通，请她帮助出版几部成熟的作品。嵇春霞的事业心强，出版经验丰富。她在了解情况的基础上拟订了一个大胆的计划，提议我们利用现有的条件申请一个重大项目，她还发给我一些材料，使我明白做这件事情的步骤。

我们要争取国家重点图书出版规划项目和国家出版基金项目（以下简称"双国"项目）的支持，出版多年来在青藏高原的丰硕调研成果。"双国"项目代表了中国出版界的最高荣誉，我们必须拿出原创性强、学术性强的文化精品，合理搭配，巧妙组织，以最好的姿态参与角逐。这件事本身就是对自我的挑战。在申请的过程中，几位骨干夜以继日地工作，经受

---

[*] 本文作者为中山大学人类学系教授、《芜野东南的民族丛书》主编。

了等待的煎熬，也品尝过失败的痛苦，终于迎来立项和资助的喜讯。继而作者和出版人继续努力，精益求精，向国家交出一份满意的答卷。

今天回顾整个过程的始末，暗自为中山大学出版社获得这项殊荣而庆幸，也为我们完成这项任务而高兴。假如要问"怎么申请到这个项目的"，千言万语，一时难以讲清楚，只能用"方向明确，长期准备"这句话来表达。如果提问人还不满意，那么可用一句顺口溜说出九点体会："头好志气高，二好下作料，三好巧搭配，四好扭成绳，五好责任制，六好贵人扶，七好图报恩，八好不气馁。"下面分别给予解释。

"头好志气高。""双国"项目是出版界和学术界瞩目的荣誉，竞争之难可想而知。千里之行，始于足下。起初我们并没有想到要申请，只想老老实实、按部就班地做好日常工作。随着前期科研成果的成熟，理想也就在现实中萌芽出来。我们看到，自从改革开放以来，国内出版了不少民族学的著述，但总体上比较偏重于理论介绍和文献整理，田野研究的产品，尤其是新一代学者研究中国边陲少数民族的田野产品还不多，至于像《羌野东南的民族丛书》这样一套专著，就更为罕见了。这实在是我们早做准备、措施到位的结果。任何想成就一番事业的班子，组织者和设计者的高瞻远瞩和意志坚韧最为重要，他们从选题策划和储备入手，以专做精，以强成大，瞄准中山大学的品牌——民族学及其与国家建设的需要，加强作者自身素质的锻炼，保证拿出精品的书稿。舍此，则不能带领团队沿着正确的方向前进。当然，参加者也是讲究素质的，他们是有德有行的一群，能够自我调整，扫除私欲，做到现实目标和长远利益的结合，在追求中保持充沛的精力。

"二好下作料。"此处"下作料"指在正确地解读申报指南的前提下，尽量使评审材料新颖厚实，有看头。《羌野东南的民族丛书》从选题到调查研究，再到成书，并非一蹴而就，而是前后磨了17年。作者们多次深入实地，认真取样，抓住青藏高原东部的民族文化特色严格择材，选题贯穿着整体论的方法，婚姻丧葬制度、血缘组织、传统生计、本地宗教和外来宗教（东巴教、藏传佛教和天主教）的碰撞、妇女地位、社会变迁等题目既有独立性，又是总题之下的一个组成部分。每本书都讲究原创，与纯粹书斋式的学问不同，也与一鳞半爪地接触实际不同，同样与用二手资料

书里书外

写成的作品不可比拟。优秀的书稿为填写申请材料奠定了基础,申请材料复为书稿作了点缀,二者互相衬托,在参评的诸多材料中令人刮目相看。

"三好巧搭配。"每本书都有一个搭配材料的问题,即使如此,单本书的效应也是恰如其分的。把若干单本集合成丛书,在更高的层次上来搭配选题,各本书都在大主题下表现自己,互相依存,共同发挥"整体大于部分之和"的作用。这就是俗语"好料做好菜"的哲理。踏遍青藏高原觅得的素材不会自动转为精品,需要紧扣"民族特色"的要求来提炼选题,科学配比,形成整体效应。编者将婚姻与丧葬制度、血缘组织、传统生计、土生宗教与外来宗教的碰撞、妇女地位、先进民族的帮助与后进民族的发展等选题集合在一个总题目之下,共同反映青藏高原东南部的区域文化特点,提高了申报材料的真实性,克服了机械堆积材料的弊病,方便人们从中看到该地区民族文化的面貌,对存在的问题做出切合实际的解释。例如,特殊的婚姻形式与政策法律的关系、小民族的发展、传统生计方式的命运、社会激烈变革时期少数民族妇女的地位等等,对该丛书的经济效益和社会效益进行恰如其分的分析。

"四好扭成绳。"申报目标一旦确定,团队也就建议起来了,这时作者间、作者与出版人间的合作越来越重要,彼此间的尊重、信任和感情维系也超乎寻常,大家团结成一个整体去迎接任务,任何漫不经心的态度都是不对的。为了放下包袱,轻装上阵,组织者在组织研究力量时,要关心普通成员,多承担困难,善解人意,减轻他们的压力;还要保持信息通畅,鼓励成员保持积极的姿态,想方设法地完成自己的任务。例如,我们在撰写书稿前经常开会讨论,让作者做好 PPT 透彻地讲解其所面临的问题,然后大家提出看法,帮助他们解决问题。争取各项工作"一盘棋"统筹、"一条线"联动、"一股绳"合力。对于意志薄弱、心怀叵测和懒散惯了的人,及早劝其离队,以免给团队带来更大的危害。作者群体与出版人之间的关系要做到稳定、和谐,本着克己奉公的态度行事,既有精诚团结,又有互相磨合。

"五好责任制。"著述是专业知识与写作兴趣的统一,丛书采取分工协作制,7本书共有11位作者,其中有1人独立成书的,有2~3人合力承担1本书的。总之,一个萝卜一个坑,每本书都有责任人。为了保证质量和进度，不违背有关政策、法令，杜绝潜在的知识产权纠纷，有必要让作者与主编签订一份备忘录，立下"军令状"，以协议的形式使权责利明晰化，达到告诫的目的，把外在的提醒变为内在的动力，便集体行为更加有效。责任制会形成良好的助力，一旦立项，便于跟进，前后有序地展开工作。

"六好贵人扶。"俗语"红花需要绿叶抚持"，前期研究做得再好，若无专家点拨也会走许多弯路。此处的"贵人"笼统地指专家，具体说来一是出版界的内行，通过他们的点拨，使作者提供的书稿和项目申报表更加得体；二是本研究领域的权威人士，通过他们的推荐，使项目评审人懂得申报内容的重要性。为了让专家心甘情愿地支持我们的工作，必须找德才兼备的资深人员，如果可以，最好考虑一下地域分布，不要在本地或一个城市寻找专家，应尽可能在外地或者两个不同的城市寻找专家，充分利用专家的人脉资源。为了让专家写的推荐信有力量，必须让他们了解了解整个过程，如研究的意义、研究的缘起、发展和结果。我们就是这么做的。通过专家之口道出《芜野东南的民族丛书》对于民族文化建设的作用及其对亚洲民族学的利用价值。

"七好图报恩。"这套丛书的前期研究先后获得境内外基金会的4项资助，它们是"青藏高原的兄弟共妻制研究：以卫藏和康的五个社区为例"、"青藏高原东部三江并流地区民族文化的历史人类学研究"、"三江并流峡谷的民族文化和社会结构变迁研究"和"川青滇藏交界区民族文化多样性的动力学研究"，总经费达30万元。此外，我们的研究还得到调查地的民族群众和干部的支持，如果没有这两项条件，青藏高原的研究便寸步难行，因此我们十分珍惜来之不易的机会，从不偷懒，从不畏缩，硬是用双腿跑出大量第一手材料，并且运用贴切的理论方法整合材料，取得一批高水平的研究成果。我们懂得将其出版就可让国内外了解我们对当地民族文化的新认识，满足外界对青藏高原的渴望，这是向支持我们的基金会和调研地区的干部群众的最好回报。如果获得"双国"项目的支持，等于掌握了"金刚钻"，就能够实现这个报恩的梦想，知恩图报成为我们不懈努力的动力。

"八好不气馁。"尽管申报"双国"项目挑战不小，但出版单位趋之

若鹜,各有高招,结果是一样的,要么失败,要么成功。从我个人的经历来看说,感谢认识中山大学出版社的嵇春霞副编审,她积累了许多成功的经验和失败的教训。在共同准备申请时,她提供了一些成功的模板,使我和许韶明在填表写申请时可以参考。从选题策划到项目申报到编辑加工,她给予鼓励和支持,进行信息共享,发生头脑风暴,帮助我们认识到不同专业的特殊性和共同性。我作为主编对丛书的体系、每本书的内容框架与作者等情况反复斟酌、修改与统筹,达到相当完善的程度,对书稿的撰写也一直在跟踪,一定程度上减轻了嵇春霞作为策划编辑的组稿负担。总之申请本身也是一次精神盛宴的享受过程。能从众多申请者中脱颖而出,我们是做足了功课的。

即使如此,该套丛书的申报经历过两次评审。在挫折面前,互相支持和鼓励是很重要的。记得2009年的申报失败了,准备再申报时嵇春霞打来电话征求我的意见,当时由于教学任务较重,我的反应有点迟缓,过后也没有追问这件事情,后来才知道,嵇春霞默默地整理了申报材料,又报了上去,结果就是这一次申报获得了成功。这件事情给我留下不灭的印象,我在惭愧之余由衷地感到不气馁实在是一种美德。

我看这套丛书的精妙处

蔡红华*

《芎野东南的民族丛书》（以下简称《芎野》）共7册，11位学者分工撰写，由中山大学出版社于2013年12月出版。这套丛书由中山大学出版社嵇春霞副编审和中山大学人类学系何国强教授共同策划组织，先后于2011年入选"十二五"国家重点图书出版规划、2012年入选国家出版基金项目。本人长期从事民族学、人类学图书的编辑工作，特别关注这一领域的出版状况，最近读了《青藏高原东南部的共妻制研究》、《青藏高原东部的丧葬制度研究》、《整体稀缺与文化适应：三岩的帕措、红教和民俗》、《碧罗雪山两麓人民的生计模式》、《独龙江文化史纲：俅人及其邻族的社会变迁研究》、《妇女何在？三江并流诸峡谷区的性别政治》和《滇藏澜沧江谷地的教派冲突》（以下简称《婚姻和土地》、《丧葬制度》、《整体稀缺》、《生计模式》、《独龙江》、《妇女何在》和《教派冲突》），掩卷沉思，感到该系列图书材料丰富、研究方法新颖、创新性强，廓清了许多模糊的问题，无愧为青藏高原民族研究的最新系列成果。

下面我想谈各本书的要点和整套丛书的闪光点。先谈第一个问题：

《婚姻和土地》以贴切的理论方法来透视兄弟共妻的古老婚制，证明或补充了外国学者提出的若干假说，填补了某些观点固有的空白。为了克服孤证式调查的不足，作者的研究样点兼顾各种生产类型，囊括了川、青、滇、藏四省区交界处的五县八乡。该书每章讲述了家庭面临的环境和应对的生计，导出兄弟共妻家庭在物质生活资料生产和生育及养育后代上

---

*本文作者为云南大学出版社副社长。

书里书外

的分工协作。在和国外前沿研究对话的过程中，作者提出了自己基于调查得出的新见解，与学术权威人士戈尔斯坦商榷。戈尔斯坦晚年才有机会到西藏，以前他提出"一妻多夫制紧密地围绕社会分层体系"的结论主要是基于西藏外部的资料，那些地区与西藏的文化模式有很大的不同，戈氏的研究也没有把几种婚制联系起来做比较。《婚姻和土地》做了这方面的工作，在阐述每一个调查点时，都讲清社区中存在几种婚姻家庭形式，以突出兄弟共妻制的方式说明各种婚姻家庭形式利用资源（包括教育资源）程度的差异，说明不同类型的婚姻家庭像马赛克一样契合在一起，互相维系（见该书第 63-64 页）。作者证实了达拉谟假说的有效性（见该书第 359-361 页），从社会结构角度补充了该假说纯粹以生物关系为立脚点的不足。亲属称谓是人类学研究的核心论题。摩尔根曾指出，人类在"普那路亚婚"状态下，一个血缘亲属群内部可能存在 10 种基本的亲属关系。20 世纪 70 年代，美国人类学家白雷曼在喜马拉雅山脉南坡某山区找到了保留着类似婚俗的群体，他们的核心家庭保持着 10 种亲属关系，从而证明了摩尔根观点的正确性。本书分辨了白雷曼研究的婚制和藏区兄弟共妻制的联系与区别，指出青藏高原行多偶婚（兄弟共妻和姊妹共夫）的核心家庭共有 9 种亲属关系，为深入分析家庭成员的关系，特别是妇女的地位指出了一条途径（见该书第 371 页），这在国内外均具有开创性。

金沙江峡谷是川、青、滇、藏四省（自治区）的界沟，《丧葬制度》的作者耗时一年，在峡谷各地进行观察、访谈，收集传说与歌谣，关注该区域藏民族的死亡信仰，描述了当地树葬、水葬、火葬、天葬、岩洞葬、室内葬等近 10 种丧葬类型，揭示了隐藏在其背后的深层逻辑。作者指出现有研究的一些不足。比如，热衷于追求各种葬式的起源，而忽视现状调查、忽视文化的主位解释；笼统地提出藏族丧葬文化受到佛教教义的影响，却回避了藏传佛教不同教派在死亡观方面表现的差异；等等。作者在研究和解决问题时，人类学理论、历史文献、实地调查多法并用，条分缕析，揭示出该地葬式与社会结构、葬式与灵魂观、不同葬式的融合或并存等种种复杂关系。该书的显著特点是不囿于几个田野点就事论事，而是进一步将田野发现置于更宏大的学术视野中去审视，与同行展开对话。例如，以金沙江峡谷人们对孩子死亡的重视及相应的一套专门针对夭折孩子的丧葬程序为例，指出人类学前贤赫兹论断的局限性（详见第七章"死亡、个体意识与社会结构"）。

《整体稀缺》讲述西藏自治区贡觉县与四川省白玉县交界的三岩峡谷区，着力从社会组织、信仰体系、民俗文化等方面描绘真实的文化事象，特别提出"整体稀缺"的概念来分析人与环境的关系，勾勒了当地文化在与时代相适应中的分离与整合过程。所谓"整体稀缺"，包括生态资源稀缺和社会制度稀缺两方面，作者自称使用这个概念是一种试探性的设计，试图达到两个目的：当谈论争斗是社会本身的一种机制时，它能够作为一种方法论予以说明，并可用来支持作者的如下论点，即在整体稀缺的社会中，物质的稀缺在精神层面产生的许多重要伴生物对于理解冲突具有重要的作用。作者认为，在三岩地区，文化适应的表现形式呈现出三种特殊的维度：帕措、红教和民俗。这三种文化制度交互拱卫、紧密合作，共同指向同一核心——社会团结。借用涂尔干的概念，三岩社会的社会团结，可以视作从机械团结过渡到有机团结的一种中间状态（见该书第79、87 - 88页）。这部民族志的深度描写就是在这样的分析框架中徐徐展开的。《整体稀缺》的优点之一是坚持以马克思主义唯物史观作为学术研究的指导。如书中讨论"稀缺"的概念并进行学术脉络梳理时，就追溯到了马克思的政治经济学（见第69页）。此书还多处引用了马克思和恩格斯的论述，如《家庭、私有制和国家的起源》、《反杜林论》等。当前，国内人类学界存在一种偏差，过度追捧西方某些所谓"后现代"理论，有标新立异之嫌。作者坚持正确的观点和方法，对时髦的思潮抱以批判态度，这种精神值得肯定。

《生计模式》是一部文笔顺畅的民族志著作。两位作者以三江并流腹地的盐井、燕门、丙中洛、秋那桶、迪玛洛五处为田野点展开缜密的实地调查，深入细致地描述了碧罗雪山地区各民族的生计手段，如种植、放牧、采集、渔猎、晒盐以及其他生活用品的制作与加工等，同时参阅历史文献，对这些生计手段的变迁过程进行了相应的探讨。除了以上所述的各类常规化的生计手段外，作者们还讲述了寺院、乞讨、土匪打劫等一些该地区在特殊历史时期所曾发生过的一些别样化的生计手段。该著的独特性和价值主要体现于三个方面：

书里书外

第一,地域独特。碧罗雪山位于我国西南部的横断山区,山高谷深,地势险峻,生态环境极为特殊。这里既没有广袤的土地,也没有辽阔的草原,在这样一种自然条件下生存,势必会与其他农牧业生产便利的地区产生极大差异。

第二,民族文化独特。碧罗雪山是怒江和澜沧江的分水岭,在其两麓的山谷中,生活着藏、怒、傈僳、独龙、白等少数民族。历史上,两个峡谷间的社会交往频繁,民族迁徙现象也比较常见,从而带来很多文化上的借鉴和融合。

第三,生计方式独特。山高谷深的地理环境条件与多民族杂居的社会文化条件,共同导致了该区域生计方式的独特性和多样性。在土地和草场等资源有限的情况下,人们不能只采取单一的谋生手段,而必须通过多种生存手段的相互配合来满足自身的生存需要。作者通过历史与现状的比较,分析了每种具体的生计方式得以存在、延续和发生变化的深层原因,进而揭示出每种生计方式对于当地民众的特定意义。

《独龙江》通过描述独龙族的文化变迁,揭示了族群政治阶序中的底层地位,在研究方法上延续了中心与边缘的动态格局,将独龙人的生存命运纳入了国家与边疆、独龙人与周边族群互动的历史视野中,探讨了独龙人的政治和经济生活如何走向边缘和贫困化的动因,而将自然环境、宗教文化、族群关系以及与国家政治经济互动带来的各种因素作为生存的社会—文化动力要素,成为理解和诠释社会变迁的新视角。同时,民族志的细微描述,呈现了各种鲜活而有个性的独龙人及其应对各种环境的能动性,从而勾勒出边界地区复杂的社会变迁途径。而今,独龙族因作为"小民族"之一,及其边境地区的特殊生活环境而受到了中央和各级政府的重视,"文面"、"秘境"等各种文学游记的表述,吸引了一批批中外游客的关注,故而本书的适时出版,既为国家和社会提供了翔实的资料和独特的解读视角,同时对政治人类学、生态人类学等分支领域的研究也有积极意义。

《妇女何在》是一位女性人类学工作者写的,该书实际上是在她自己的博士学位论文基础上,经充实提高而修改成的一本民族志。作者的田野作业点位于云南德钦县奔子栏村,她从政治人类学的视角分析三江并流诸峡谷区域内4个主要民族（藏族、纳西族、怒族和独龙族）社会的性别政治问题，从婚姻形态、血缘继嗣、亲属称谓、婚姻支付、性别分工、宗教信仰、代际传递等方面展开研究，通过实地调查和近距离的观察与访谈，同时参考大量文献和史料，详细描述了身处各类特殊婚姻形态中的妇女的真实生活，尤其分析了从前较少研究的多偶婚家庭中的妇女问题，系统探讨了不同婚姻形态和家庭内外的社会性别关系与发展动因。全书内容翔实、行文流畅，注重理论分析与资料引述的结合，为更全面而深入地理解性别政治问题的产生、发展与变迁提供了一种新颖的参照，亦为分析和理解跨文化视野中的性别政治问题提供了重要的资料。作为女性田野工作者，她调查藏族多偶制家庭中妇女的性生活等文化事象还是做得成功的，譬如获得当事人的口述，揭示了一些鲜为人知的事实，匡正了以往学界的某些错误认识。相对而言，她讨论另外3个民族（纳西族、怒族和独龙族）主要依靠文献，较之亲身调查的藏族，不免逊色几分。

《教派冲突》可看作是以上盐井村为主要田野调查点，运用"扩展个案法"写成的一部民族志。全书由上下两编组合而成。上编"追溯历史"，主要对天主教在近一个半世纪的时间里如何进入澜沧江谷地、如何适应环境、尔后又如何被驱逐出境的历史进行一番耙梳整理，为后文张本。下编"步入田野"，详细描绘当代西藏以上盐井天主教堂为中心的盐井等地不同宗教信仰及无宗教信仰民众的日常生活，用生动的实例向读者展示了外来文化与本地文化的交流融合、当地多元宗教和谐共处的五彩景象。此书征引史料丰富，剪裁得当；再现田野所获资料能够紧扣主题，层次分明，具有较强的可读性。此项研究有助于人们更深刻地认识藏区宗教的民族特色和区域特点，对于反思并全面评价近代史上的"反洋教运动"也有积极意义。不过，目前此书的标题只提教派冲突，不足以凸显书中实际讲述的"冲突—反省—融合"历史进程，或可改作《从你死我活到和而不同：滇藏澜沧江谷地的教派冲突研究》。

现在来谈第二个问题。我觉得整套丛书至少有三个闪光点：

书里书外

一、突出了第一手资料的重要性

青藏高原的民族学资源异常丰富，由于各种原因，当地民族文化的调研委实有限。在《羌野》问世之前，国家民族委员会组织出版了《中国少数民族问题5种丛书》，这项宏伟工程集中了20世纪五六十年代的数次社会调查，可是仅有两三本书涉及青藏高原的民族文化。云南大学于20世纪90年代策划组织了《中国少数民族百村调查丛书》的出版，宗旨仍以材料取胜，但也只有两三本书涉及青藏高原的民族文化。除了以上的系列产品，其余研究多数是单打独斗，社会效益有限，至于局限于史志，加点走马观花的材料，继而来一通跟风式的议论，蜻蜓点水、面面俱到的"研究"则不值一提。总的来说，青藏高原的民族学研究水平虽有提升，但进步不大，与逐年增长的科研经费不相适应。随着改革开放的深入，人们迫切想了解青藏高原的民族现状，尽快抢救、整理当地的原生态文化，带动非物质文化的保护意识。由于调查研究不够扎实系统，很难从根本上满足社会的需要。《羌野》与国内一些民族学著述的明显不同是材料系统，分析全面，以275万字的规模架构出大量第一手材料，体现了作者们走基层、接地气的精神。以《婚姻和土地》为例，全书以滇藏6个乡的调查为基础，行文简洁，叙述真实，配合50个图例、47帧照片和35张表格，充分显示了田野调查的细致缜密。

二、体现了人类学知识的应用与普及

青藏高原幅员广阔，内涉川、青、滇、藏4个省（自治区），外延尼泊尔、印度、缅甸等国，近代以来吸引了许多国家的学者深入调研，留下了丰富的文献，值得借鉴。《羌野》最大限度地引入了一些概念、范畴体系来透视与凝聚材料，与国内某些民族学著述形成反差。此外，对于同一个对象，不同的学科有不同的认识，必须博采众长，分类调配，这正是《羌野》呈现出来的研究思路。老一辈民族学家黄淑娉为这套丛书作序说："……长期探索汉藏区域文化，坚持多学科相结合，调查素材、史志和理论三点互补,中外资料融会贯通,以及汉族区域和少数民族区域的文化现象互为衬托……"这句话无疑是对《羌野》的肯定。

三、突出了出版界与人文与社会科学界的精诚合作

这套丛书凸显了"好料做好菜"的诀窍。十余年田野调查取得的第一手资料绝不会自动转化为社会公认的产品,需要紧扣"民族特色"提炼选题,科学搭配,形成整体效应。所以有婚姻与丧葬制度、血缘组织、传统生计、本地宗教和外来宗教(东巴教、藏传佛教和天主教)的碰撞、妇女地位、先进民族的帮助与后进民族的发展等选题,使之集合在一个总题目下,共同反映特定区域的文化,于是"好菜"就做成了一半。继而申请国家出版界的最高项目,争取新型的资源以保证后续工作,于是整道"菜"就做好了。"凌烟功臣少颜色,将军下笔开生面",丛书的面世无疑对于出版界与人文与社会科学界的良好互动具有重要的启发价值。

总之,《羌野》实属近年来难得一见的人类学佳作,它为解读民族文化提供的视角具有别开生面的意义,不但弥补了以往同类著述的不足,标志着青藏高原的民族研究正步入实证的阶段,而且激励着研究者去认识特定民族地区的历史、现状和文化多样性,揭示人与环境的关系,推动着决策者制定符合实际的民族政策。当然,《羌野》毕竟只是一个开端,严格说来它还存在一些不足。由于篇幅所限,此处就不一一列举了。

书里书外

原生态画卷:青藏高原东南部的民族文化
——评国家出版基金规划项目与"十二五"国家重点图书出版规划项目《芜野东南的民族丛书》

徐诗荣　嵇春霞

青藏高原古称"芜野"。《诗经·小雅·小明》曰:"明明上天,照临下土。我征徂西,至于芜野。二月初吉,载离寒暑。心之忧矣,其毒大苦!……"大意为周天子令诸侯征伐氐羌系部落,西行到青藏高原,将士思乡,无心恋战,企图班师回朝的情景。《说文解字》解"芜",一为"远荒";一为草本植物,如"秦芜"——兰花形,生长于黄土高原与青藏高原接壤地带、海拔 3000 米的荒野,愈往西愈密。故"芜野"指今青藏高原东部,即今川、青、滇、藏四个省(自治区)相交界的区域。

芜野东南素有"民族摇篮"之称。在这里,各氏族部落迁徙、定居、联姻、繁衍,发生贸易、战争和宗教行为,经过千百年的基因采借与文化交汇,演变出藏族、门巴族、珞巴族、纳西族、傈僳族、怒族、独龙族、景颇(克钦)族、克伦族、骠族、缅族、掸族等境内外民族。这是一片神秘的土地,吸引着众多研究者的兴趣,不仅因其独特的生态环境与地理位置,更因为在漫长的历史进程中,这里既有中原农业文化与边疆草原文化之间的抗争与交流,又有边疆地区地方政权内部的分裂与整合,多族群的融合与互动,培育了独具特色的族群与文化。

随着旅游的开发,青藏高原东南部的三江并流自然景观被列入《世界遗产名录》,社会对非物质文化的保护意识被带动起来了,国内外迫切需要了解这一区域的民族现状,抢救、整理和保存当地的原生态文化迫在眉睫。这一区域的民族学资源异常丰富,吸引着以中山大学人类学系何国强教授为首的研究团队不畏艰苦、锲而不舍地调研。他们17年来坚持探索汉藏区域文化,主张多学科相结合,调查素材、史志和理论三点互补,中外资料融会贯通,以及汉族区域和少数民族区域的文化现象互为衬托的研究思路。《芡野东南的民族丛书》即是他们团队研究的阶段性成果,这套丛书于2011年入选"十二五"国家重点图书出版规划项目,2012年入选国家出版基金资助项目,并于2013年12月由中山大学出版社正式出版发行。

这套由7部专著组成的丛书就如同一组原生态画卷,描绘了中国西南川、滇、藏和川、青、藏接壤地带极具内涵的民族文化。综观整套丛书,笔者认为它有如下特点:

一、以鲜活和扎实的田野调查为基础

俗话说:"没有调查就没有发言权。"由于青藏高原东南部的地理位置较为偏远,交通不便,与外界交流较少,所以对于民族文化研究者来说这一直是片神秘的区域。正因为此,田野调查对于此区域的研究来说弥足珍贵,而有关学者对此区域的研究也向来有田野调查的优良传统。

17世纪,西方人陆续进入喜马拉雅东部山区与横断山脉南部的多条河谷。早期的传教士、探险家带着猎奇的眼光看待这里的风土人情。19世纪伊始,民族学家、地理学家、行政人员、桥梁工程师开始进入这片地域上无人知晓、地图上一片空白的沃野。而中国学者对青藏高原东南部的民族调查可追溯到抗日战争时期。由于各种原因,我们的研究起步较晚,田野研究缺乏长期性、系统性,理论方法上也有故步自封的表现,偏重于社会经济形态的素材,而较容易忽视社会组织、风俗制度与意识形态的素材。

改革开放以来,我们国内强调"补课",出版了不少社会文化人类学

（民族学）的理论著述，但是，深入扎实的调查研究并没有跟上来。由于辛勤收集第一手资料和认真提炼、精巧构思并以朴实平正的笔调叙述的作品不太为社会所赏识和鼓励，因此田野作品越来越少。这种情况与历史的发展很不合拍。经常到农牧区做调查的人并不多。原因何在？这恐怕与投入和产出的衡量标准有关。譬如，有些环境陌生而艰苦，原创性作品生产周期长，即使出得来，社会反应也需要一定时间，不如"跟风"成效快。正因为如此，《芜野东南的民族丛书》的出版让我们更加感觉到其难能可贵。

这套丛书与书斋式的研究不同，每一本书都充满鲜活的材料，散发着田野的芬芳。据丛书的总序以及各分册的前言与后记提到，调查员根据已有的知识草拟提纲，到当地观察、询问和感受，苦学语言，一丝不苟地记录，孜孜不倦地追寻文化变迁的足迹，修正调查提纲和理论预设。他们入乡随俗、遵循当地礼节，与村民建立互信，由此获得可信的感知材料。但这套丛书不是田野材料的机械堆砌，而是在科学方法和理论模块引导下的分析、综合与描述，不仅揭示了该地区存在的一些问题——如风俗制度的动力和机制、传统生计的命运、社会转型时期妇女的角色变迁等——而且对这些问题做出了切合实际的解答。

二、注重比较研究

这套丛书在鲜活的田野调配基础上，讲理论、重实际，注重纵横（时空）比较和跨文化研究（类型）比较的研究方法，从历史和现实的比较来探索文化的来龙去脉，并以汉族区域和少数民族区域的文化现象互为衬托来凸显彼此的异同。

例如，在纵横（时空）比较方面，丛书分册《滇藏澜沧江谷地的教派冲突》对天主教在百余年的时间里如何进驻该区、如何适应环境，后又如何被驱逐出境这段历史先做一番梳理，再以西藏盐井天主教的本地化为中心进行考察，重点描述其现在的生存状态。其他分册在论述现有文化现象时，也均会对其形成的历史原因与背景进行分析，从而在历史与现实的对照中折射历史的变迁。

再如，在跨文化研究（类型）比较方面，丛书分册《青藏高原的婚姻和土地：引入兄弟共妻制的分析》结合世界民族志的新材料作跨文化比较，与国外学者对话，叙述了许多鲜为人知的内容；丛书分册《妇女何在？三江并流诸峡谷区的性别政治》详细描述和对比了身处各类特殊婚姻形态中的妇女的真实生活，为分析和理解跨文化视野中的性别政治问题提供了重要的民族志资料；丛书分册《青藏高原东部的丧葬制度研究》对存于青藏高原东部的岩洞葬、居室葬、瓮棺葬、石棺葬、土葬以及复合葬等十几种丧葬类型进行比较研究，剖析它们各自形成的原因，以及这些丧葬类型背后隐藏的文化逻辑和意义结构。

三、紧扣民族特色，采用多维视角

《芡野东南的民族丛书》紧扣"民族特色"提炼选题，科学搭配，形成整体效应；同时强调多维视角，从社会组织、风俗制度与思想意识等方面深刻揭示和描述了当地的民风异俗。该丛书将婚姻家庭、丧葬制度、血缘组织、传统生计、宗教信仰及其冲突、妇女地位、先进民族的帮助与后进民族的发展等选题集合在一个总题目下共同反映特定区域的文化。

具体到每个选题，也是采用多维视角的方法进行研究。例如，丛书分册《碧罗雪山两麓人民的生计模式》以三江并流腹地的三个田野点（盐井、燕门、丙中洛）为研究对象，运用历史逻辑的方法和人类学、民族学的参与观察法，从历时性和共时性两个维度出发，分析碧罗雪山两麓人民包括采集狩猎、刀耕火种、农业、畜牧业、葡萄种植业、盐业、商业等多元生计方式并存的原因及其合理性；丛书分册《独龙江文化史纲：俅人及其邻族的社会变迁研究》从生计活动、社会身份、族群关系等方面来阐述独龙族人与周边民族、中央政府建立和维持的多重动态关系；丛书分册《整体稀缺与文化适应：三岩的帕措、红教和民俗》着力从社会组织、信仰体系、民俗文化等方面描绘真实的三岩。

总之，《芡野东南的民族丛书》这套丛书对于边疆少数民族的研究具有弥足珍贵的作用，同时给东南亚乃至世界的民族学提供了参考价值，在抢救和整理濒临绝境的原生态文化方面，体现了学术研究在增进国民福祉

书里书外

及促进社会和谐过程中的作用,在为西部大开发提供决策依据并带动民族文化的保护性研究等方面均有不可忽视的意义。

汉字源流与汉字研究的新视角[*]

毛远明

要研究中华民族的历史文化,必须阅读丰富珍贵的典籍,而阅读典籍要从认识汉字开始。认识汉字是有层次的,一般的识字只要知其然就可以了,而知其所以然则需要研究文字。研究也有不同层次,一般说来,今文字的研究虽然也有困难,如异体字、俗别字、同形字、通假字等问题就比较扰人,但是相对说来要容易一些。古文字的研究则要复杂得多,艰难得多,文字释读这第一关就是拦路虎。而要贯通古今,站在汉字发展史的高度研究汉字源流,则更加困难,非大家、非通家、非专家不能涉足,1979年康殷出版过一本《文字源流浅说》[1],是探索汉字源流的有益尝试,曾给人耳目一新的感觉,但这位画家受文字学理论和古文字考释功力的限制,其文字阐释、源流梳理大多主观臆测,结论可靠性差,其构想是对的,实践则多谬。2007年黄德宽主编的《古文字谱系疏证》[2]首次系统清理了汉字组群,并着手构建汉字谱系。其材料占有充分,考证精严,立论多可靠,算是一部研究汉字

---

[*] 本文曾发表于《西南大学学报》(社会科学版)2013年第6期,作者为西南大学汉语言研究所教授、博士生导师。

《汉字源流》作者曾宪通、林志强,责任编辑裴大泉,2011年出版;2013年获第三届中国大学出版社图书奖优秀教材奖一等奖。

源流的力作。只是限于精力,该书仅清理了古文字谱系,而不涉今文字,因此只能是源,而却未及流。真正意义的汉字源流探索的最新成果当数2011年曾宪通、林志强的《汉字源流》[3],研究汉字起源和流变的学问,既有汉字源流的理论阐释,又有汉字初文、字族等专题梳理,详细论述了探索汉字源流的路径,提出很多有关汉字未来研究的设想,给人以科学理论、研究思路和方法论的指导,反映出汉字研究的新思路、新动向、新视角。本文由汉字源流探索的路径,联想到这一领域的研究方法,故不揣冒昧,提出一些思考,供方家教正。

一、关于汉字研究的系统观

汉字是记录汉语的系统符号。单个汉字看似是散在的、自由的,但又不是孤立的、原子主义的,而是彼此联系的、有机的整体,每个汉字符号都是汉字系统网络中的一个眼,都能在这个严密的系统中找到它的位置,都能清理出它与其他文字符号的区别与联系。从宏观上就整个汉字符号系统而论,它是有体系的,有发生、发展、变异、行废的规律。就汉字体系中的个体符号而论,也有创制、演变、行废的历程,在整个汉字体系的制约影响下生成和变化。研究汉字,特别是清理汉字源流构建汉字史,必须树立汉字系统观,这个观点一再被《汉字源流》的作者所强调,明确指出汉字是一个大系统,这个大系统又是由许多小系统组成的[3]94-107。考察汉字系统可以从不同的角度、不同的层面去观察,去分析,去阐释,比如有汉字构形系统、汉字孳生系统、汉字演变系统等。

汉字的系统性来源于客观事物以及反映客观事物的词汇的系统性。许慎是我国最早认识到汉字构形具有系统性的文字学家。他第一次对散在的、庞杂纷繁的汉字进行系统类分,是第一个分析、归纳汉字偏旁部首的学者。他的《说文解字》从众多汉字中归纳出540个部首,通过据形系联,把所收9000多个汉字纳入不同的部首,若网在纲,如裘挈领,使部首相同、意义相关相联的汉字形成彼此联系的文字系统,很好地体现了文字系统观。《汉字源流》发挥这种科学的思想,以类聚理论为指导,以构形系联为基本手段,以初文和孳生字为考察重点,研究汉字内部结构关系,梳理出具有复杂亲缘关系的字族，通过字族把单字符号和汉字体系衔接起来，体现出作者科学的汉字系统观。

以"人"字族为例：人（左侧向）是独立的字，又经常作偏旁。在上下者作"人"，"企、介、欠"从之；在左旁变形作"亻"，例甚多，不赘；在下部变形作"儿"，"允、兒、兑、见、先、光"从之；倒作"七"，"化"从之；加横作"壬"，"廷、挺"从之；右侧向作"匕"，"牝、匙"从之；变"卜"，"卧、咎"从之。两形相重，"比（亲密）""从（跟随）""北（相背，后作'背'）"；三形相重，众（众立），"衆、聚、臮、蟇"从之。尸，屈膝蹲踞，"居、屋、屏、层、屡"从之。卩，人跪踞之形，"卿"从之。女，两手交胸跪踞之形；加两点特征性符号作"母"，两点连接作"毋"，加头饰作"每"；身，大肚之人，怀孕；长，长发扶杖长者；尾，象人臀部拖着尾巴，奴隶形象，"屈、属、尿、隶"从之；鬼，从人，象鬼头，"畏"字从之。立，正面人站地上；並，二人并列；大，正面站立，伸展四肢，大人之义，引申为凡大之称，"夹、乘、夷、爽、夸"等从之。"大"倒转、变形构成新字，如笌，倒逆之义，加形作"逆"；夭，人走路，头倾侧，两臂摆动，"走、奔"从之；头，头倾侧不正，"吴"从之；交，人两腿相交，"郊、较、蚊、绞"等从之；尤，又作"允"，曲其一腿，"尴、尴、尬"从之；天，人额；夫，头上插簪，束发加冠，丈夫也，"（伴）"字从之，"辇"字又从"夫"；央，"大"上方表示区域；亦，"大"加指事符号，后作"腋"；無，人两手饰物以跳舞，后作"舞"。变形作"爫"，"及、负、危、色"从之。不仅如此，由初文"人"生成与"人"有关的一群初文如"比、从、北、大"等，又分别在各初文基础上产生新字，新字又作构件，二次甚至三次构字，如人变形作"大"，加横作"夫"，加不同形符，作"趺、扶、麸、肤"等，不断孳乳繁衍，结果便构成一个字族。该字族所有的字都或隐或显地含有"人"的义素，体现出汉字系统与汉语词义系统具有或亲或疏、若隐若现的关系。

书里书外

二、研究汉字要坚持历史观

中华民族是没有断层的具有悠久历史传统的民族,这个民族创造的文化属于没有间断的连续性类型的文化,记录中华民族辉煌历史文化的文字载体,属于连续性文字类型。世界历史上曾经出现过距今约5000年的埃及圣书字、巴比伦楔形文字,是灿烂文明的象征,可惜这些文字早已被淘汰,成为死去的古老文字。唯有汉字源最远,流最长。已经比较成熟的、成系统的甲骨文距今已有3500年的历史,若寻其源头,大约可以推到五六千年前传说中的大禹时代。自甲骨文以来,尽管汉字体态、字形结构一直在发生变化,但是其基本格局、基本特征、基本性质却没有发生根本的改变,直至今天仍保持着强大的生命力。

面对汉字这一庞杂的历史堆积物,要进行科学的梳理和全面的研究,必须树立历史的观念。要像考古学分析地层那样,清理出汉字生成、发展的历史层次。这个认识可以分两个层面来理解:就整个汉字符号系统而言,有它产生、发展、演变的历史,如汉字的起源,汉字系统的完成,汉字体态的变化,汉字结构的简化、繁化、声化、同化、异化、类化、记号化、规范化等,都有鲜明的历史印记和时代特征,都有产生、发展、演变的规律。就汉字个体而言,作为汉字系统的一个单元,也有创制、发展、变异的历史过程。而个体变化又不是随意的,始终要受到汉字系统的制约,并对汉字系统具有反作用,影响汉字系统的内部调整和改造。两个层面相辅而行,互相依赖,彼此支撑,就有可能把单个汉字的演变脉络和整个汉字系统的发展轨迹从史的角度科学描述出来。

徐中舒主编《汉语古文字字形表》[4],以表格形式汇集不同历史阶段的古文字,意在展示不同形体之间的历史联系与区别,史的观念是明确的,只是材料不足,古文字字料很有限,又受体例限制,没有进行理论探讨。不过,受其启发,再加上新材料的不断发现,当前文字学界对汉字构形演变的研究和汉字谱系的建立已经逐渐形成研究的热点。《汉字源流》在这两方面都有精彩表现。其构形演变研究体现在第四章对汉字偏旁的分析和第五章特殊结构分析,既有构形的共时描写,又有历史演变的具体分析，如考察隶变的偏旁变异、混同对汉字偏旁的影响[3]108-114、现代汉字形近偏旁各字的历史来源分析[3]49，还有构形理论的深入探索和构形规律的揭示。而汉字谱系研究则体现在第三章汉字初文的清理和第六章汉字源流例析，个案的考释相当深入，梳理十分细致，而所有这些都是在史的观照下进行的，应该说其研究真正做到了站在学科前沿观察和思考问题。

如果没有历史的观点，要理清这些文字的来龙去脉、彼此关系无疑是很困难的。经过作者的源流追踪，全面梳理，文字的系统和演变脉络就涣然冰释了。

三、特别强调字词关系

研究汉字必须强调字词关系，这是文字的表词功能决定的。从本质上说，文字作为记录语言的系统符号，其功能是记录词的，字形与它所记录的词的音义之间有系统的对应关系，形音体系的汉字尤其重视字形释义，字词之间联系紧密。研究文字不能只顾及字形，而不关注字形所记录的词。汉字构形学、形义学、字样学不是彼此隔绝的壁垒，而是应该互相沟通，彼此借鉴，综合利用各分支学科的理论和成果进行全方位的研究，才可能把汉字系统，汉字源流演变，汉字性质、特征和字用功能研究深透，对疑难字的考释也才可能更加准确、科学。《汉字源流》在研究汉字初文时，认为"初文或字原一般都是记录汉语的基本词汇的，所以我们要结合汉语基本词汇来研究初文[3]49。在分析现代汉字形近偏旁之后，作者总结对形近偏旁要真正做到知其然并知其所以然，应做好三方面的工作："一要注重溯源，利用古文字材料分析其最初的形态和所表现的涵义；二要注意探流，把它们放在文字演变的过程中进行考察，看它们发生了哪些变化，什么因素使它们变得形体相近不易区别；三要注意形音义之间的联系，有哪些形体上比较接近的偏旁，通过形义关系或形音关系，往往可以区别开来"[3]114。

《汉字源流》重视字词关系，集中表现在第六章"汉字源流释例"和第七章"汉字源流研究的拓展"。其源流研究包括三个方面：一是字形发展线索，是汉字源流研究最核心和最重要的系列，尽可能依靠现存古今文

字资料，立体、形象、全面地展现一个个汉字形体演变的脉络；二是字义发展线索，借助字形结构分析和文献语言用例来共同证明，弄清文字的本义、引申义、假借义；三是字音线索，掌握古今语音流变，便于因声以求义，梳理字际关系，解决文字假借、声符表音、同源分化、字组字族等字形与音义之间复杂而又有序的各种关系。为此，梳理汉字源流的选字原则就是：一是字的形、音、义三方面必须全面贯通，二是古今形体的系列必须大体完备，尤其是先秦古文字和秦汉篆隶文字是必备元素。可见其研究思路贯穿了历史的、形音义系统联系的科学语言观，并把这种思想具体落实到具体例释的注音、排谱、说解中，从字形谱系入手，联系词的音义，揭示形体流变、词义引申、语音转变的各种现象及其轨迹，在文字的具体考释中，得到更多创获，如"风"字[3]161-162、"墉"字[3]181-182、"耤与作"[3]211、"貂与貈"[3]212、"虡与业"[3]213等字词的解释和考辨，能发前人所未发，从多角度考证文字形音义，纵横捭阖，证据充分，精义迭出。

字族系联的思想揭示了个体汉字之间的联系与影响，可以把词汇的扩散和文字的孳乳结合起来考察其互动关系，把伴随词汇衍生同文字创制的思维联想和心理类推结合起来揭示字族符号与同族词、同源词的复杂关系，达到文字同语言结合的更高水平，还可以借助语言文字的研究，窥探中华民族的文化特征、思维范式和心理潜质，达到语言与文化结合研究的新境界。

四、以偏旁构件作为研究汉字演变的突破口

就文字形体结构类型而论，汉字属于组合型文字，是由零部件按照一定的规则组装起来的，在字形结构上具有组装的层次性和层级的有序性。其底层构形单位是笔画，由笔画组成构件（《汉字源流》称"偏旁"），再由构件或构件组合构成整字。当然，具体构字时，各层级允许有空缺、重叠和交叉。由于笔画是构成汉字的原子，数量非常有限，难以统率数以万计的汉字，故以几个简单的笔画为单位去研究汉字系统，是不现实的，无法实施的；而汉字个体又数量繁多，字际关系十分复杂，形体构造异常纷繁，故试图以一个个整字为单位去清理汉字系统也是非常困难的，甚至不

可能的。而构件是汉字的基本构形单位,是汉字构形系统的核心,而数量又相对有限,具有封闭性。从形义关系的角度考察,用各种带有音义信息的符号组装起来的汉字,其理据表现于构件与字音、字义的联系,而这种联系又是有序的,成系统的,有规律的。从文字形体历时变化的角度考察,汉字的演变又集中体现于偏旁构件的变化。构件不仅是汉字组装的核心要素,还是字音、字义的最小载体,相当数量的构件本身就是形音义兼备的成字构件,独立运用时,是一个汉字,组构的时候是一个构件,根据形义对应的原则,会以各种方式将其原有音、义带进新字,成为新字形体的一部分。汉字构形的这种特征在保持汉字的性质、揭示汉字的演变、分析汉字的构字理据等方面具有特殊的意义,显现出它的特殊认识价值和研究价值。因此,研究构件是研究汉字构形、汉字演变、汉字学、汉字史的重要任务。

构件的研究内容主要应包括构件的层级拆分、构件的数量统计、构件的构字频率调查、构件主形的选择与确立、构件之间的形源关系、构件变异与混同、构件的组装、构件和字音字义的关系等。当然,如果不是专门的汉字构形研究,并不要求构件的所有问题都要讨论,可以根据研究目标的不同确定研究的重点。《汉字源流》从古今汉字偏旁演变的角度切入,重要研究三个问题:其一,偏旁的演进和流变。讨论汉字偏旁涉及的相关概念,将组成合体字的所有部件统称偏旁,与构件、部件、字符的概念大体相当,认为"绝大多数汉字是依层次组合的,不同层次上的偏旁部件或字符,其功能也是不一样的"[3]145。如"骤",可以切分成三个层次,"马"与"聚"是第一层次;"取"与"众"的变体是第二层次;"耳"与"又","众"的变体为三"人",二者并列是第三层次。作者回溯了古今汉字偏旁数量的变化以及对偏旁部首的认识过程。其二,隶变对汉字偏旁的影响。以古文字到今文字过渡的隶变作为研究的切入点,具体讨论隶变造成的偏旁变异和混同对汉字的巨大影响,抓住了汉字古今交替的要害。其三,从现实需要出发,讨论汉字形体在简化、声化、规范化进程中发生的变动、调整和重组,具体辨析现代汉字形近偏旁,以避免误解和误用。这种古今贯通、点面相间、重点突出、理论探索与实际应用指导相结合,条分缕析的研究思路是很值得借鉴的。

书里书外

五、各学科成果与出土文献新材料的综合利用

讨论汉字的起源,作者就利用了以下学科的成果来论述:一是文献学的探索。根据《周易系辞》"上古结绳而治,后世圣人易之以书契",《荀子解蔽》"仓颉作书",认为汉字是由集体创作到专业整理的过程。二是民俗学的探索。作者利用历史上没有文字的多个民族关于实物记事、符号记事和图画记事的材料,证明汉字表形、表义、表音三个方面的造字原则,早在先民实物记事过程中就已初露端倪。三是考古学的探索。利用考古发现的大量远古时期的陶片刻画、彩陶符号、岩画,认为这些刻画记号、象形符号、图形族徽等古老符号就是汉字的祖先。四是语言学的探索。认为文字符号从间接表词到直接表词,从象形表词到以音表词,从象形、表音到形兼声表词,汉字造字法留下了汉字发展的轨迹。作者使用这些材料、理论和研究成果,证明汉字起源于奴隶制国家开始建立的夏代,属于华夏民族的自源文字,从而有力地批评了外来文字说。

鉴于汉字起源的实证不足,造字法与表词的关系,书写符号记录有声语言的过程,从汉字起源到系统成熟的甲骨文字之间的过渡状况、发展序列等至今还缺乏有力的证据,因此成为研究汉字起源的难题。目前学界还处于摸索阶段,还没有完全找到科学破解的钥匙。不过,作者提议,可以利用符号学、心理学、比较文字学理论和成果,用多元思维去解开汉字起源的神秘面纱。虽然这只是作者的一种设想,距离实证可能还有相当长的距离,研究的路径也还缺乏具体的举证,但是这种有益的学术前沿思考,反映出作者广阔的学术视野和勇于探索的创新精神。

同时,出土文献也是研究汉字最主要的依据。根据载体存在形式不同,可以把文献分成传世文献与出土文献。传世文献多雕版印刷,对汉字进行了最有效的规整,这是值得欢迎的。但是,版刻使文字形态基本丧失,再加上屡经翻刻,文字结构、字形面貌多被改动,其文字已经无法准确反映特定历史阶段汉字的实际情况。要想利用传世材料描述某个时期汉字的面貌、特征,揭示汉字的演变历程,建立汉字史,那是很困难的,甚至不可能的。要研究各时期汉字的实际面貌和演变规律,出土材料如甲金、简帛、碑刻、写卷、抄卷等是最可信任、最具实证价值的。例如,繁体"斷"变成简体"断"字,一般以为是草书楷化,但如果利用出土材料,就会得出完全不同的结论。它实际上是重叠符号连续替代,并不断规整演变的结果[5],我们就可以利用出土的两晋南北朝碑志来证明。《李挺墓志》中右边的构意符号原本由四个"幺"重叠使用,文字太繁重,于是下面两个"幺"分别用简单符号替代,《元倕墓志》《元倪墓志》《元飑妃李媛华墓志》《元延明妃冯氏墓志》都是典型例字。然后再从下往上类推,又分别用简单符号替换上面的两个"幺",《元湛墓志》《道宝碑记》《关胜碑》是其典型字例。四个"幺"成了四个简单符号,四点之间左右没有隔开,既不便于书写时位置的摆放,又有失于汉字内部结构的平衡,结字也显得不紧凑,有损于文字的结构美,于是又添上一竖,造出"断"字。《元引墓志》《司马悦墓志》是其典型例字。字形的变化,使原来表意的文字,成为不表意的记号,但是该字的基本轮廓还是保留了下来。

《汉字源流》特别强调出土文献对于汉字研究的重要性,认为:"溯源工作必须尽可能追溯到该字的原始形态,越古越好,越远越具说服力。所以,甲骨文和金文的材料就显得特别可贵,而篆隶材料则是阐明古文字如何演变为今文字的重要桥梁,在梳理汉字古今演变的过程中,往往起着衔接和转换的关键作用。"[3]144在讨论篆隶文字时,作者进一步强调"篆隶是秦代简牍和西汉前期的竹简和帛书发现后带给人们的新认识",[3]126新材料带来新学问,这已是无需再辩的事实。在讨论省声时指出"随着地下出土材料的不断涌现,过去认为不可理解的某些'省声'字,现在看来确是可信的",如"家"的"豭"省声,"汉"的"難"省声,"产"的"彦"省声,都是有力的证明[3]232。《汉字源流》在探源溯流的全过程中,充分利用了大批出土新材料,而传世材料只是作为出土材料的参考或补充,因此其研究的真实性、科学性能得到充分保障。

六、注重理论归纳和规律揭示

建立在材料基础上的理论研究是十分必要的。具体材料的考释、描写是目,理论归纳、抽象是纲,纲举才能目张。对文字个案的精湛考证,字

族的示范梳理是《汉字源流》的一大特色,能发前人所未发,创获甚丰。作者同时也十分注意汉字演变轨迹的理论分析和汉字发展规律的科学揭示,这是汉字研究的理论升华,值得欢迎。我们举其突出的三点来评说。

其一,关于汉字源流发展谱系的科学建立,必须充分占有汉字发展的具体材料,客观梳理汉字演变轨迹[3]144,要充分运用文字学理论,对材料科学理解的基础上做出合理判断和逻辑推论。研究包括三个方面:一是字形发展的线索。要厘清从甲骨文到现代汉字的源流脉络,溯源要尽量追溯到文字最原始的状态,探流要观察到汉字发展的每一个足迹,篆书、篆隶、隶变、楷化、行草书、繁化、简化、俗讹,每一个细节都不能忽略。二是字义发展线索。重点弄清楚字所记录的词的本义、引申义以及文字具体使用中出现的假借义,始终坚守文字是语言的系统书写符号这个本质属性,符号是为意义服务的,离开语义,符号便失去其价值。三是字音方面的线索。语义借助语音而存在,文字记录语义,同时也记录了语音。古今语音、语义变化都很大,文字是怎样适应这种变化的呢?要回答这个问题,借音表义、同形异词、异形同词、声符表音、同源分化、字组字族等现象都不能回避。如果文字形、音、义系统完全贯通了,古今形体的系列基本清理完备了,汉字源流发展谱系才可望科学建立起来。比如,笔者与何山对"兑"的形体演变的俗变考察,就是这一规律的典型说明[6]。

其二,关于汉字行废原因探索,作者通过对汉字初文、汉字偏旁、特殊结构以及单个汉字的个案研究之后,从宏观和微观两个方面得出令人信服的结论。从宏观上看,时代演进、语言发展、材质变化、字体革新是汉字行废变化的主要因素;汉字的繁化与简化、音化与意化、分化与同化、变异与规范,也是汉字行废的原因。从微观上看,形声字较表意字易于流行,形义关系清晰的字较形义关系模糊的字易于流行,字形简单的字较复杂的字易于流行,区别度高的字较区别度低的字易于流行,适应社会需求的字较古旧过时的字易于流行,社会约定俗成的作用大于构形理据的力量[3]95。这些归纳为掌握汉字发展演变规律,了解社会用字的文化心理,促进汉字的健康发展,以及为今后汉字的进一步改革,提供了宝贵的历史依据和科学的理论思考。

其三,关于汉字字体的历史演变,作者十分注意对字体过渡形态的考察。由于隶变改变了先秦象形符号表意的文字特征，把古文字的象形符号彻底改变成抽象化程度极高的线条符号，奠定了现代汉字的基础。而完成古今文字过渡的关键是秦汉之交的篆隶文字。《汉字源流》特别强调研究篆隶的重要性，是很有学术眼光的。由于考古新发现，秦汉时期的简牍帛书大量出土，为这项研究提供了实证材料。作为简牍帛书语言文字研究的专家，作者通过深入钻研，归纳出隶变的四大特征：一是把篆文随体诘诎的线条改变成平正方直的笔画；二是合并、简化繁复的笔画和构件，使汉字结构更加简单，书写更加方便；三是改变篆文的偏旁位置，使结构方式成为汉字的区别特征；四是解散篆文的某些结体，经过变形、省略、归并、黏合，偏旁重组，重新确立汉字结构方式[3]226。

作为普通高等教育"十一五"国家级规划教材，《汉字源流》还特别注意汉字源流研究方法论的探讨，指出要把传统六书原理作为理论武器，要学会析字和拼字，要着重学好独体字，要熟悉孳乳能力强的偏旁部件及其流变，要探索字族，等等，所有这些都是作者在潜心研究文字的过程中提炼出来的理论思考和经验之谈，不仅对一般大学生有益，对汉字研究工作者也很有帮助。

阅读《汉字源流》也有一些不同的认识，主要有以下几点：一是关于字族和词族问题。从系统论的高度清理汉字在历史进程中的孳生繁衍，把散在的单个汉字系联在大大小小的字族中，以呈现汉字的系统性，描写其衍生路径，揭示内部规律，又形音义结合，全方位讨论文字衍生和词汇同源分化之间的关系，是本书的一大亮点。但是，文字毕竟不是语言的要素，字族只是文字符号的聚合。文字的衍生与词的分化有时是同步的，字族相同，词源也相同，但有时又是不同步的，字族同，词源不一定相同。二是书中研究汉字结构，使用"偏旁"这个术语，所指实际上是构字部件或构字符号，似乎使用"字符"，或者使用"构件"更加明晰，可以避免搅扰和不必要的解释说明。三是有的文字现象还可以斟酌，如认为《史记》中的"蚤"通"早"是古人写别字，是本有其字的通假[3]38。其实，司马迁时代可能"早"字还没有产生，自然也就无所谓写别字[7]。

参考文献：

[1] 康殷. 文字源流浅说 [M]. 北京：荣宝斋出版社，1979.

[2] 黄德宽. 古文字谱系疏证 [M]. 北京：商务印书馆，2007.

[3] 曾宪通，林志强. 汉字源流 [M]. 广州：中山大学出版社，2011.

[4] 徐中舒. 汉语古文字字形表 [M]. 成都：四川人民出版社，1981.

[5] 毛远明. 汉魏六朝碑刻异体字研究 [M]. 北京：商务印书馆，2007.

[6] 毛远明，何山. 兒的俗变考察 [J]. 中国语文，2010（6）：557－560.

[7] 毛远明. 汉字假借性质之历时考察 [J]. 西南大学学报：社会科学版，2010（4）：176－180.

附 录

历届获奖图书与重点项目

附录Ⅰ 1986—2013年获奖图书一览

一 国家优秀教材（读物）获奖图书

获奖奖项	获奖名次	获奖日期	书　名	责编	作者
高等教育研究优秀成果	二等奖	1989.04	现代资本主义经济简明教程	舒宝明	王境主编
1988年度中国图书奖	中国图书奖	1989.08	中国文化概论	谭广洪	李宗桂著
第三届全国优秀图书奖	优秀图书奖	1989.09	中国文化概论	谭广洪	李宗桂著
1989年全国经济和企业管理干部教育优秀教材	优秀教材	1989.11	管理学简明教程	蔡浩然	孙雪梅编著
国家教委第二届优秀教材奖	二等奖	1992.10	力学简明教程	吴伟凡	罗蔚茵编著
国家教委第二届优秀教材	中青年奖	1992.10	中国文化概论	谭广洪	李宗桂著
第六届中国图书奖	二等奖	1992.12	碳纤维及其复合材料显微图像	张德贞	曾汉民等
第六届全国图书金钥匙奖	优胜奖	1992.12	写作大要（增订本）	袁广达	刘孟宇,诸孝正主编
国家教委科技进步奖（甲类）	一等奖	1992.12	碳纤维及其复合材料显微图像	张德贞	曾汉民等
第六批全国优秀畅销书奖		1994	微型计算机IBM PC/XT/AT常用软件（一）	吴相辉	詹前树,杨冲盛编著
第二届全国高校出版社优秀学术著作（科技类）	优秀奖	1995	碳纤维及其复合材料显微图像（英文版）	张德贞	曾汉民等编著

书里书外

续上表

获奖奖项	获奖名次	获奖日期	书　名	责编	作者
第二届全国高校出版社优秀学术著作（科技类）	优秀奖	1995	碳纤维及其复合材料显微图像（中文版）	张德贞	曾汉民等编著
全国教育图书优秀畅销图书奖		1995.06.10	公共关系学简明教程	谭广洪	廖为建著
首届人文社会科学研究优秀成果港澳问题研究	二等奖	1995.11	现代香港经济	蔡浩然	郑德良编著
首届人文社会科学研究优秀成果经济学	二等奖	1995.11	价值和价格论—对有关世界难题的思考与探索	舒宝明	李翀著
第三届优秀教材	一等奖	1996.01.23	行政管理学	施国胜	夏书章编
第三届优秀教材	二等奖	1996.01.23	计算流体力学	李　文	张涤明等编著
第三届优秀教材	中青年奖	1996.01.23	欧美逻辑学说史	施国胜	郑文辉著
第三届优秀教材	中青年奖	1996.01.23	公共关系学简明教程	谭广洪	廖为建著
第三届优秀教材	二等奖	1996.01.23	生物无机化学导论	张德贞	计亮年，莫庭焕等编著
第二届全国高校出版社畅销书	荣誉奖	1996.03.01	电算化会计基础教程	吴　茗	广州市财政局本书编写组编
第五届优秀图书奖优秀教材奖	一等奖	1997.08	服务营销与服务质量管理	谭广洪	汪纯孝，蔡浩然编著
第五届优秀图书奖优秀专著奖	一等奖	1997.08	光辉业绩历史丰碑	刘翰飞	肖如川，钟康模主编
第五届优秀图书奖优秀教材奖	二等奖	1997.08	国际贸易（2次）	章　伟	余波，王衡生主编
第五届优秀图书奖优秀专著奖	三等奖	1997.08	社会可持续发展	谭广洪	市计委，中大市场经济与人口发展中心主编
第五届优秀图书奖优秀教材奖	二等奖	1997.08	运筹学中的随机模型	李　文	邓永录编著
第五届优秀图书奖优秀教材奖	三等奖	1997.08	现代企业管理原理	陈　红	金玉阶主编

附录　历届获奖图书与重点项目

续上表

获奖奖项	获奖名次	获奖日期	书　名	责编	作者
第五届优秀图书奖优秀教材奖	一等奖	1997.08	现代自然哲学与科学哲学	施国胜	张华夏，叶侨健编著
第五届优秀图书奖优秀教材奖	三等奖	1997.08	中国地方税论	章　伟	罗晓林，敖卫平著
第五届优秀图书奖优秀教材奖	二等奖	1997.08	理论电视新闻学	张亚拉	黄匡宇著
第五届优秀图书奖优秀专著奖	一等奖	1997.08	中国金融体制改革研究	舒宝明	李翀著
第五届优秀图书奖优秀教材奖	二等奖	1997.08	中国图书文化导论	施国胜	程焕文著
第五届优秀图书奖优秀教材奖	二等奖	1997.08	逻辑导论	施国胜	中山大学逻辑教研室编
第五届优秀图书奖优秀专著奖	三等奖	1997.08	论南雄设市与边区经济	李海东	刘琦，胡华颖，邓良炳等编著
第五届优秀畅销书奖		1997.08	电脑打字教程（3版8次）	张亚拉	何德耀主编
第五届优秀图书奖优秀专著奖	二等奖	1997.08	张宏达文集	骆益祥	《张宏达文集》编辑组编
第五届优秀图书奖优秀教材奖	三等奖	1997.08	现代公文写作	王国颖	曾昭乐编著
第五届优秀图书奖优秀专著奖	一等奖	1997.08	行政效率研究	施国胜	夏书章主编
第五届优秀畅销书奖		1997.08	科技步步高（2版5次）	骆益祥	吴润扬著
第五届优秀图书奖优秀教材奖	二等奖	1997.08	现代西方经济学原理（8次）	舒宝明	李翀编著
第五届优秀图书奖优秀专著奖	一等奖	1997.08	石湾陶瓷艺术史	骆益祥	佛山大学石湾陶瓷艺术研究课题组编著
第五届优秀图书奖优秀教材奖	二等奖	1997.08	管理学概论	谭广洪	邵冲编著
第十一批全国优秀畅销书（科技类）		1998.12.11	电脑打字教程（3版11次）	张亚拉	何德耀主编

书里书外

续上表

获奖奖项	获奖名次	获奖日期	书　名	责编	作者
第十一批全国优秀畅销书（科技类）		1998.12.11	计算机应用基础习题集（2版11次）	海东 李文	柳青，王敏主编
第十一批全国优秀畅销书（经济类）		1998.12.11	电算化会计基础教程（13次）	谭广洪	广州市财政局本书编写组编
第十一批全国优秀畅销书（经济类）		1998.12.11	新编经济法教程（4次）	谭广洪	沈乐平，汪艳生主编
第十一批全国优秀畅销书（社科类）		1998.12.11	行政管理学（2版16次）	施国胜	夏书章主编；王乐夫，陈瑞莲副主编
第十一批全国优秀畅销书（社科类）		1998.12.11	现代公文写作（5次）	王国颖	曾昭乐编著
1997—1998年度优秀学术著作	一等奖	1999.07.30	粤北超大型铅锌矿床地质地球化学	李海东	李兆麟，郭洪中著
1997—1998年度优秀学术著作	一等奖	1999.07.30	20世纪中国文学史（平装）	章伟	黄修己主编
1997—1998年度优秀教材	一等奖	1999.07.30	社会审计	蔡浩然	李学柔主编；魏明海主编
1997—1998年度优秀学术著作	二等奖	1999.07.30	市场经济运行的法律机制	陈红	黎学玲，程信和主编
1997—1998年度优秀学术著作	三等奖	1999.07.30	陈炯明集	邹岚萍	段云章，倪俊明编
1997—1998年度优秀教材	二等奖	1999.07.30	政府经济职能与宏观管理（2版2次）	谭广洪	郭小聪编著
1997—1998年度优秀教材	三等奖	1999.07.30	元素无机化学（2次）	周建华	蔡少华，黄坤耀，张玉容编著
1997—1998年度优秀教材	二等奖	1999.07.30	房地产法概论	夏华	刘国臻著
1997—1998年度优秀教材	二等奖	1999.07.30	西方文化史	王国颖	沈之兴，张幼香主编
1997—1998年度优秀教材	三等奖	1999.07.30	外国税收理论与制度	刘学谦	罗晓林主编
1997—1998年度优秀畅销书		1999.07.30	中专语文检测题集（第一册）（7次）	欧燕华	王虹，李成林，唐淑蓉主编

附录 历届获奖图书与重点项目

续上表

获奖奖项	获奖名次	获奖日期	书　名	责编	作者
1997—1998年度优秀畅销书		1999.07.30	中专语文检测题集（第二册）（7次）	欧燕华	王虹，李成林，唐淑蓉主编
1997—1998年度优秀畅销书		1999.07.30	中专语文检测题集（第三册）（7次）	衡之	王虹，李成林，唐淑蓉主编
1997—1998年度畅销书		1999.07.30	中专语文检测题集（第四册）（7次）	衡之	王虹，李成林，唐淑蓉主编
1997—1998年度优秀畅销书		1999.07.30	计算机应用基础实验指导（5次）	李海东	邓达基，阎子刚，冯源编著
1997—1998年度优秀畅销书		1999.07.30	中专英语语法与词汇训练（2次）	周海鸥	赵淑雯，喻珈，褚淑贤编著
1997—1998年度优秀教材	一等奖	1999.07.30	传统与现代逻辑概论	施国胜	梁庆寅主编；梁庆寅，梁彪，黄奕显，刘锦方编著
第五届全国书籍装帧艺术展览	封面设计二等奖	1999.10.12	中山大学学术研究丛书		
第十二批全国优秀畅销书（文科类）		1999.12	英语听力阶梯（6次）	李海东	温新元，朱仲发主编
第二届全国人事科研成果	三等奖	1999.12.20	人力资源开发与管理	施国胜	梁裕楷，袁兆亿，陈天祥编著
第三届全国人事科研成果	三等奖	2001.12.20	智力型企业经营管理（2次）	蔡浩然	汪存孝，谢礼珊，岑成德，申文果，韩小芸著
2004年度全国优秀畅销书（科技类）		2004.12	老师，祝您健康	欧燕华	王声涌，谢良骥主编
2004年度全国优秀畅销书（社科类）		2004.12	行政管理学（3版29次）	施国胜	夏书章主编；王乐夫，陈瑞莲副主编

书里书外

续上表

获奖奖项	获奖名次	获奖日期	书　名	责编	作者
2004年度全国优秀畅销书（文教类）		2004.12	大学体育（学生用书）	阮　继	邓树勋主编
2004年度全国优秀畅销书（社科类）		2004.12	现代西方经济学原理（4版23次）	宝明海东	李翀编著
2006年度全行业优秀畅销品种（社科类）		2006.12	农民工权益手册（2次）	钟永源	陈文杰编著
2006年度全行业优秀畅销品种（社科类）		2006.12	领导学（3版19次）	施国胜	王乐夫编著
2006年度全行业优秀畅销品种（教育类）		2006.12	高校毕业生就业手册（7次）	李　文	广东省高等学校毕业生就业指导中心等编
中国档案学会第五次档案学优秀成果奖	三等奖	2006.12	中山大学编年史（1924—2004）	钟永源	易汉文主编
第四届行政管理科学优秀成果	一等奖	2008.10	行政管理学（3版45次）	施国胜	夏书章主编；王乐夫，陈瑞莲副主编
2008年度全行业优秀畅销品种		2008.12	行政管理学（4版46次）	施国胜	夏书章主编；王乐夫，陈瑞莲副主编
2008年度全行业优秀畅销品种		2008.12	高中数学基础知识及常见规律（2版3次）	李　文	宛军民主编
2008年度全行业优秀畅销品种		2008.12	淘金高阶考研英语词汇	锡源袁惠	伍乐其主编
2008年度引进版科技类优秀图书奖		2009.09	分子微生物学	周建华	（美）D. H. Persing等著；柯昌文等主译
2009年度全行业优秀畅销品种		2009.12	应用写作教程（6版34次）	邹岚萍	陈少夫，丘国新编著
2010年度全行业优秀畅销品种		2010.12	疯狂英语·我的第一本音标书	赖艳艳	李建萍，李媛主编

附录 历届获奖图书与重点项目

续上表

获奖奖项	获奖名次	获奖日期	书名	责编	作者
2010年度全行业优秀畅销品种		2010.12	疯狂英语·口语初级入门	黎恋恋	姚佳斯主编
2010年度全行业优秀畅销品种		2010.12	广州亚运会志愿者通用读本	周建华	第16届亚洲运动会组织委员会编
2011年度全行业优秀畅销品种		2011.12	经典悦读	邹岚萍	中共滨州经济开发区工委,南开大学语文教育研究中心编
2012—2013年度全行业优秀畅销书		2013.12	心理减压室——完美高中生活指南	嵇春霞	蔡志红著
2012—2013年度全行业优秀畅销书		2013.12	经典悦读（共6册）	邹岚萍	中共滨州经济开发区工委,南开大学语文教育研究中心编

二　全国高校（大学）出版社获奖图书

获奖奖项	获奖名次	获奖日期	书名	责编	作者
高等学校出版社优秀学术专著	优秀奖	1992.10	价值和价格论——对有关世界难题的思考与探索	舒宝明	李翀
大学版协首届书籍装帧设计奖	封面设计一等奖	1995.12	东印度公司对华贸易编年史	刘翰飞	（美）马士著,中国海关史研究中心译
大学版协书籍装帧设计奖	封面设计一等奖	1995.12	珠宝玉石鉴赏	谭广洪	丘志力,王建华编著
第二届全国高校出版社畅销书	荣誉奖	1996.03.01	电算化会计基础教程	吴茗	广州市财政局本书编写组编
第三届全国高校出版社优秀双效书	优秀双效书奖	1998.11.23	英语听力阶梯	李海东	温新元,朱仲发主编

书里书外

续上表

获奖奖项	获奖名次	获奖日期	书　名	责编	作者
第三届全国高校出版社优秀双效书	荣誉奖	1998.11.23	计算机应用基础习题集（2版7次）	海东李文	柳青，王敏主编
普通高等学校第二届人文社会科学研究成果奖	管理学二等奖	1998.12.10	服务营销与服务质量管理	谭广洪	汪纯孝，蔡浩然编著
普通高等学校第二届人文社会科学研究成果奖	哲学二等奖	1998.12.10	被解释的传统——近代思想史新论	谭广洪	陈少明，单世联，张永义著
普通高等学校第二届人文社会科学研究成果奖	民族学三等奖	1998.12.10	中国图书文化导论	施国胜	程焕文著
普通高等学校第二届人文社会科学研究成果奖	历史学一等奖	1998.12.10	市场机制与社会变迁——18世纪广东米价分析	冯 平	陈春声著
第四届全国高校出版社优秀畅销书	优秀奖	2000.09	手拉手共话祖国50年（书信集）	葛 洪	中国少年先锋队全国工作委员会编
第四届全国高校出版社优秀畅销书	提名奖	2000.09	计算机应用基础教程（Windows 98/95版）2版	周文海	林卓然编著
第四届全国高校出版社优秀畅销书	提名奖	2000.09	中专英语词汇用法手册	周建华	温新元，朱仲发主编
全国百家大学出版社书籍装帧艺术成果展	封面设计金奖	2000.10.28	粤东诗海（上、中、下）	杨 权	（清）温汝能纂辑；吕永光等整理
全国百家大学出版社书籍装帧艺术成果展	封面设计银奖	2000.10.28	数学分析与思想方法	李 文	朱匀华，周健伟，胡建勋编著
第四届全国高等院校书籍装帧艺术	封面设计金奖	2002.04.10	中大瑰宝	翰飞永源	易汉文主编
第五届全国高校出版社优秀畅销书	二等奖	2002.09	体育与健康（三年制）（3次）	阮 继	邓树勋主编；王崇喜，黄超文副主编

续上表

获奖奖项	获奖名次	获奖日期	书　名	责编	作者
第五届全国高校出版社优秀畅销书	一等奖	2002.09	行政管理学案例教程	徐镜昌	江超庸编著
中国高校第三届人文社会科学优秀专著成果奖	二等奖	2003.01.07	伦理政治研究	王国颖	任剑涛著
中国高校第三届人文社会科学优秀专著成果奖	三等奖	2003.01.07	宋代著录商周青铜器铭文笺证	刘翰飞	刘昭瑞编著
第六届全国高校出版社优秀畅销书	一等奖	2004.09	行政管理学（3版30次）	施国胜	夏书章主编；王乐夫，陈瑞莲副主编
第六届全国高校出版社优秀畅销书	一等奖	2004.09	现代西方经济学原理（4版24次）	宝明海东	李翀编著
第五届中国大学装帧艺术评奖封面设计	十佳最美图书奖	2004.09.12	美术信息学	钟永源	罗一平著
第六届中国大学书籍装帧艺术评奖整体设计	金奖	2006.08.07	中山大学杰出人文学者文库		
第七届全国高校出版社优秀畅销书	二等奖	2006.09	外汇交易快速入门（2版3次）	钟永源	（新加坡）许强著
第七届全国高校出版社优秀畅销书	一等奖	2006.09	计算机基础教程Windows2000与Office20002-3	里　引	林卓然编著
第七届全国高校出版社优秀畅销书	二等奖	2006.09	人力资源管理（2版6次）	吴志晓白	陈天祥，王国颖编著
第七届中国大学书籍装帧设计封面设计评奖	封面设计金奖	2008.05.30	简帛文献与文学考论（1.1）	裴大泉	陈斯鹏著
第七届中国大学书籍装帧设计评奖	封面设计银奖	2008.05.30	陈炯明集（增订版）（2版2次）	邹岚萍	段云章，倪俊明编
第七届中国大学书籍装帧设计评奖	版式设计铜奖	2008.05.30	图解市场调查指南	潘　隆	［日］酒井隆著；郑文艺，陈菲译

书里书外

续上表

获奖奖项	获奖名次	获奖日期	书　　名	责编	作者
第七届中国大学书籍装帧设计评奖	整体设计银奖	2008.05.30	生物人类学	杨 捷	李法军编著
第八届全国高校出版社优秀畅销书	一等奖	2008.10	领导学（3版20次）	施国胜	王乐夫编著
第八届全国高校出版社优秀畅销书	一等奖	2008.10	法学概论（3次）	嵇春霞	卢修敏主编
第八届全国高校出版社优秀畅销书	二等奖	2008.10	芳香乐园（2次）	周建华	江平，张延主编；周伊林，张成玲副主编
第八届全国高校出版社优秀畅销书	二等奖	2008.10	经济学教程（5次）	浩 然	张亚丽编著
第八届全国大学出版社优秀畅销书	二等奖	2008.10	管理学教程（6次）	刘学谦	许洁虹主编
第八届全国高校出版社优秀畅销书	二等奖	2008.10	市场营销（3次）	刘学谦	梁晓萍，胡穗华主编
第八届全国高校出版社优秀畅销书	二等奖	2008.10	人力资源管理（3次）	刘学谦	秦璐，王国颖主编；何沿，陈平，邢敏副主编
第八届高校出版社优秀畅销书	二等奖	2008.10	基础会计（3次）	张礼凤	孙晓梅，李勤，张江洋主编
第八届全国出版社优秀畅销书	二等奖	2008.10	《基础会计》学习指导与思考练习（2次）	张礼凤	孙晓梅，李勤主编
第八届全国高校出版社优秀畅销书	二等奖	2008.10	市场调查与预测（3次）	刘学谦	胡穗华，张伟今，谢虹主编
高等学校科学研究优秀成果奖（人文社会科学）学科：语言学	二等奖	2009.09	古文字与出土文献丛考	裴大泉	曾宪通著
中国大学出版社图书奖首届优秀教材奖	二等奖	2009.12	新闻传播方法论	邹岚萍	李法宝著

附录 历届获奖图书与重点项目

续上表

获奖奖项	获奖名次	获奖日期	书　　名	责编	作者
中国大学出版社图书奖首届优秀学术著作奖	一等奖	2009.12	简帛文献与文学考论	裴大泉	陈斯鹏著
中国大学出版社图书奖首届优秀学术著作奖	一等奖	2009.12	珠江流域的族群与区域文化研究	杨　捷	周大鸣,吕俊彪著
中国大学出版社图书奖首届优秀学术著作奖	二等奖	2009.12	文学会消亡吗	嵇春霞	杜书瀛著
中国大学出版社图书奖首届优秀学术著作奖	二等奖	2009.12	妇产科超声监测	鲁佳慧	周力学,刘颖琳主编
中国大学出版社图书奖首届优秀学术著作奖	一等奖	2009.12	中国科学哲学论丛（共5种）		
中国大学出版社图书奖首届优秀学术著作奖	一等奖	2009.12	问题与科学研究	周建华	林定夷著
中国大学出版社图书奖首届优秀学术著作奖	一等奖	2009.12	在物理学与哲学之间	周建华	钱长炎著
中国大学出版社图书奖首届优秀学术著作奖	一等奖	2009.12	在宏观与微观之间	李海东	成素梅著
中国大学出版社图书奖首届优秀学术著作奖	一等奖	2009.12	范·弗拉森的量子力学哲学研究	李海东	万小龙著
中国大学出版社图书奖首届优秀学术著作奖	一等奖	2009.12	创世论与进化论的世纪之争	邓启铜	张增一著
中国大学出版社图书奖第二届优秀教材奖	一等奖	2011.12	政治学导论	嵇春霞	肖滨主编

书里书外

续上表

获奖奖项	获奖名次	获奖日期	书　名	责编	作者
中国大学出版社图书奖第二届优秀教材奖	二等奖	2011.12	西医学概论	鲁佳慧	徐勤主编；万文成副主编
中国大学出版社图书奖第二届优秀教材奖	二等奖	2011.12	对外汉语教学入门（2版6次）	李海东	周小兵主编
中国大学出版社图书奖第二届优秀教材奖	二等奖	2011.12	古文字学纲要（2版3次）	裘大泉	陈炜湛，唐钰明编著
中国大学出版社图书奖第二届优秀学术著作奖	一等奖	2011.12	中国现代诗学范畴	嵇春霞	陈希著
中国大学出版社图书奖第二届优秀学术著作奖	一等奖	2011.12	影视文化对未成年人的影响与对策研究	邹岚萍	黄会林等著
中国大学出版社图书奖第二届优秀学术著作奖	一等奖	2011.12	水书与水族社会——以《陆道根原》为中心的研究	徐诗荣	张振江，姚福祥著
中国大学出版社图书奖第二届优秀学术著作奖	二等奖	2011.12	古本《尚书》文字研究	裘大泉	林志强著
中国大学出版社图书奖第二届优秀学术著作奖	二等奖	2011.12	妇产科疾病超声诊断精要	鲁佳慧	周力学，刘颖琳主编
中国大学出版社图书奖第二届优秀学术著作奖	二等奖	2011.12	报纸突围——数字时代传统媒体变身记	王　润	王正鹏著
中国大学出版社图书奖第二届优秀学术著作奖	二等奖	2011.12	近代中美文化交流研究	邹岚萍	梁碧莹著
中国大学出版社图书奖第十届优秀畅销书奖	一等奖	2011.12	你不知道的健康运动秘诀	鲁佳慧	（美）刘展著

附录 历届获奖图书与重点项目

续上表

获奖奖项	获奖名次	获奖日期	书　名	责编	作者
中国大学出版社图书奖第十届优秀畅销书奖	二等奖	2011.12	舒立观察——中国十年之真问题	徐诗荣	胡舒立著
第三届中国大学出版社图书奖优秀教材奖	一等奖	2013.10	汉字源流	裴大泉	曾宪通，林志强著
第三届中国大学出版社图书奖优秀学术著作奖	一等奖	2013.10	多学科视野下的就业保障研究	嵇春霞	彭薇，王旭东著
第三届中国大学出版社图书奖优秀学术著作奖	二等奖	2013.10	多学科视野下的老年社会保障研究	嵇春霞	郭爱妹著
第三届中国大学出版社图书奖优秀学术著作奖	二等奖	2013.10	城乡空巢老年人的生存状态与社会保障研究	嵇春霞	郭爱妹，张戌凡著

三　中南地区获奖图书

获奖奖项	获奖名次	获奖日期	书　名	责编	作者
中南五省（区）书籍装帧设计第五次年会	封面设计二等奖	1988.10	泰国传统文化与民俗	王家声	（泰）披耶阿努曼拉查东著，马宁译
1986—1988年中南地区大学出版社优秀教材	一等奖	1989.11	分子生物学引论	张德贞	罗进贤编著
1986—1988年中南地区大学出版社优秀学术专著	三等奖	1989.11	反思和开拓的十年	谭广洪	刘嵘
1986—1988年中南地区大学出版社优秀学术专著	二等奖	1989.11	澳门	徐希扬	缪鸿基等编著
1986—1988年中南地区大学出版社优秀教材	一等奖	1989.11	中国现代哲学史稿（上卷）	方绪源	袁伟时

书里书外

续上表

获奖奖项	获奖名次	获奖日期	书 名	责编	作者
1986—1988年中南地区大学出版社优秀学术专著	二等奖	1989.11	论藏族文化的起源形成与周围民族的关系	黎国器	格勒
1986—1988年中南地区大学出版社优秀教材	二等奖	1989.11	写作大要（增订本）	袁广达	刘孟宇，诸孝正主编
1986—1988年中南地区大学出版社优秀教材	三等奖	1989.11	现代资本主义经济简明教程	舒宝明	王境主编
中南六省（区）书籍装帧设计第六次年会	封面设计三等奖	1990.11	新时期文艺论辩	王家声	黄伟宗
中南六省（区）书籍装帧设计第六次年会	封面设计二等奖	1990.11	中国文化概论	谭广洪	李宗桂著
1989—1990年中南地区大学出版社畅销图书奖	畅销图书奖	1991.12	名城广州常识	蔡浩然	广州历史文化名城研究会
1989—1990年中南地区大学出版社优秀图书	一等奖	1991.12	热带气象学	徐希扬	梁必骐等
1989—1990年中南地区大学出版社优秀图书	二等奖	1991.12	柳永和他的词	陈必胜	曾大兴
1989—1990年中南地区大学出版社优秀图书	二等奖	1991.12	林则徐与鸦片战争论稿（增订本）	黎国器	陈胜（米舛）
1989—1990年中南地区大学出版社优秀图书	二等奖	1991.12	文学理论基础教程	袁广达	郭正元
1989—1990年中南地区大学出版社优秀图书	二等奖	1991.12	公共关系学简明教程	谭广洪	廖为建著

附录　历届获奖图书与重点项目

续上表

获奖奖项	获奖名次	获奖日期	书　　名	责编	作者
1989—1990年中南地区大学出版社优秀图书	三等奖	1991.12	微型计算机 IBMXT/AT 常用软件（一）	吴相辉	詹前树，杨冲盛
1989—1990年中南地区大学出版社优秀图书	三等奖	1991.12	热学基础	罗以琳	罗蔚茵，许煜寰
1989—1990年中南地区大学出版社畅销图书奖	畅销图书奖	1991.12	意大利'90（上）《进军罗马》	马锦炽	严俊君主编
1989—1990年中南地区大学出版社畅销图书奖	畅销图书奖	1991.12	意大利'90（下）《罗马决战》	马锦炽	严俊君主编
1989—1990年中南地区大学出版社优秀图书	二等奖	1991.12	鱼病学	李玉杏	吕军仪
1989—1990年中南地区大学出版社优秀图书	一等奖	1991.12	价值和价格论——对有关世界难题的思考与探索	舒宝明	李翀著
1989—1990年中南地区大学出版社畅销图书奖		1991.12	雷锋在我们当中	蔡浩然	韩可与主编
中南六省（区）书籍装帧设计第七次年会	封面设计二等奖	1993.06	碳纤维及其复合材料显微图象	张德贞	曾汉民，于翘，彭维周，蒲天游著
1991—1992年中南地区大学出版社优秀图书	二等奖	1993.06	广东省五华县国土治理与开发综合试验研究	李玉杏	中国科学院广州分院等著
中南六省（区）书籍装帧设计第七次年会	封面设计二等奖	1993.06	东印度公司对华贸易编年史	刘翰飞	（美）马士著；中国海关史研究中心译
1991—1992年中南地区大学出版社优秀图书	三等奖	1993.06	现代领导学	施国胜	王乐夫主编

247

书里书外

续上表

获奖奖项	获奖名次	获奖日期	书　　名	责编	作者
1991—1992年中南地区大学出版社优秀图书	一等奖	1993.06	中国方术大辞典	杨　权	陈永正主编
中南六省（区）书籍装帧设计第七次年会	封面设计三等奖	1993.06	中国方术大辞典	杨　权	陈永正主编
1991—1992年中南地区大学出版社优秀图书	一等奖	1993.06	华南港湾	徐希扬	罗章仁等编著
1991—1992年中南地区大学出版社优秀图书	一等奖	1993.06	珠江三角洲经济发展回顾与前瞻	蔡浩然	中山大学珠三角经济发展与管理研究中心编
1991—1992年中南地区大学出版社优秀图书	二等奖	1993.06	辛亥革命运动史	衡　之	林家有主编
1991—1992年中南地区大学出版社优秀图书	二等奖	1993.06	电介质材料物理和应用	罗以琳	李景德等主编
1991—1992年中南地区大学出版社优秀图书	二等奖	1993.06	企业文化	谭广洪	郭纪金著
1991—1992年中南地区大学出版社优秀图书	二等奖	1993.06	孙中山与辛亥革命论集	黎国器	陈锡祺编著
1991—1992年中南地区大学出版社优秀图书	二等奖	1993.06	生物无机化学导论	张德贞	计亮年，莫庭焕等编著
1991—1992年中南地区大学出版社优秀图书	二等奖	1993.06	微型计算机IBM PC/XT/AT常用软件（二）	吴相辉	詹前树，韦沛文，辛少霞编著
1991—1992年中南地区大学出版社优秀图书	三等奖	1993.06	语文阅读指津	谭广洪	蓝天，白云，陈元正，黄思明编著

附录 历届获奖图书与重点项目

续上表

获奖奖项	获奖名次	获奖日期	书　名	责编	作者
1991—1992年中南地区大学出版社优秀图书	三等奖	1993.06	微型计算机软件实验教程	骆益祥	余正方,张宏杰编著
1991—1992年中南地区大学出版社优秀校对	一等奖	1993.06	生物无机化学导论	钟永源	计亮年,莫庭焕等编著
1991—1992年中南地区大学出版社优秀校对	二等奖	1993.06	现代文阅读能力的培养	钟永源	张百栋,邵祖戊编著
中南六省（区）书籍装帧设计第七次年会	封面设计三等奖	1993.06	车王府曲本选	洪哲雄	刘烈茂,苏寰中,郭精锐主编
中南地区大学出版社优秀畅销书奖		1995.08.23	电脑操作与键盘打字基础训练	李　文	刘美莲编
中南地区大学出版社优秀教材	一等奖	1995.08.23	公司经济学——企业经济理论与实践	蔡浩然	毛蕴诗,王三银著
中南地区大学出版社优秀教材	二等奖	1995.08.23	文献计量学概论	李　慈	罗式胜主编;范并思,吴永臻副主编
中南地区大学出版社优秀教材	二等奖	1995.08.23	民事诉讼法学	杨　权	蔡彦敏主编
中南地区大学出版社优秀学术著作	二等奖	1995.08.23	欧美逻辑学说史	施国胜	郑文辉著
中南地区大学出版社优秀教材	二等奖	1995.08.23	社会统计学——附:社会科学统计软件应用	邱琼瑛	丘海雄编著
中南地区大学出版社优秀教材	二等奖	1995.08.23	无机分离过程化学	徐镜昌	李沅英,龚孟濂,杨燕生编著
中南地区大学出版社优秀学术著作	一等奖	1995.08.23	现代香港经济	蔡浩然	郑得良编著
中南地区大学出版社优秀畅销书奖		1995.08.23	公共关系学简明教程	谭广洪	廖为建著
中南地区大学出版社优秀校对	一等奖	1995.08.23	法国史研究文选	刘翰飞	端木正著

书里书外

续上表

获奖奖项	获奖名次	获奖日期	书　名	责编	作者
中南地区大学出版社优秀校对	一等奖	1995.08.23	珠宝玉石鉴赏	钟永源	丘志力,王建华编著
中南地区大学出版社优秀教材	二等奖	1995.08.23	中国税收制度	施国胜	杨卫华,周凯主编
中南地区大学出版社优秀学术著作	二等奖	1995.08.23	商业银行会计学	章伟	葛敬东主编;何艺,邵煜副主编
中南地区大学出版社优秀学术著作	一等奖	1995.08.23	周易大词典	刘翰飞	伍华主编
中南地区大学出版社优秀学术著作	二等奖	1995.08.23	走向开放的道德	谭广洪	李萍,钟明华主编
中南地区大学出版社优秀教材	二等奖	1995.08.23	计算机操作系统实验教程	张亚拉	黄祥喜编著
中南地区大学出版社优秀校对	一等奖	1995.08.23	著编工作规范指南	钟永源	张德贞编
中南地区大学出版社优秀教材	二等奖	1995.08.23	当代资本主义经济	施国胜	郑佩玉主编,孙德亭,孔丽华副主编
中南六省（区）书籍装帧设计第八次年会	封面设计二等奖	1995.12.16	国际贸易	章伟	余波,王衡生主编
中南六省（区）书籍装帧设计第八次年会	封面设计三等奖	1995.12.16	中国图书文化导论	施国胜	程焕文著
中南地区第二届优质校对图书评奖	二等奖	1997.11.25	秦汉史论集（外三篇）	钟永源	张荣芳著
中南地区第二届优质校对图书评奖	三等奖	1997.11.25	训诂学概要	钟永源	陈焕良编著
中南地区第三届优质校对图书评奖	二等奖	1998.10.22	在国家与社会之间	钟永源	刘志伟
中南地区第三届优质校对图书评奖	二等奖	1998.10.22	邓小平理论概说	钟永源	刘景泉著
中南地区第四届优质校对图书	二等奖	1999.10.12	经济改革中的政治问题研究	钟永源	郭小聪主编

附录 历届获奖图书与重点项目

续上表

获奖奖项	获奖名次	获奖日期	书 名	责编	作者
中南地区第四届优质校对图书	一等奖	1999.10.12	国企改革：转轨与创新（2次）	钟永源	陈祖煌，陈文学，郑贤操著
中南地区第四届优质校对图书	二等奖	1999.10.12	社会保险学	钟永源	申曙光著
中南地区 1999—2000 年度优秀专著	一等奖	2001.06.30	宋代著录商周青铜器铭文笺证	刘翰飞	刘昭瑞编著
中南地区 1999—2000 年度优秀专著	一等奖	2001.06.30	当代道德的转型和建构	谭广洪	章海山著
中南地区 1999—2000 年度优秀专著	二等奖	2001.06.30	中国意象诗探索	章伟翰飞	吴晟著
中南地区 1999—2000 年度优秀专著	二等奖	2001.06.30	地下水资源与环境	李海东	刘尚仁编著
中南地区 1999—2000 年度优秀专著	二等奖	2001.06.30	红树林植物秋茄及其湿地系统研究	阮 继	陈桂珠，缪绅裕著
中南地区 1999—2000 年度优秀专著	三等奖	2001.06.30	中国早期方术与文献丛考	裴大泉	胡文辉著
中南地区 1999—2000 年度优秀教材	一等奖	2001.06.30	现代企业财务管理（2版4次）	周建华	刘娥平，龚凯颂编著
中南地区 1999—2000 年度优秀教材	一等奖	2001.06.30	服务性企业整体质量管理（2次）	钟永源	汪纯孝，岑成德，朱沆，谢礼珊，徐栖玲著
中南地区 1999—2000 年度优秀教材	二等奖	2001.06.30	公共行政学：历史与思想	施国胜	唐兴霖编著
中南地区 1999—2000 年度优秀教材	二等奖	2001.06.30	有机立体化学	张亚拉	苏镜娱，曾陇梅编著
中南地区 1999—2000 年度优秀教材	二等奖	2001.06.30	劳动人事管理理论与实务（2次）	邹岚萍	朱淑倩编著
中南地区 1999—2000 年度优秀教材	三等奖	2001.06.30	物业管理实务（上）（2次）	宝明夏华	陈德豪，杨振标主编
中南地区 1999—2000 年度优秀教材	三等奖	2001.06.30	物业管理实务（下）（2次）	王国颖	杨振标，杨载，陈德豪主编

书里书外

续上表

获奖奖项	获奖名次	获奖日期	书　名	责编	作者
中南地区 1999—2000 年度优秀畅销书		2001.06.30	全国公共英语等级考试 1～2 级听力练习册（2 次）	李海东	温新元，朱仲发主编
中南地区 1999—2000 年度优秀畅销书		2001.06.30	PETS 1，2 级模拟试题集	欧燕华	温新元，朱仲发主编
中南地区 1999—2000 年度优秀畅销书		2001.06.30	计算机应用基础教程（Windows 98/95 版）（3 次）	李海华	林卓然编著
中南地区 1999—2000 年度优秀教材	二等奖	2001.06.30	物业管理学	刘学谦	林广志，甘元薪主编
中南地区大学出版社优秀学术著作	一等奖	2003.09	铸造旧砂再生利用及污染治理	徐镜昌	郭景纯，郭思福著
中南地区大学出版社优秀著作	二等奖	2003.09	联合国与人权保障国际化（2 次）	欧燕华	王运祥，刘杰著
中南地区大学出版社优秀学术著作	二等奖	2003.09	科技时代的反思	邹岚萍	詹颂生著
中南地区大学出版社优秀学术著作	二等奖	2003.09	促进我国中小企业发展政策研究	杨　捷	欧江波等著
中南地区大学出版社优秀学术著作	二等奖	2003.09	中国古代文体形态研究	章　伟	吴承学著
中南地区大学出版社优秀教材	二等奖	2003.09	经济管理类专业毕业论文写作指南（2 次）	蔡浩然	储佩成著
中南地区大学出版社优秀教材	二等奖	2003.09	应用电化学（3 次）	徐镜昌	杨绮琴，方北龙，童叶翔编著
中南地区大学出版社优秀教材	二等奖	2003.09	政治科学原理（平）	施国胜	施雪华主编
中南地区大学出版社优秀教材	二等奖	2003.09	国际离岸金融市场理论与实践	刘学谦	左连村，王洪良著
中南地区大学出版社优秀教材	二等奖	2003.09	简明英语语法教程（5 次）	熊锡源	陈开举，彭启贵，徐英编著

附录 历届获奖图书与重点项目

续上表

获奖奖项	获奖名次	获奖日期	书　名	责编	作者
中南地区大学出版社优秀教材	二等奖	2003.09	水环境评价与规划	李海东	陈晓宏，江涛，陈俊合编著
中南地区大学出版社优秀教材	一等奖	2003.09	现代遗传学教程（2次）	周建华	贺竹梅编著
中南地区大学出版社畅销书		2003.09	技能人才创业精萃（1）（4次）	邹岚萍	张明德主编；陈仕壮，陈少夫，黄文强，何锦发副主编
中南地区大学出版社畅销书		2003.09	计算机基础教程Windows 98与Office2000（2-9）	里引	林卓然编著
中南地区大学出版社畅销书		2003.09	大学英语四级全方攻略听力（2次）	阮继	张杰主编
2003—2004年度中南地区大学出版社优秀教材	一等奖	2005.08	对外汉语教学入门	李海东	周小兵，李海鸥主编
2003—2004年度中南地区大学出版社优秀教材	一等奖	2005.08	大学体育（学生用书）	阮继	邓树勋主编
2003—2004年度中南地区大学出版社优秀教材	一等奖	2005.08	现代企业管理原理（3版15次）	刘学谦	金玉阶，孙宁华主编
2003—2004年度中南地区大学出版社优秀教材	二等奖	2005.08	写作大要新编	邹岚萍	陈子典编著
2003—2004年度中南地区大学出版社优秀教材	二等奖	2005.08	计算机文化基础（Windows XP与Office XP）	元阜	陆志峰主编
2003—2004年度中南地区大学出版社优秀教材	二等奖	2005.08	形体与形象塑造	嵇春霞	樊莲香，阿理，汤海燕编著
2003—2004年度中南地区大学出版社优秀教材	二等奖	2005.08	中国程序法	施国胜	郑文辉著

书里书外

续上表

获奖奖项	获奖名次	获奖日期	书　　名	责编	作者
2003—2004年度中南地区大学出版社优秀教材	二等奖	2005.08	企业价值评估与投资决策	刘学谦	冯春丽，李正伦著
2003—2004年度中南地区大学出版社优秀教材	二等奖	2005.08	现代中国对外贸易概论（2版4次）	蔡浩然	廖庆薪，廖力平编著
2003—2004年度中南地区大学出版社优秀教材	二等奖	2005.08	决策管理：理论、方法、技巧与运用	周建华	欧阳洁著
2003—2004年度中南地区大学出版社优秀专著	一等奖	2005.08	马王堆天文书考释	裴大泉	刘乐贤著
2003—2004年度中南地区大学出版社优秀专著	一等奖	2005.08	泛欧几何	周建华	刘鸿健著
2003—2004年度中南地区大学出版社优秀专著	二等奖	2005.08	教育对经济增长贡献的国际比较	杨　捷	姚益龙著
2003—2004年度中南地区大学出版社优秀专著	二等奖	2005.08	品牌知行	李海东	郑宗成，汪德宏，姚承纲著
2003—2004年度中南地区大学出版社优秀专著	二等奖	2005.08	韶州瑶人	李海东	李默著
2003—2004年度中南地区大学出版社优秀专著	二等奖	2005.08	脊髓损伤	忠　平	沈慧勇主编
2003—2004年度中南地区大学出版社	优秀畅销书	2005.08	计算机基础教程Windows98与Office2000（2-9）	里　引	林卓然编著
2003—2004年度中南地区大学出版社	优秀畅销书	2005.08	淘金式巧攻双频阅读词汇·四级分册	熊锡源	伍乐其主编；武敏副主编
2003—2004年度中南地区大学出版社	优秀畅销书	2005.08	会计综合实习与分析	李　文	苏淑欢主编；陈文熙主审

附录　历届获奖图书与重点项目

续上表

获奖奖项	获奖名次	获奖日期	书　　名	责编	作者
2003—2004年度中南地区大学出版社	优秀畅销书	2005.08	中国人的精神三十讲	潘　隆	黎红雷主编
2003—2004年度中南地区大学出版社优秀专著	一等奖	2005.08	海南经济史研究	徐镜昌	陈光良著
2003～2004年度中南地区大学出版社优秀专著	二等奖	2005.08	珠江水利简史	李海东	珠江水利委员会《珠江水利简史》编委会编著
2005—2006年度中南地区大学出版社优秀学术著作	一等奖	2007.06	创世论与进化论的世纪之争	邓启铜	张增一著
2005—2006年度中南地区大学出版社优秀学术著作	一等奖	2007.06	在物理学与哲学之间	周建华	钱长炎著
2005—2006年度中南地区大学出版社优秀学术著作	一等奖	2007.06	问题与科学研究	周建华	林定夷著
2005—2006年度中南地区大学出版社优秀学术著作	一等奖	2007.06	范·弗拉森的量子力学哲学研究	李海东	万小龙著
2005—2006年度中南地区大学出版社优秀学术著作	一等奖	2007.06	在宏观与微观之间	李海东	成素梅著
2005—2006年度中南地区大学出版社优秀学术著作	一等奖	2007.06	寻求内源发展	杨　捷	周大鸣，刘志扬，秦红增著
2005—2006年度中南地区大学出版社优秀学术著作	一等奖	2007.06	文学会消亡吗	嵇春霞	杜书瀛著
2005—2006年度中南地区大学出版社优秀学术著作	二等奖	2007.06	反倾销与反补贴法研究	张礼凤	蔡镇顺，范利平，帅海燕著

255

书里书外

续上表

获奖奖项	获奖名次	获奖日期	书　名	责编	作者
2005—2006年度中南地区大学出版社优秀学术著作	二等奖	2007.06	经济伦理及其范畴研究	施国胜	章海山著
2005—2006年度中南地区大学出版社优秀学术著作	二等奖	2007.06	现代尿道下裂外科学	阮　继	张金明主编
2005—2006年度中南地区大学出版社优秀学术著作	二等奖	2007.06	《喜福会》的人物话语和思想表达方式	熊锡源	戴凡著
2005—2006年度中南地区大学出版社优秀教材	一等奖	2007.06	实用手术护理学	钟永源	林岩主编；谭淑芳，卢玉贞副主编
2005—2006年度中南地区大学出版社优秀教材	一等奖	2007.06	大学计算机基础	元　阜	陆志峰主编
2005—2006年度中南地区大学出版社优秀教材	一等奖	2007.06	唐宋名家词导读新编	安　扬	彭玉平著
2005—2006年度中南地区大学出版社优秀教材	二等奖	2007.06	大学体育健康理论与实践	阮　继	张保华，曹策礼，黄小华主编
2005—2006年度中南地区大学出版社优秀教材	二等奖	2007.06	管理学教程	刘学谦	许洁虹主编
2005—2006年度中南地区大学出版社优秀教材	二等奖	2007.06	国家金融市场（2版2次）	李海东	李翀编著
2005—2006年度中南地区大学出版社优秀教材	二等奖	2007.06	物流管理学	周建华	胡怀邦，郝渊晓，刘全洲，马源平主编
2005—2006年度中南地区大学出版社优秀教材	二等奖	2007.06	新编应用文写作	邓启铜	张秉钊主编；苏子麟，刘攀桂副主编

附录 历届获奖图书与重点项目

续上表

获奖奖项	获奖名次	获奖日期	书　名	责编	作者
2005—2006年度中南地区大学出版社优秀教材	二等奖	2007.06	婚姻家庭法（2版6次）	蔡浩然	卓冬青，刘冰主编；甘世凤，白云副主编
2005—2006年度中南地区大学出版社优秀教材	二等奖	2007.06	物流技术与装备学	浩　然	裴少峰，曹利强，陈彤伟编著
2005—2006年度中南地区大学出版社优秀畅销书	畅销书	2007.06	淘金高阶考研英语词霸Google考典	锡源胡敏	伍乐其主编
2005—2006年度中南地区大学出版社优秀畅销书	畅销书	2007.06	技能人才创业精萃（1版2次）	邹岚萍	臧立主编；黄立强，周晓辉副主编
2005—2006年度中南地区大学出版社优秀畅销书	畅销书	2007.06	小学生快乐英语	小　萌	蔡德权，刘朝霞主编
2005—2006年度中南地区大学出版社优秀畅销书	畅销书	2007.06	外汇交易快速入门（2版2次）	钟永源	（新加坡）许强著
2005—2006年度中南地区大学出版社优秀畅销书	畅销书	2007.06	外汇交易实战图表与交易心理	钟永源	（新加坡）徐强，（美）韦斯（Gary-Weiss）著
2005—2006年度中南地区大学出版社优秀畅销书	畅销书	2007.06	外汇交易实战技法与期权	钟永源	（新加坡）许强，陈展鹏著
2005—2006年度中南地区大学出版社优秀学术著作	一等奖	2007.06	中国科学哲学论丛（5种）		
2007—2008年度中南地区大学出版社优秀教材	一等奖	2009.07	生物人类学	杨　捷	李法军编著
2007—2008年度中南地区大学出版社优秀教材	一等奖	2009.07	经济学教程（4次）	蔡浩然	张亚丽编著

书里书外

续上表

获奖奖项	获奖名次	获奖日期	书　名	责编	作者
2007—2008年度中南地区大学出版社优秀教材	一等奖	2009.07	韩国学概论	李海东	魏志江，沈定昌，杨雨蕾，蔚奕博等编著
2007—2008年度中南地区大学出版社优秀教材	一等奖	2009.07	实用文写作教程（2次）	嵇春霞	蓝天主编；罗泽凤，陈婉娴，朱慧玲，张建坤副主编
2007—2008年度中南地区大学出版社优秀教材	二等奖	2009.07	现代企业车间管理	周建华	曹英耀，李志坚，曹曙编著
2007—2008年度中南地区大学出版社优秀教材	二等奖	2009.07	团体心理辅导与训练（2次）	浩　然	刘勇著
2007—2008年度中南地区大学出版社优秀教材	二等奖	2009.07	美的形态学（2版2次）	王　润	柯汉琳著
2007—2008年度中南地区大学出版社优秀教材	二等奖	2009.07	计算机应用初级教程	李海东	高鹰，陶志穗主编
2007—2008年度中南地区大学出版社优秀教材	二等奖	2009.07	数学软件教程	李　文	伍丽华，周玲丽编著
2007—2008年度中南地区大学出版社优秀教材	二等奖	2009.07	英语·2	刘学谦	宫超英，何志平主编；廖定中，陈建平，黄律环副主编
2007—2008年度中南地区大学出版社优秀教材	二等奖	2009.07	英语·3	刘学谦	苗群鹰，时梅主编；罗赛群，肖云华，邓隽副主编
2007—2008年度中南地区大学出版社优秀教材	二等奖	2009.07	英语·4	刘学谦	宫超英，曾白云主编；廖定中，夏家驷，温伟娟副主编

续上表

获奖奖项	获奖名次	获奖日期	书　名	责编	作者
2007—2008年度中南地区大学出版社优秀教材	二等奖	2009.07	英语·5	刘学谦	黄华，常晨光主编；孙奕东，黄仁峰，许竹君副主编
2007—2008年度中南地区大学出版社优秀教材	二等奖	2009.07	医药分子生物学实验教程	张凤凤	周勤主编
2007—2008年度中南地区大学出版社优秀学术	著作一等将	2009.07	关汉卿研究学术史	嵇春霞	赵建坤著
2007—2008年度中南地区大学出版社优秀学术	著作一等奖	2009.07	简帛文献与文学考论	裴大泉	陈斯鹏著
2007—2008年度中南地区大学出版社优秀学术	著作一等奖	2009.07	岭南诗歌研究	方微之	陈永正著
2007—2008年度中南地区大学出版社优秀学术	著作二等奖	2009.07	中国特色中小企业演进研究	鲁佳慧	姜海龙著
2007—2008年度中南地区大学出版社优秀学术	著作二等奖	2009.07	重塑中国农民形象	熊锡源	陈开举著
2007—2008年度中南地区大学出版社优秀学术	著作二等奖	2009.07	日汉复指名词谓语句比较研究	葛　洪	杨金萍著
2007—2008年度中南地区大学出版社	优秀畅销书奖	2009.07	高校新生入学指引	碧　茗	中山大学学生处编
2007—2008年度中南地区大学出版社	优秀畅销书奖	2009.07	心灵的成长	王　润	中山大学心理健康教育咨询中心编
2007—2008年度中南地区大学出版社	优秀畅销书奖	2009.07	当代应用写作	嵇春霞	陈子典主编
2007—2008年度中南地区大学出版社优秀教材	二等奖	2009.08	大学语文	嵇春霞	倪列怀主编

书里书外

续上表

获奖奖项	获奖名次	获奖日期	书　　名	责编	作者
2007—2008年度中南地区大学出版社优秀教材	二等奖	2009.12	英语·1	熊锡源	余卫华主编；袁晓燕，黄光大，朱定逸副主编
2009—2010年度中南地区大学出版社优秀教材	二等奖	2011.10	国际金融（3版9次）	刘学谦	邵学言，肖鹞飞主编
2009—2010年度中南地区大学出版社优秀教材	一等奖	2011.10	西方文化史（3版10次）	刘学谦	沈之兴主编
2009—2010年度中南地区大学出版社优秀教材	二等奖	2011.10	外科学临床见习精要	鲁佳慧	陈创奇，赖佳明主编
2009—2010年度中南地区大学出版社优秀教材	一等奖	2011.10	性健康与性疾病学	鲁佳慧	王玺坤主编
2009—2010年度中南地区大学出版社优秀教材	二等奖	2011.10	香港法概论	嵇春霞	刘杏梅主编
2009—2010年度中南地区大学出版社优秀教材	二等奖	2011.10	文化市场营销学（二十一世纪应用型本科系列教材·文化产业类）	赵　婷	赵泽润，蒋韵杰，许瑶编著
2009—2010年度中南地区大学出版社优秀教材	二等奖	2011.10	鹅反季节饲养繁殖技术	翁慧怡	田允波，黄运茂，许丹宁编著
2009—2010年度中南地区大学出版社优秀教材	二等奖	2011.10	新媒体论纲（新闻与传播学丛书）	邹岚萍	王长潇主编
2009—2010年度中南地区大学出版社优秀教材	一等奖	2011.10	影视批评方法论（新闻与传播学丛书）	邹岚萍	史可扬编著

附录　历届获奖图书与重点项目

续上表

获奖奖项	获奖名次	获奖日期	书　名	责编	作者
2009—2010年度中南地区大学出版社优秀专著	一等奖	2011.10	澳大利亚华人史（1888—1995）	徐诗荣	艾瑞克·罗斯著；张威译
2009—2010年度中南地区大学出版社优秀专著	二等奖	2011.10	晚清演剧研究（广东省哲学社会科学规划项目）	嵇春霞	曾凡安著
2009—2010年度中南地区大学出版社优秀专著	一等奖	2011.10	战国竹书研究	裴大泉	杨泽生著
2009—2010年度中南地区大学出版社优秀专著	二等奖	2011.10	内地与港澳法律体系的冲突与协调	王　润	王仲兴，郭天武主编
2009—2010年度中南地区大学出版社优秀专著	二等奖	2011.10	遏制与崛起——美国全面遏制中国经济发展问题之研究	王　睿	徐睿著
2009—2010年度中南地区大学出版社优秀畅销书		2011.10	现代礼仪	周建华	第16届亚洲运动会组织委员会编
2009—2010年度中南地区大学出版社优秀畅销书		2011.10	我的中大EMBA生活	徐诗荣	刘志伟著
2009—2010年度中南地区大学出版社优秀畅销书		2011.10	法学概论（2版8次）	嵇春霞	卢修敏主编
2011—2012年度中南地区大学出版社优秀专著	一等奖	2013.10	皮陆年谱	章　伟	李福标著
2011—2012年度中南地区大学出版社优秀专著	一等奖	2013.10	广东汉剧音乐研究	裴大泉	丘煌著
2011—2012年度中南地区大学出版社优秀专著	一等奖	2013.10	古剧考原	刘丽丽	黎国韬著

书里书外

续上表

获奖奖项	获奖名次	获奖日期	书　名	责编	作者
2011—2012 年度中南地区大学出版社优秀专著	一等奖	2013.10	惩治与预防腐败体系的评价机制研究	嵇春霞	倪星著
2011—2012 年度中南地区大学出版社优秀专著	二等奖	2013.10	中美在印度支那的对抗（1949—1973）——越南战争的国际关系史	王　睿	潘一宁著
2011—2012 年度中南地区大学出版社优秀专著	二等奖	2013.10	英汉语篇和语法问题研究	刘学谦	刘礼进著
2011—2012 年度中南地区大学出版社优秀专著	二等奖	2013.10	珠三角专业镇的发展与创新系统的构建	王　睿	沈静著
2011—2012 年度中南地区大学出版社优秀专著	二等奖	2013.10	猴、猿、人	翁慧怡	张鹏著
2011—2012 年度中南地区大学出版社优秀专著	二等奖	2013.10	当代西方的科学社会主义运动	徐诗荣	倪新兵，王勇著
2011—2012 年度中南地区大学出版社优秀教材	一等奖	2013.10	鱼类生理学	周建华	林浩然编著
2011—2012 年度中南地区大学出版社优秀教材	一等奖	2013.10	大学军事理论简明教程	刘学谦	卢黄熙主编
2011—2012 年度中南地区大学出版社优秀教材	一等奖	2013.10	方剂学	鲁佳慧	全世建主编；施旭光，黎同明副主编
2011—2012 年度中南地区大学出版社优秀教材	一等奖	2013.10	建设工程经济	徐诗荣	张豫主编
2011—2012 年度中南地区大学出版社优秀教材	一等奖	2013.10	高级学术英语	熊锡源	曾蕾，傅晓玲主编

附录 历届获奖图书与重点项目

续上表

获奖奖项	获奖名次	获奖日期	书　名	责编	作者
2011—2012年度中南地区大学出版社优秀教材	二等奖	2013.10	诗词写作教程	刘丽丽	张海鸥主编
2011—2012年度中南地区大学出版社优秀教材	二等奖	2013.10	卫生法学	鲁佳慧	杜仕林主编
2011—2012年度中南地区大学出版社优秀教材	二等奖	2013.10	实习医生临床技能手册	鲁佳慧	王庭槐，周燕斌，陈创奇主编
2011—2012年度中南地区大学出版社优秀教材	二等奖	2013.10	教育心理学	嵇春霞	陈美荣，胡永萍主编
2011—2012年度中南地区大学出版社优秀教材	二等奖	2013.10	新编实用写作	赵丽华	余少文，曹艳红主编；黄爱华，张奕琳副主编
2011—2012年度中南地区大学出版社优秀教材	二等奖	2013.10	档案与信息管理	赵丽华	林苏，黄爱华主编
2011—2012年度中南地区大学出版社优秀教材	二等奖	2013.10	音乐院校思想政治理论课教学资料与案例选编	熊锡源	陈平主编；刘美红副主编
2011—2012年度中南地区大学出版社优秀教材	二等奖	2013.10	项目人力资源管理与激励	章　伟	黄桂，付春光编著
2011—2012年度中南地区大学出版社优秀教材	二等奖	2013.10	文献保护与修复	赵　婷	林明，周旖，张靖等编
2011—2012年度中南地区大学出版社优秀优秀畅销书		2013.10	疯狂英语·高考词汇3500	刘学谦	郭细喜主编
2011—2012年度中南地区大学出版社优秀优秀畅销书		2013.10	经典悦读	邹岚萍	中共滨州经济开发区工委，南开大学语文教育研究中心编

书里书外

续上表

获奖奖项	获奖名次	获奖日期	书　　名	责编	作者
2011—2012年度中南地区大学出版社优秀优秀畅销书		2013.10	经典悦读（共6册）	邹岚萍	中共滨州经济开发区工委，南开大学语文教育研究中心编
2011—2012年度中南地区大学出版社优秀优秀畅销书		2013.10	心理减压室——完美高中生活指南	嵇春霞	蔡志红著
2011—2012年度中南地区大学出版社优秀优秀畅销书		2013.10	英雄的孤独谁能懂	嵇春霞	燕语著

四　广东省（粤版）获奖图书

获奖奖项	获奖名次	获奖日期	书　　名	责编	作者
广东省高等教育成果奖	二等奖	1986.11	随机点过程	陈曼华	戴永隆
1984—1985年广东省社会科学优秀成果奖	优秀成果奖	1986.11	西方文论辩析	王家声	潘翠菁著
1984—1985年省社会科学优秀成果奖	专著二等奖	1986.11	社会主义社会矛盾概论	谭广洪	高齐云，刘景泉主编
1985—1986年粤版优秀图书编辑奖	一等奖	1987.11	社会主义社会矛盾概论	谭广洪	高齐云，刘景泉主编
1985—1986年粤版优秀图书编辑奖	二等奖	1987.11	微型计算机BASIC语言	吴伟凡	林卓然编
1985—1986年粤版优秀图书编辑奖	二等奖	1987.11	写作大要（增订本）	袁广达	刘孟宇，诸孝正主编
广东省第一届粤版图书、封面设计	三等奖	1988.06	泰国传统文化与民俗	王家声	（泰）披耶阿努曼拉查东著，马宁译
广东省高校科学技术进步奖	三等奖	1988.10	分子生物学引论	张德贞	罗进贤编著

附录　历届获奖图书与重点项目

续上表

获奖奖项	获奖名次	获奖日期	书　名	责编	作者
1986—1987年广东省优秀社会科学成果	三等奖	1989.01	《资本论》中辩证法、认识论、逻辑的同一性	谭广洪	黄春生
1986—1987年广东省优秀社会科学成果	三等奖	1989.01	高级市场营销学	方绪源	郑林书，温力虎主编
1986—1987年广东省优秀社会科学成果	三等奖	1989.01	企业党委书记科学领导概论	袁广达	邹永图主编
1986—1987年广东省优秀社会科学成果奖	三等奖	1989.01	反思与开拓的十年	谭广洪	刘嵘
1986—1987年广东省优秀社会科学成果	二等奖	1989.01	中国现代哲学史稿（上卷）	方绪源	袁伟时
1986—1987年广东省优秀社会科学成果	三等奖	1989.01	普列汉诺夫哲学思想述评	谭广洪	何梓（火昆）
广东省自然科学奖	三等奖	1989.11	茂名市环境影响评价和环境规划研究	徐希扬	中山大学环境科学研究所
1987—1988年粤版优秀图书编辑奖	一等奖	1989.12	古文字学纲要	黎国器	陈炜湛，唐钰明编著
1987—1988年粤版优秀图书	编辑奖	1989.12	中国文化概论	谭广洪	李宗桂著
1987—1988年粤版优秀图书	编辑奖	1989.12	现代资本主义经济简明教程	舒宝明	王境主编
1989年广东省优秀图书奖	鼓励奖	1990.08	涉外经济法教程	蔡浩然	黎学玲主编
1989年广东省优秀图书奖	二等奖	1990.08	香港经济教程	方绪源	甘长求
1989年广东省优秀图书奖	二等奖	1990.08	龙滩水电工程对珠江三角洲生态和环境影响研究	徐希扬	中山大学环科所，中山大学地理系
广东法学著作	二等奖	1990.08	国际法教程	李慈	陈致中编著

书里书外

续上表

获奖奖项	获奖名次	获奖日期	书　　名	责编	作者
粤版图书优秀校对奖	二等奖	1990.10	车王府曲本提要	钟永源	刘烈茂，苏寰中，郭精锐主编
广东省高校科技进步奖	二等奖	1990.11	珠江三角洲自然资源与演变过程	徐希扬	中山大学地理系
广东省高校科技进步奖	二等奖	1990.11	珠江三角洲城市环境与城市发展	徐希扬	中山大学地理系
广东省高校科技进步奖	二等奖	1990.11	珠江三角洲水土资源	徐希扬	缪鸿基等
广东省高校科技进步奖	二等奖	1990.11	珠江三角洲的发展与城市化	徐希扬	许学强等
广东省高校科学技术进步奖	三等奖	1990.11	龙滩水电工程对珠江三角洲生态和环境影响研究	徐希扬	中山大学环科所，中山大学地理系
广东省1990年统计学研究优秀成果	三等奖	1990.12	珠江三角洲企业管理人员人力及培训需求	蔡浩然	陈镇雄等著
1990年度广东省图书印刷质量优秀产品		1991.01	名城广州常识	蔡浩然	广州历史文化名城研究会
1988—1990年粤版图书技术设计	二等奖	1991.08	中国文化概论	谭广洪	李宗桂著
1991年度广东省图书印刷质量优秀产品		1992.01	南沙群岛及其邻近海区第四纪生物类群	温庚林	南海考察队
广东青年喜爱的书		1992.01	好书献给您——《人生的路标》丛书导读	史　然	湛江团委
1991年度广东省图书印刷质量优秀产品		1992.01	中国方术大辞典	杨　权	陈永正主编
广东青年最喜爱的书		1992.01	写作大要（增订本）	袁广达	刘孟宇，诸孝正主编
广东青年最喜爱的书		1992.01	雷锋在我们当中	蔡浩然	韩可与主编

附录 历届获奖图书与重点项目

续上表

获奖奖项	获奖名次	获奖日期	书　名	责编	作者
1992年广东省图书印刷质量优秀产品		1993.02	朗曼英语语法	温庚林	L.O.亚历山大著，周庆锦等译
1992年广东省图书印刷质量优秀产品		1993.02	英汉国际经贸缩略语手册	蔡浩然	李汝陶，周庆坤，任伯孙编
1992年广东省图书印刷质量优秀产品		1993.02	名城广州小百科	蔡浩然	广州历史文化名城研究会编
1992年广东省图书印刷质量优秀产品		1993.02	中山大学教授名录	蔡浩然	中山大学师资管理办公室编
1992年广东省法学优秀研究成果	一等奖	1993.08	公安行政复议导论	蔡浩然	王仲兴，刘恒主编
粤版图书优秀畅销书奖		1994.09.23	公共关系学简明教程	谭广洪	廖为建著
广东省首届精神文明建设"五个一工程"	入选作品	1995.08.12	邓小平理论与广东实践	谭广洪	张难生，刘景泉主编
第三届广东省优秀图书奖	二等奖	1995.12	现代香港经济	蔡浩然	郑德良编著
广东（1992—1995年度）精神文明建设优秀理论研究	成果著作三等奖	1996.12.27	混沌初开——来自当代大学生心灵的报告	陈　红	雷渡桥主编
广东（1992—1995年度）精神文明建设优秀理论研究	成果著作二等奖	1996.12.27	走向开放的道德	谭广洪	李萍，钟明华主编
广东省图书奖	二等奖	1997.08	广东"三资"企业绩效分析	蔡浩然	吴能全著
广东省图书奖	二等奖	1997.08	脊椎动物比较解剖学	李玉杏	李国藩，邓巨燮编著
广东省第二届书籍装帧艺术展览	封面设计三等奖	1999.05	中山大学学术研究丛书		
广东省第二届书籍装帧艺术展览	封面设计三等奖	1999.05	数学分析的思想方法	李　文	朱匀华，周健伟，胡建勋编著
广东省第二届书籍装帧艺术展览	封面设计三等奖	1999.05	20世纪中国文学史（精装）	章　伟	黄修己主编

书里书外

续上表

获奖奖项	获奖名次	获奖日期	书　　名	责编	作者
广东省精神文明建设第三届"五个一工程"	入选作品	1999.09	国企改革：转轨与创新（2次）	谭广洪	陈祖煌，陈文学，郑贤操著
广东省精神文明建设第四届"五个一工程"	入选作品	2001.10	中国共产党历史大博览	邹岚萍	程栋，霍用灵，刘树勇，杨宗丽总撰稿
广东省写作学会1999—2004年优秀科研成果	教材类一等奖	2004.05.16	写作大要新编	邹岚萍	陈子典编著
第一届广东省优秀出版物奖	图书奖	2006.11	古文字与出土文献丛考	裴大泉	曾宪通著
第一届广东省优秀出版物奖	装帧设计奖	2006.11	巍巍中山	楚洎永源	陈汝筑，易汉文主编
第一届广东省优秀出版物奖	装帧设计奖	2006.11	脊髓损伤	忠　平	沈慧勇主编
第一届广东省优秀出版物奖	装帧设计奖	2006.11	古文字与出土文献丛考	裴大泉	曾宪通著
第一届广东省优秀出版物奖	装帧设计奖	2006.11	美术信息学	钟永源	罗一平著
第一届广东省优秀出版物奖	图书奖	2006.11	中山大学杰出人文学者文库	黄国声等	
第一届广东省优秀出版物奖	图书奖	2006.11	许崇清文集	欧燕华	许锡挥编
第一届广东省优秀出版物奖	图书奖	2006.11	陈序经文集	邹岚萍	余定邦，牛军凯编
第一届广东省优秀出版物奖	图书奖	2006.11	容庚文集	裴大泉	曾宪通编
第一届广东省优秀出版物奖	图书奖	2006.11	商承祚文集	刘翰飞	商志（香覃）编
第一届广东省优秀出版物奖	图书奖	2006.11	董每戡文集	钟永源	黄天骥，董上德编
第一届广东省优秀出版物奖	图书奖	2006.11	王季思文集	方微之	康保成编
第一届广东省优秀出版物奖	图书奖	2006.11	詹安泰文集	黄国声	吴承学，彭玉平编

附录 历届获奖图书与重点项目

续上表

获奖奖项	获奖名次	获奖日期	书　名	责编	作者
第一届广东省优秀出版物奖	图书奖	2006.11	岑仲勉文集	佟　志	向群，万毅编
第一届广东省优秀出版物奖	图书奖	2006.11	梁方仲文集	李海东	刘志伟编
第一届广东省优秀出版物奖	图书奖	2006.11	刘节文集	衡　之	曾宪礼编
第一届广东省优秀出版物奖	图书奖	2006.11	董家遵文集	方微之	王承文编
第一届广东省优秀出版物奖	图书奖	2006.11	戴裔煊文集	熊锡源	蔡鸿生编
第一届广东省优秀出版物奖	图书奖	2006.11	朱谦之文集	周建华	黎红雷编
第一届广东省优秀出版物奖	图书奖	2006.11	杨荣国文集	徐镜昌	李锦全，杨淡以编
第一届广东省优秀出版物奖	图书奖	2006.11	马采文集	施国胜	徐文俊编
第一届广东省优秀出版物奖	图书奖	2006.11	杨成志文集	葛　洪	刘昭瑞编
第一届广东省优秀出版物奖	图书奖	2006.11	梁钊韬文集	方微之	周大鸣编
广东省 2004—2005 年度哲学社会科学优秀成果	奖三等奖	2007	渴望生存	杨　捷	周大鸣著
广东省 2004—2005 年度哲学社会科学优秀成果	三等奖	2007	质变与重构	徐镜昌	吴向东著
第一届广东省优秀出版奖	校对奖	2007.12	外汇交易实战技法与期权（3次）	钟永源	（新加坡）许强，陈展鹏著
第一届广东省优秀出版奖	校对奖	2007.12	中韩关系史研究（2次）	李海东	魏志江著
第一届广东省优秀出版奖	教材奖	2007.12	管理学概论（3版16次）	刘学谦	邵冲编著
第一届广东省优秀出版奖	教材奖	2007.12	计算机基础教程 Windows 2000 与 Office	李　文	林卓然编著

269

书里书外

续上表

获奖奖项	获奖名次	获奖日期	书　名	责编	作者
第一届广东省优秀出版奖	教材奖	2007.12	对外汉语教学入门（2次）	李海东	周小兵，李海鸥主编
第一届广东省优秀出版奖	教材奖	2007.12	经济学教程（3次）	浩　然	张亚丽编著
第一届广东省优秀出版奖	教材奖	2007.12	领导学（3版19次）	施国胜	王乐夫编著
第一届广东省优秀出版奖	教材奖	2007.12	实用手术护理学	钟永源	林岩主编；谭淑芳，卢玉贞副主编
广东省档案编研成果评选	二等奖	2008.12	钟灵毓秀	钟永源	易汉文主编
广东省档案编研成果评选	三等奖	2008.12	金声玉振	钟永源	易汉文主编
广东省档案编研成果评选	一等奖	2008.12	孙中山与中山大学（2版2次）	钟永源	易汉文主编
第二届广东省优秀出版奖	图书奖	2008.12	企业再造（2次）	蔡浩然	彭玉冰著
第二届广东省优秀出版奖	图书奖	2008.12	现代诊断病理学	永源文杰	刘旭明，何建方主编；廖松林，林汉良主审
第二届广东省优秀出版奖	图书奖	2008.12	岭南人物与近代思潮	嵇春霞	宋德华著
第二届广东省优秀出版奖	图书奖	2008.12	广东方言与文化探论	李海东	邵慧君，甘于恩著
第二届广东省优秀出版奖	图书奖	2008.12	岭南近代文化论稿	嵇春霞	刘圣宜著
第二届广东省优秀出版奖	图书奖	2008.12	黄遵宪与岭南近代文学丛论	嵇春霞	左鹏军著
第二届广东省优秀出版奖	图书奖	2008.12	古代广东史地考论	嵇春霞	颜广文著
2010年粤版优秀畅销书	图书奖	2011.08	疯狂英语·从ABC到英语口语	黎恋恋	武（王月），汪倩编

续上表

获奖奖项	获奖名次	获奖日期	书　　名	责编	作者
2010年粤版优秀畅销书	图书奖	2011.08	疯狂英语·口语绝招	黎恋恋	丁林棚，朱红梅，（美）递萨特，（英）斯科特编
首届南粤出版奖图书奖	图书奖	2012.12	岭南濒危剧种研究丛书（共5册）	裴大泉	

五　其他项目获奖图书

获奖奖项	获奖名次	获奖日期	书　　名	责编	作者
1984—1990年中青年优秀逻辑论著金岳霖学术奖	优秀奖	1990.09	辩证逻辑学	谭广洪	梁庆寅
光明杯优秀哲学社会科学学术著作	二等奖	1991.10	中国现代哲学史稿（上卷）	方绪源	袁伟时
光明杯优秀哲学社会科学学术著作	二等奖	1991.10	论藏族文化的起源形成与周围民族的关系	黎国器	格勒
"本钢杯"第四届全国优秀党建读物	三等奖	1992.10	基层党组织建设导论	方绪源	王鸿津等主编
第二届中山大学优秀教材	优秀教材奖	1993.02	分子生物学引论	张德贞	罗进贤编著
第二届中山大学优秀教材奖		1993.02	简明中美关系史	庄　昭	蒋相泽等主编
第二届中山大学优秀教材奖		1993.02	《德意志意识形态》简明教程	谭广洪	乐志强编著
第二届中山大学优秀教材奖		1993.02	现代西方经济学原理	舒宝明	李翀编著
第二届中山大学优秀教材奖		1993.02	泛函微分方程与测度微分方程	陈瞒华	徐远通编著
第二届中山大学优秀教材奖		1993.02	粘性流体力学教程	黄　海	张涤明等编著
第二届中山大学优秀教材奖		1993.02	有机化学实验	张德贞	许遵乐等编著

附录　历届获奖图书与重点项目

书里书外

续上表

获奖奖项	获奖名次	获奖日期	书　名	责编	作者
第二届中山大学优秀教材奖		1993.02	力学简明教程	吴伟凡	罗蔚茵编著
第二届中山大学优秀教材奖		1993.02	生物电子显微技术	李玉杏	张景强等编著
第二届中山大学优秀教材奖	优秀教材奖	1993.02	文学理论基础教程	袁广达	郭正元编著
第二届中山大学优秀教材	优秀教材奖	1993.02	国际法教程	李慈	陈致中编著
首届图书装帧艺术评比整体设计	一等奖	1995.06.13	碳纤维及其复合材料显微图象（中文版）	张德贞	曾汉民等编著
图书版式设计	一等奖	1995.06	脊椎动物比较解剖学	李玉杏	李国藩，邓巨燮编著
图书封面设计	二等奖	1995.06.13	国际贸易	章伟	余波，王衡生主编
图书版式设计	一等奖	1995.06.13	山高水长	谭广洪	中山大学校长办公室编
图书封面设计	一等奖	1995.06.13	蒲蛰龙选集	张德贞	蒲蛰龙著
图书封面设计	二等奖	1995.06.13	车王府曲本菁华	章伟	刘烈茂，苏寰中，郭精锐主编
首届人文社会科学研究优秀成果港澳问题研究	二等奖	1995.11	现代香港经济	蔡浩然	郑德良编著
首届人文社会科学研究优秀成果经济学	二等奖	1995.11	价值和价格论——对有关世界难题的思考与探索	舒宝明	李翀著
优秀校对	二等奖	1996.09.28	法国史研究文选	钟永源	端木正著
"本钢杯"第六届全国优秀党建读物	优秀奖	1996.11.23	特区党建的实践与思考	陈必胜	李统书著
第三届中华优秀出版物论文奖		2010.12	出版社图书退货的全程控制分析		周建华

附录 历届获奖图书与重点项目

附录 II 国家级规划教材及国家出版基金项目

一 "十一五"期间（2006—2010年）普通高等教育本科国家级规划教材

书 名	ISBN	著作责任者	责任编辑	出版时间
古文字学纲要	978-7-306-03546-2	陈炜湛/中山大学	裴大泉	2009.12
汉字源流	978-7-306-03794-7	曾宪通/中山大学	裴大泉	2011.3
实用翻译教程（修订版）	978-7-306-02905-8	刘季春/广东外语外贸大学	刘学谦	2007.8
现代社区概论（第二版）	978-7-306-02903-4	黎熙元/中山大学	李海东	2007.7
文化人类学概论	978-7-306-03139-6	周大鸣/中山大学	杨 捷	2009.2
视觉人类学导论	978-7-306-04673-4	邓启耀/中山大学	王 润	2013.8
自然演绎逻辑导论	978-7-306-02678-1	陈晓平/华南师范大学	李 文	2006.3
市场学原理（第三版）	978-7-306-02714-6	何永祺/暨南大学	邹岚萍	2006.9
管理学概论（第四版）	978-7-306-03136-5	邵冲/中山大学	刘学谦	2008.8
信息光学	978-7-306-03822-7	余向阳/中山大学	李海东	暂未出版
鱼类生理学	978-7-306-03821-0	林浩然/中山大学	周建华	2011.3

二 "十一五"期间（2006—2010年）国家重点图书出版规划

书 名	ISBN	著作责任者	责任编辑	出版时间
临床分子诊断学（原申报名：临床基因诊断学）	978-7-306-4167-8	夏邦顺，何蕴韶主编	鲁佳慧	2012.07
南中国海湿地研究	978-7-306-03829-6	彭逸生，陈桂珠，林金灶主编	赵丽华	2011.09

书里书外

续上表

书 名	ISBN	著作责任者	责任编辑	出版时间
社会保障研究新视角丛书（共5本），郭爱妹、金一虹主编				
多学科视野下的老年社会保障研究	978-7-306-03647-6	郭爱妹著	嵇春霞	2011.03
多学科视野下的女性社会保障研究	978-7-306-03648-3	金一虹，保剑著	嵇春霞	2011.05
多学科视野下的农村社会保障研究	978-7-306-03649-0	郭爱妹，张戌凡著	嵇春霞	2011.05
多学科视野下的就业保障研究	978-7-306-03650-6	彭薇，王旭东著	嵇春霞	2011.03
城乡空巢老年人的生存状态与社会保障研究	978-7-306-03651-3	郭爱妹，张戌凡著	嵇春霞	2011.04
行政成本概论	978-7-306-03315-4	夏书章主编；赵过渡，夏纪康副主编	国胜葛洪	2009.05
社会主义新农村流通服务体系的现状与展望	978-7-306-03146-4	吴佩勋编著	浩 然	2008.09
我国皮影戏的历史与现状				未出版
珠江流域的族群与区域文化研究	978-7-306-02967-6	周大鸣，吕俊彪著	杨 捷	2007.12
"突发公共卫生事件应急处理技术"系列丛书（共9本）				
突发公共事件健康教育与心理干预	978-7-306-02969-0	曾四海主编；汤捷副主编	张礼凤	2008.07
生化恐怖及核放射事故卫生应急处理	978-7-306-02970-6	何剑峰主编；吴自香，李来玉副主编	李 文	2008.07
实验室生物安全应急处理技术	978-7-306-02971-3	柯昌文主编；李晖副主编	邓启铜	2008.07
食物中毒应急处理	978-7-306-02972-0	邱建峰，王立斌主编	周建华	2008.07

续上表

书　名	ISBN	著作责任者	责任编辑	出版时间
突发公共事件医疗救治	978-7-306-02973-7	黄子通主编；李奇林，何志捷副主编	阮　继	2008.07
灾害事故卫生应急处理	978-7-306-02974-4	林锦炎主编；易建荣，陈青山副主编	李海东	2008.07
急性传染病疫情应急处理	978-7-306-02975-1	何剑峰，罗会明主编	曾纪川	2008.07
职业中毒应急处理	978-7-306-03020-7	黄汉林主编；朱光华，胡世杰副主编	阮　继	2008.07
突发公共事件卫生应急管理	978-7-306-03047-4	伍岳琦，林锦炎主编；余德文，宋铁副主编	阮　继	2008.07
中国南海海洋文化	978-7-306-03491-5	司徒尚纪著	李海东	2009.10
近代中美文化交流研究（原申报名：沟通大洋彼岸的纽带）	978-7-306-03287-4	梁碧莹著	邹岚萍	2009.05

三　2012年度国家出版基金项目

书　名	ISBN	著作责任者	责任编辑	出版时间
碧罗雪山两麓人民的生计模式	978-7-306-04694-9	李何春，李亚锋著	嵇春霞	2013.12
整体稀缺与文化适应：三岩的帕措、红教和民俗	978-7-306-04701-4	坚赞才旦，许韶明著	徐诗荣	2013.12
独龙江文化史纲：俅人及其邻族的社会变迁研究	978-7-306-04696-3	张劲夫，罗波著	嵇春霞	2013.12
青藏高原东部的丧葬制度研究	978-7-306-04699-4	叶远飘著	嵇春霞	2013.12
妇女何在？三江并流诸峡谷区的性别政治	978-7-306-04697-0	王天玉著	嵇春霞	2013.12
滇藏澜沧江谷地的教派冲突	978-7-306-04695-6	王晓，高微茗，魏乐平著	徐诗荣	2013.12
青藏高原的婚姻和土地：引入兄弟共妻制的分析	978-7-306-04698-7	坚赞才旦，许韶明著	周建华 钟永源	2013.12

书里书外

四　2013年度国家出版基金项目

书　名	ISBN	著作责任者	责任编辑	出版时间
家庭社会工作实务手册	978-7-306-04401-3	香港·社会服务发展研究中心著	葛洪	2013.06
禁毒社会工作实务手册	978-7-306-04403-7	香港·社会服务发展研究中心著	葛洪	2013.06
社区工作实务手册	978-7-306-04404-4	香港·社会服务发展研究中心著	葛洪	2013.06
学校社会工作实务手册	978-7-306-04405-1	香港·社会服务发展研究中心著	葛洪	2013.06
正向心理学实务手册	978-7-306-04406-8	香港·社会服务发展研究中心著	葛洪	2013.06
医务社会工作实务手册	978-7-306-04407-5	香港·社会服务发展研究中心著	葛洪	2013.06

五　"十二五"期间（2011—2015年）国家重点图书出版规划

书　名	ISBN	著作责任者	责任编辑	出版时间
行为医学		静进著		
芜野东南的民族丛书（共7本），何国强主编				
碧罗雪山两麓人民的生计模式	978-7-306-04694-9	李何春，李亚锋著	嵇春霞	2013.12
整体稀缺与文化适应：三岩的帕措、红教和民俗	978-7-306-04701-4	坚赞才旦，许韶明著	徐诗荣	2013.12
独龙江文化史纲：俅人及其邻族的社会变迁研究	978-7-306-04696-3	张劲夫，罗波著	嵇春霞	2013.12
青藏高原东部的丧葬制度研究	978-7-306-04699-4	叶远飘著	嵇春霞	2013.12
妇女何在？三江并流诸峡谷区的性别政治	978-7-306-04697-0	王天玉著	嵇春霞	2013.12
滇藏澜沧江谷地的教派冲突	978-7-306-04695-6	王晓，高微茗，魏乐平著	徐诗荣	2013.12
青藏高原的婚姻和土地：引入兄弟共妻制的分析	978-7-306-04698-7	坚赞才旦，许韶明著	周建华 钟永源	2013.12

编后记

编后记

2013年,中山大学出版社迎来了30周年华诞。30年的历程,个中甘苦,非几个人的回顾或一本书的总结所能概括。但是,我们需要回顾,需要总结,不为无法追忆的昨天,而是为了正在前行的今天和期待中更美好的明天。趁着出版社"而立"之际,我们收集了本社不同时期出版人对出版工作的感悟、思考、回顾和总结,集结成书,旨在给仍在出版道路上跋涉的人们予以启迪。

本书由上、下两篇组成。上篇文章出自曾经从事过出版工作或仍然在出版一线的同仁,他们把自己在出版工作中积累的经验或体会用朴实的语言娓娓道来,告诉我们做书亦如做人的道理。文章内容既有出版心得的感悟,也有对重大选题策划、获奖图书面世过程的回顾。聆听他们的故事,分享他们的经验,可以让我们从中获得教益和灵感。

下篇主要精选了部分书评。书评作者既有我们的读者(其中不乏"大家",如季羡林、钟南山等),也有我们自己图书的编辑。这些书评从"读者"的视角为我们展现了一本好书所能实现的社会价值,让我们感受到图书对于传承文化、播撒思想、启迪心智、扩展视野等所起的功用。而读者的欣赏、鼓励,正是出版人所能得到的最大奖赏!

另外,附录部分汇集了30年来我们获得的各类各级别的图书奖项与项目,其中不乏国家级重大项目,展示了30年来我们曾经取得的佳绩和荣光。这既是一个光荣榜,是对我社出版的优秀图书的检阅,也是一个台阶,激励我们坚持不懈,以此为基础再创辉煌。

本书的编排有两点需要说明:第一,文章的排序基本上按发表或撰写的时间先后编排;第二,附录的分类没有绝对的标准,仅以查找方便为初衷。另外,下篇摘选的书评文章,除出版社编辑撰写的以外,其他的或来

书里书外

源于编辑的推荐，或来源于有关网络。由于缺乏相关作者的联系方式，没有逐一知会并征得他们的许可。在此，特向他们表示衷心的感谢！

稍感遗憾的是，我们那些"开社元勋"，由于种种原因，本书中没能一一收录他们的文章。但他们当年筚路蓝缕，为出版社的建设和发展所作出的贡献，我们将永远铭记在心。

本书在编写过程中得到了历任领导和同仁的支持，在此一并表示感谢！

编者

2014.10